세상의 속도를
따라잡고 싶다면

Do it!

이미 300만 명이
이 책으로 시작했다!

초고속 입문서

중학생도 첫날부터 실습하는

점프 투 파이썬

전면 개정 2판

위키독스 운영자 **박응용** 지음

키보드 잡고 **한 시간**이면 **파이썬**으로
프로그램 만든다!

유튜버 조코딩
강의 무료 제공!

특별 부록
'챗GPT와 파이썬'

이지스 퍼블리싱

세상의 속도를 따라잡고 싶다면 **Do it!**
변화의 속도를 즐기게 될 것입니다.

Do it!
점프 투 파이썬 — 전면 개정 2판

개정2판 발행 • 2023년 6월 15일
개정2판 5쇄 • 2024년 6월 28일

개정1판 발행 • 2019년 6월 20일
개정1판 16쇄 • 2023년 3월 2일

초판 발행 • 2016년 3월 3일
초판 14쇄 • 2019년 3월 14일

지은이 • 박응용
펴낸이 • 이지연
펴낸곳 • 이지스퍼블리싱(주)
출판사 등록번호 • 제313-2010-123호
주소 • 서울특별시 마포구 잔다리로 109 이지스빌딩 4층 (우편번호 04003)
대표 전화 • 02-325-1722 | 팩스 • 02-326-1723
홈페이지 • www.easyspub.co.kr | 페이스북 • www.facebook.com/easyspub
Do it! 스터디룸 카페 • cafe.naver.com/doitstudyroom | 이메일 • service@easyspub.co.kr

총괄 • 최윤미 | **기획 및 책임 편집** • 홍연의, 한승우 | **IT 2팀** • 한승우, 신지윤, 이소연
교정교열 • 안종군, 박명희 | **표지 디자인** • 박세진 | **본문 디자인** • 박세진, 트인글터 | **인쇄** • 보광문화사
마케팅 • 박정현, 한송이, 이나리 | **독자지원** • 박애림, 오경신 | **영업 및 교재 문의** • 이주동, 김요한(support@easyspub.co.kr)

ISBN 979-11-6303-473-5 13000
가격 22,000원

**"Life is too short,
You need Python!"**

인생은 너무 짧으니,
파이썬이 필요해!

친구와 선배들의 입에서 입으로 전해진 책 추천!
먼저 만난 독자들의 이야기를 들어 보세요!

◈ 비전공자인 저에게 프로그래밍의 재미를 느끼게 해준 고마운 책입니다. - Minsu 님

◈ 코드를 직접 칠 수 있는 실습이 다른 책보다 많아서 좋아요! - 카**거 님

◈ 동영상 강의와 'Do it! 공부단' 프로그램이 있어서 혼자 공부하는 사람도 끝까지 완독할 수
  있게 도와줘요! - 플**넘 님

◈ 다른 입문서와 달리 심화 내용까지 다루어서 소장 가치가 있는 책입니다. 두고두고 볼 책이라
  교재로 선택해서 아이들을 가르치고 있습니다. - N***o 님

1일 평균 3만 뷰, 누적 방문자 수 300만 명!
8년 연속 베스트셀러, '점프 투 파이썬'으로 프로그래밍을 시작하자!

이 책을 들고 있는 여러분은 아마 파이썬의 명성에 대해 들어 본 적이 있을 것이다. 많은 사람들이 초보자가 배우기 좋은 언어로 파이썬을 추천한다. 프로그래밍의 세계에 처음 발을 들인 사람들 중에 어려운 문법 때문에 포기하는 경우가 많은데, 파이썬은 프로그래밍의 핵심 개념을 아주 쉽게 배울 수 있기 때문이다. 파이썬은 이제 C, C++, 자바 등과 어깨를 나란히 할 만큼 유명한 언어가 되었지만 파이썬이 자바보다 더 오래된 언어라는 것을 아는 사람은 드물다. 파이썬은 혜성처럼 갑자기 등장해서 유명해진 스타 언어가 아닌, 그 역사가 매우 오래되어 숙성된 언어이기도 하다.

20년 넘게 독자들과 함께 진화한 파이썬의 끝판왕, 전면 개정 2판으로 돌아왔다

이 책 역시 파이썬처럼 역사가 오래되었다. 이 책의 초판 격인 '점프 투 파이썬'이 처음 세상에 선을 보인 것이 2001년이니 무려 20살이 넘었다. 파이썬이 버전 업을 하며 진화하는 동안 이 책 또한 '위키독스(wikidocs.net)'라는 온라인 사이트에서 파이썬의 변화와 독자들의 요구에 발맞추어 진화를 거듭해 왔다. 그래서 이 책은 필자 한 사람에 의해 만들어진 책이 아니다. 위키독스의 '점프 투 파이썬'에 달린 무수한 댓글을 보면 알 수 있다. 댓글을 통해 독자들이 어려워하는 부분을 찾아 더욱 알기 쉽게 풀어 썼고, 이해하기 힘든 부분이 없는지 다시 한번 살펴볼 수 있었다.

이번 개정 2판도 독자와의 소통으로 만들어 낸 진화의 결과물이다. 중학생이라도 쉽게 코딩에 입문할 수 있도록 완성도를 더욱 높였으며 특히 이번 판에서는 독자들의 요구에 따라 파이썬 코딩에 자주 쓰이는 라이브러리, 데코레이터, 이터레이터 등의 고급 주제도 추가했다.

사례를 통해 개념을 이해했다면 예제는 직접 키보드를 치며 꼭 실습해 보자

'돈이 있으면 택시를 타고, 없으면 걸어가야겠다!'라는 생각은 누구나 한 번쯤 해봤을 것이다. 이 문장은 우리가 앞으로 배울 'if 문'이라는 문법을 사용하여 프로그래밍할 수 있다. 이 책에서는 이렇게 실생활에서 쉽게 접할 수 있는 일들을 사례로 들어 독자들이 프로그래밍에 더 쉽게 접근할 수 있다. '백문이 불여일견, 백견이 불여일타(打)'라고 책 전체적으로 실습을 하며 배울 수 있는 점도 강점이다. 직접 키보드를 잡고 입력하며 공부할수록 여러분의 머릿속에 잘 남을 것이다.

감사의 말씀을 전하며…

'점프 투 파이썬'이 온라인상에서 계속 공개될 수 있도록 도움을 주신 이지스퍼블리싱 이지연 대표님과 책의 내용을 초보자의 입장에서 이해하기 쉽게 만들어 준 편집자 홍연의 씨, 한승우 씨에게 감사의 마음을 전하고 싶다.

이번 원고를 면밀히 검토하면서 자기도 모르게 파이썬 고수가 되어 버린 나의 아내 김선정, 그리고 아빠가 책을 쓸 때면 조용히 옆에서 격려해 주었던 아들 박민규에게도 고마운 마음을 전하고 싶다. 마지막으로 오랜 시간 동안 이 책을 검토하고 읽어 주신 '점프 투 파이썬'의 독자 여러분 모두에게 무한한 감사를 전한다.

박응용 드림
pahkey@gmail.com

'Do it! 점프 투' 시리즈를 소개합니다!

'점프 투 Jump to' 시리즈는 코딩을 처음 해보는 중학생도 첫날부터 예제를 풀 수 있을 만큼 실습 중심의 초고속 프로그래밍 입문서입니다. 모두 박응용 선생님이 집필한 책으로, 해당 분야를 빠르게 정복하고 싶다면 이 책을 읽은 후 다른 점프 투 시리즈도 이어서 공부해 보세요.

독학 왕초보 코스 — 30일 계획표

하루에 한 시간씩 한 달 공부하면 누구나 파이썬 프로그래밍 초보를 탈출할 수 있도록 구성했습니다.
여러분이 공부할 날짜를 기록하며 계획을 세워 보세요.

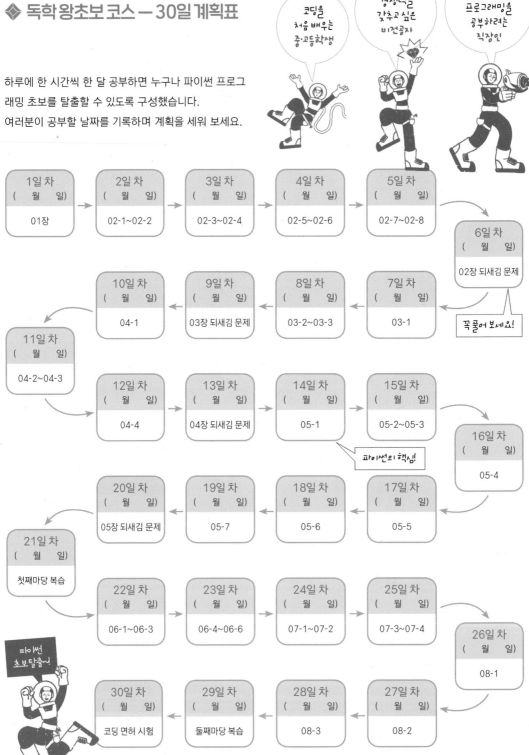

◈ 교재 용도 및 중급자 코스 — 16회 진도표

이미 프로그래밍 경험이 있는 사람이라면!

16회

책 한 권으로 한 학기 수업 효과를! 프로그래밍 경험이 있는 사람이라면 하루에 1회씩, 16일 만에 빠르게 완독해 보세요!

회	진행	계획한 날짜	완료 날짜
1회 차	01장 파이썬이란 무엇인가?	(/)	(/)
2회 차	02장 파이썬 프로그래밍의 기초, 자료형 - 1	(/)	(/)
3회 차	02장 파이썬 프로그래밍의 기초, 자료형 - 2	(/)	(/)
4회 차	03장 프로그램의 구조를 쌓는다! 제어문 - 1	(/)	(/)
5회 차	03장 프로그램의 구조를 쌓는다! 제어문 - 2	(/)	(/)
6회 차	04장 파이썬의 입출력 - 1	(/)	(/)
7회 차	04장 파이썬의 입출력 - 2	(/)	(/)
8회 차	중간 점검	배운 내용을 점검해 보세요.	
9회 차	05장 파이썬 날개 달기 - 1	(/)	(/)
10회 차	05장 파이썬 날개 달기 - 2	(/)	(/)
11회 차	06장 파이썬 프로그래밍, 어떻게 시작해야 할까? - 1	(/)	(/)
12회 차	06장 파이썬 프로그래밍, 어떻게 시작해야 할까? - 2	(/)	(/)
13회 차	07장 파이썬 날아오르기 - 1	(/)	(/)
14회 차	07장 파이썬 날아오르기 - 2	(/)	(/)
15회 차	08장 정규 표현식	(/)	(/)
16회 차	'파이썬 코딩 면허 시험 20제' 풀기	배운 내용을 점검해 보세요.	

학습에 필요한 소스 파일을 내려받으세요

책에 나오는 예제와 되새김 문제, 코딩 면허 시험 20제의 정답 소스 파일은 이지스퍼블리싱 홈페이지 자료실과 저자 깃허브에서 내려받을 수 있습니다.

- 이지스퍼블리싱: www.youtube.com/easyspub
- 저자 깃허브: github.com/pahkey/jump2python

'Do it! 점프 투 파이썬×조코딩' 동영상 강의 제공!

누구나 배울 수 있는 쉬운 코딩 유튜브 채널 '조코딩'에서 《Do it! 점프 투 파이썬》으로 진행한 강의 영상을 무료로 제공합니다. 조코딩 또는 이지스퍼블리싱 유튜브 채널에서 시청할 수 있습니다. 동영상과 함께 책을 더 효과적으로 공부해 보세요.

- 이지스퍼블리싱 유튜브: www.youtube.com/easyspub
- 조코딩 유튜브: www.youtube.com/@jocoding

이지스 소식지 구독하기 — 매달 전자책을 한 권씩 볼 수 있어요!

이지스퍼블리싱 홈페이지에서 회원 가입. 신간과 책 관련 이벤트 소식을 누구보다 빠르게 확인할 수 있습니다. 매달 전자책 한 권을 공개하는 이벤트도 진행 중이랍니다.

Do it! 스터디룸 — 친구와 함께 공부하고 책 선물도 받아 가세요!

네이버 카페 'Do it! 스터디룸'에서 같은 고민을 하는 친구들과 함께 공부해 보세요. 내가 잘 이해한 내용은 남을 도와주고 내가 잘 이해하지 못한 내용은 도움을 받으면서 공부하면 복습 효과도 누릴 수 있습니다. 서로서로 코드와 개념 리뷰를 하며 훌륭한 개발자로 성장해 보세요.

- 두잇 스터디룸: cafe.naver.com/doitstudyroom

저자가 파이썬으로 만든 지식 공유 웹 서비스, **위키독스**

위키독스는 온라인에서 책을 만들고 공유할 수 있는 서비스입니다. 여기에서《Do it! 점프 투 파이썬》이 시작되었고, 이어서《Do it! 점프 투 장고》,《Do it! 점프 투 플라스크》, 그리고《Do it! 점프 투 파이썬 — 라이브러리 예제 편》이 출간되었습니다. 이곳은 여러분도 참여할 수 있는 공간입니다. 'Do it! 시리즈' 애독자 여러분도 열심히 공부해서 자신이 터득한 내용을 다른 사람과 공유해 보는 기쁨을 누려 보세요.

- 위키독스 살펴보기: wikidocs.net/book/20

질문·답변 웹 서비스, **파이보**

책을 읽다가 궁금한 내용이 생기면 저자가 파이썬으로 만든 질문·답변 웹 서비스인 파이보에 질문해 보세요. 저자 또는 파이보에서 공부하는 독자들과 함께 고민하며 문제를 해결할 수 있습니다.

- 파이보에서 질문하기: pybo.kr

《 첫째마당

파이썬 기초 익히기

03장 ◆ 프로그램의 구조를 쌓는다! 제어문

≪ 둘째마당
파이썬
실력 키우기

06장 ◆ 파이썬 프로그래밍, 어떻게 시작해야 할까?

07장 ◆ 파이썬 날아오르기

08장 ◆ 정규 표현식

첫째마당

파이썬
기초 익히기

이 책은 파이썬 언어를 처음 접하는 사람과 프로그래밍을 한 번도 해 본 적이 없는 사람을 대상으로 집필했다. 프로그래밍을 할 때 사용하는 전문 용어를 알기 쉽게 풀어서 쓰려고 노력했으며, 파이썬 언어의 개별 특성만을 강조하지 않고 프로그래밍 전반에 관한 사항을 파이썬을 통해 알 수 있도록 설명했다. 파이썬에 대한 기본 지식이 있는 사람이라도 이 책을 통해 파이썬 프로그래밍에 대해 한층 더 흥미를 느끼게 될 것이다.

04장
파이썬의 입출력

05장
파이썬 날개 달기

01

파이썬이란
무엇인가?

필자는 파이썬의 프롬프트(>>>)를 처음 본 순간부터 지금까지 줄곧 파이썬과 함께 지내온 듯하다. '프로그래밍은 어렵고 지루하다'라는 고정관념을 가지고 있던 필자에게 파이썬은 커다란 충격으로 다가왔다. 여러분도 이 책을 통해 파이썬의 매력에 흠뻑 빠져 보기를 바란다. 01장에서는 파이썬의 특징과 장단점을 알아보고 파이썬 프로그래밍을 위한 환경 구축 방법에 대해 배운다. 그리고 간단한 파이썬 프로그램도 작성해 본다.

01-1
파이썬이란?

파이썬^{Python}은 1990년 암스테르담의 귀도 반 로섬^{Guido van rossum}이 개발한 인터프리터 언어이다. 귀도는 파이썬이라는 이름을 자신이 좋아하는 코미디 쇼인 '몬티 파이썬의 날아다니는 서커스^{Monty python's flying circus}'에서 따왔다고 한다.

◆ 인터프리터 언어란 소스 코드를 한 줄씩 해석한 후 그때그때 실행해 결과를 바로 확인할 수 있는 언어를 말한다.

파이썬의 사전적 의미는 '고대 신화에 나오는 파르나소스 산의 동굴에 살던 큰 뱀'을 뜻하며, 아폴로 신이 델파이에서 파이썬을 퇴치했다는 이야기가 전해지고 있다. 대부분의 파이썬 책 표지와 아이콘이 뱀 모양으로 그려져 있는 이유는 바로 이 때문이다.

파이썬 공식 로고

파이썬은 컴퓨터 프로그래밍을 교육할 때뿐만 아니라 기업에서 실무를 할 때도 많이 사용한다. 그 대표적인 예가 바로 구글이다. 구글에서 만든 소프트웨어의 50% 이상이 파이썬으로 작성되었다는 이야기도 있을 정도이다. 이 밖에도 인스타그램^{Instagram}, 넷플릭스^{Netflix}, 아마존^{Amazon} 등 우리가 알고 있는 많은 IT 기업에서 파이썬을 사용한다.

또한 파이썬 프로그램은 공동 작업과 유지 보수가 매우 쉽고 편리하다. 이 때문에 이미 다른 언어로 작성된 많은 프로그램이 파이썬으로 재구성되고 있다. 국내에서도 그 가치를 인정받아 사용자 층이 더욱 넓어지고 있고 파이썬을 사용해 프로그램을 개발하는 업체 또한 늘어나고 있는 추세이다.

01-2
파이썬의 특징

모든 프로그래밍 언어는 저마다 장점이 있지만 파이썬은 다른 언어에서 쉽게 찾아볼 수 없는 독특한 매력을 가지고 있다. 파이썬의 특징을 알면 왜 파이썬을 공부해야 하는지, 과연 시간을 투자할 만한 가치가 있는지 판단할 수 있을 것이다.

파이썬은 인간다운 언어이다

프로그래밍이란 인간이 생각하는 것을 컴퓨터에 지시하는 행위를 말한다. 파이썬은 사람이 생각하는 방식을 그대로 표현할 수 있는 언어이다. 따라서 파이썬을 사용하는 프로그래머는 굳이 컴퓨터의 사고 체계에 맞추어 프로그래밍하려고 애쓸 필요가 없다. 이제 곧 어떤 프로그램을 구상하자마자 머릿속에서 생각한 대로 코드를 술술 써 내려가는 자신의 모습을 보고 놀라게 될 것이다.

다음 소스 코드를 보면 이 말이 쉽게 이해될 것이다.

```
if 4 in [1, 2, 3, 4]: print("4가 있습니다")
```

이 소스 코드는 다음처럼 읽을 수 있다.

> 만약 4가 1, 2, 3, 4 중에 있으면 "4가 있습니다"를 출력한다.

프로그램을 모르더라도 직관적으로 무엇을 뜻하는지 알 수 있지 않는가? 마치 영어 문장을 읽는 듯한 착각에 빠져든다.

문법이 쉬워 빠르게 배울 수 있다

어려운 문법과 수많은 규칙에 둘러싸인 언어에서 벗어나고 싶지 않은가? 파이썬은 문법이 매우 쉽고 간결하며 사람의 사고 체계와 매우 닮아 있다. 배우기 쉬운 언어, 활용하기 쉬운 언어가 가장 좋은 언어가 아닐까? 유명한 프로그래머인 에릭 레이먼드[Eric raymond]는 파이썬을 공부한 지 단 하루 만에 자신이 원하는 프로그램을 작성할 수 있었다고 한다.

◈ 프로그래밍 경험이 조금이라도 있다면 파이썬의 자료형, 함수, 클래스 만드는 법, 라이브러리 및 내장 함수 사용 방법 등을 익히는 데 일주일이면 충분하다고 생각한다.

무료이지만 강력하다

파이썬은 오픈 소스[open source]이므로 무료이다. 사용료 걱정 없이 언제 어디서든 파이썬을 내려받아 사용할 수 있다.

◈ 오픈 소스란 저작권자가 소스 코드를 공개하여 누구나 별다른 제한 없이 자유롭게 사용·복제·배포·수정할 수 있는 소프트웨어를 말한다.

또한 프로그래머는 만들고자 하는 프로그램의 대부분을 파이썬으로 만들 수 있다. 물론 시스템 프로그래밍이나 하드웨어 제어와 같은 매우 복잡하고 반복 연산이 많은 프로그램은 파이썬과 어울리지 않는다. 하지만 파이썬은 이러한 약점을 극복할 수 있도록 다른 언어로 만든 프로그램을 파이썬 프로그램에 포함시킬 수 있다.

'파이썬과 C는 찰떡궁합'이라는 말이 있다. 프로그램의 전반적인 뼈대는 파이썬으로 만들고 빠른 실행 속도가 필요한 부분은 C로 만들어서 파이썬 프로그램 안에 포함시킬 수 있기 때문이다(정말 놀라울 만큼 영악한 언어가 아닌가?). 사실 파이썬 라이브러리 중에는 파이썬만으로 제작된 것도 많지만 C로 만든 것도 많다. C로 만든 것은 대부분 속도가 빠르다.

◈ 파이썬 라이브러리는 파이썬 프로그램을 작성할 때 불러와 사용할 수 있도록 미리 만들어 놓은 파이썬 파일의 모음을 말한다.

간결하다

귀도는 파이썬을 의도적으로 간결하게 만들었다. 만약 펄[Perl]과 같은 프로그래밍 언어가 100가지 방법으로 1가지 일을 처리할 수 있다면, 파이썬은 가장 좋은 방법 1가지만 사용하는 것을 선호한다. 이 간결함의 철학은 파이썬 문법에도 그대로 녹아 있어 파이썬 프로그래밍을 하는 사람들은 잘 정리되어 있는 소스 코드를 볼 수 있다. 그 덕분에 다른 사람이 작업한 소스 코드를 이해하기 쉽고 공동 작업과 유지 보수가 매우 편리하다.

다음은 파이썬 프로그램의 간결함을 보여 주는 예제이다. 지금은 이 소스 코드를 굳이 이해하려 하지 않아도 된다. 한번 구경해 보자.

```python
languages = ['python', 'perl', 'c', 'java']

for lang in languages:
    if lang in ['python', 'perl']:
        print("%6s need interpreter" % lang)
    elif lang in ['c', 'java']:
        print("%6s need compiler" % lang)
    else:
        print("should not reach here")
```

프로그래밍 언어를 판별하여 그에 맞는 문장을 출력하는 파이썬 프로그램 예제이다. 다른 언어에서 늘 보게 되는 단락을 구분하는 괄호({})가 없고 줄을 잘 맞춘 코드라는 것을 알 수 있다. 파이썬 프로그램은 줄을 맞추지 않으면 실행되지 않는다. 코드를 예쁘게 작성하려고 줄을 맞추는 것이 아니라 프로그램이 실행되게 하려면 꼭 줄을 맞추어야 하는 것이다. 이렇듯 줄을 맞추어 코드를 작성하는 행위는 가독성에 많은 도움이 된다.

◆ 이렇게 코드의 줄을 맞추는 것을 '들여쓰기'라고 한다. 파이썬은 들여쓰기를 하지 않으면 프로그램이 실행되지 않는다.

프로그래밍을 즐기게 해 준다

이 부분이 가장 강조하고 싶은 부분이다. 파이썬만큼 필자에게 프로그래밍을 즐기게 해 준 언어는 없었다. 파이썬은 프로그래머가 다른 부수적인 개념이나 제한 사항 등에 신경 쓸 필요 없이 만들고자 하는 기능에만 집중할 수 있게 해 준다. 파이썬을 배우고 나면 다른 언어로 프로그래밍하는 것이 지루하다고 느낄지도 모른다.

개발 속도가 빠르다

마지막으로 재미있는 문장으로 파이썬의 특징을 마무리하겠다.

"Life is too short, You need python."(인생은 너무 짧으니 파이썬이 필요해.)

엄청나게 빠른 파이썬의 개발 속도 때문에 유행처럼 퍼진 말이다. 이 위트 있는 문장은 이 책에서 계속 예제로 사용할 것이다.

파이썬으로 무엇을 할 수 있을까?

프로그래밍 언어를 좋은 언어와 나쁜 언어로 구별할 수 있을까? 사실 현실에서 이런 구별은 무의미하다. 어떤 언어이든 강점과 약점이 존재하기 때문이다. 따라서 어떤 프로그래밍 언어가 어떤 일에 효율적인지를 안다는 것은 프로그래머의 생산성을 크게 높일 수 있는 힘이 된다.

그렇다면 파이썬으로 하기에 적당한 일과 적당하지 않은 일은 무엇일까? 이를 아는 것은 매우 가치 있는 일이므로 파이썬을 배우기 전에 간단히 알아보자.

파이썬으로 할 수 있는 일

파이썬으로 할 수 있는 일은 매우 많다. 파이썬은 대부분의 프로그래밍 언어가 하는 일을 쉽고 깔끔하게 처리한다. 파이썬으로 할 수 있는 일들을 나열하자면 끝도 없지만, 대표적인 몇 가지만 소개한다.

웹 프로그래밍

누구나 한 번쯤 구글 크롬이나 마이크로소프트 엣지와 같은 웹 브라우저로 웹 서핑을 하면서 게시판이나 방명록에 글을 남겨 본 적이 있을 것이다. 이러한 게시판이나 방명록을 '웹 프로그램'이라고 한다. 파이썬은 웹 프로그램을 만들기에 매우 적합한 도구이며, 실제로 파이썬으로 제작한 웹 사이트는 셀 수 없을 정도로 많다.

인공지능과 머신러닝

최근 인공지능artificial Intelligence 분야의 발전 덕분에 파이썬이 인기 언어로 떠올랐다. 인공지능은 기계가 인간처럼 생각하고 행동할 수 있는 능력을 제공하는 기술이다. 파이썬을 활용하면 자연어 처리, 음성 인식, 이미지 인식과 같은 인공지능 기술을 구현할 수 있다. 머신러닝machine learning은 인공지능의 한 분야로, 경험을 통해 자동으로 발전하는 컴퓨터 알고리즘을 연구하는 분야이다. 파이썬은 인공지능과 머신러닝 프로그래밍을 쉽게 할 수 있도록 사이킷런^{scikit-learn},
텐서플로^{TensorFlow}, 파이토치^{PyTorch}, 케라스^{Keras} 등과 같은 다양한 라이브러리를 제공한다.

수치 연산 프로그래밍

사실 파이썬은 수치 연산 프로그래밍에 적합한 언어가 아니다. 수치가 복잡하고 연산이 많다면
C와 같은 언어로 프로그래밍하는 것이 더 빠르기 때문이다. 하지만 파이썬은 넘파이^{Numpy}라는
수치 연산 모듈을 제공한다. 이 모듈은 C로 작성했기 때문에 파이썬에서도 수치 연산을 빠르게
수행할 수 있다.

넘파이 공식 로고

데이터 분석

파이썬은 데이터 분석에 이상적인 언어로, 넘파이^{NumPy}, 판다스^{Pandas}, 맷플롯립^{Matplotlib} 등과 같
은 라이브러리들을 활용하여 데이터 처리, 통계 분석, 시각화를 손쉽게 수행할 수 있다. 데이
터 분석을 할 때 아직까지는 데이터 분석에
특화된 R이라는 언어를 많이 사용하고 있지
만, 판다스가 등장한 이래 파이썬을 사용하
는 경우가 점점 많아지고 있다.

판다스 공식 로고

데이터베이스 프로그래밍

파이썬은 사이베이스^{Sybase}, 인포믹스^{Infomix}, 오라클^{Oracle}, 마이에스큐엘^{MySQL}, 포스트그레스큐엘
^{PostgreSQL} 등의 데이터베이스에 접근하기 위한 도구를 제공한다.

이런 굵직한 데이터베이스를 직접 사용하는 것 말고도 파이썬에는 재미있는 도구가 하나 더
있다. 바로 피클^{pickle}이라는 모듈이다. 피클은 파이썬에 　　◆ 피클을 어떻게 사용하고 활용하는지는 '05-6
서 사용하는 자료를 변형 없이 파일에 저장하거나 불러 　　표준 라이브러리'를 참고하기 바란다.
오는 일을 수행한다.

시스템 유틸리티 제작하기

파이썬은 운영체제(윈도우, 리눅스 등)의 시스템 명령어를 사용할 수 있는 각종 도구를 갖추고 있기 때문에 이를 바탕으로 파일 관리, 로그 분석, 시스템 모니터링 등과 같은 여러 가지 시스템 유틸리티를 만드는 데 유리하다. 실제로 여러분은 시스템에서 사용 중인 서로 다른 유틸리티성 프로그램을 하나로 합쳐 보다 유용한 프로그램들을 무수히 만들어 낼 수 있다.

◆ 유틸리티란 컴퓨터를 사용하는 데 도움을 주는 여러 가지 소프트웨어를 말한다.

GUI 프로그래밍

GUI graphic user interface 프로그래밍이란 쉽게 말해 화면에 윈도우 창을 만들고 그 창에 프로그램을 동작시킬 수 있는 메뉴나 버튼 등을 추가하는 것을 말한다. 파이썬은 GUI 프로그래밍을 위한 도구들이 잘 갖추어져 있기 때문에 GUI 프로그램을 쉽게 만들 수 있다. 대표적인 예로 파이썬 프로그램과 함께 설치되는 Tkinter 티케이인터를 들 수 있다. Tkinter를 사용하면 단 5줄의 소스 코드만으로 윈도우 창을 띄울 수 있다.

Tkinter로 문자열을 윈도우 창에 출력한 모습

C/C++와 결합하기

파이썬은 접착 glue 언어라고도 부르는데, 그 이유는 다른 언어와 결합해서 사용할 수 있기 때문이다. C나 C++로 만든 프로그램을 파이썬에서 사용할 수 있고 파이썬으로 만든 프로그램도 C나 C++에서 사용할 수 있다.

사물 인터넷

파이썬은 사물 인터넷 Internet of things 분야에서도 활용도가 높다. 한 예로 라즈베리파이 Raspberry pi 는 리눅스 기반의 매우 작은 컴퓨터이다. 라즈베리파이를 사용하면 홈시어터나 매우 작은 게임기 등 여러 가지 재미있는 것을 만들 수 있는데, 라즈베리파이를 제어할 때 파이썬을 사용한다. 예를 들어 라즈베리파이에 연결된 모터를 작동시키거나 LED에 불이 들어오게 하는 일을 파이썬으로 할 수 있다.

라즈베리파이로 실습하는 모습

파이썬으로 할 수 없는 일

시스템과 밀접한 프로그래밍 영역

파이썬으로 리눅스와 같은 운영체제 또는 엄청난 횟수의 반복과 연산이 필요한 프로그램을 만드는 것은 어렵다. 즉, 매우 빠른 속도를 요구하거나 하드웨어를 직접 건드려야 하는 프로그램에는 적합하지 않다.

모바일 프로그래밍

파이썬은 구글이 가장 많이 애용하는 언어이지만, 파이썬으로 안드로이드 네이티브 앱android native app을 개발하는 것은 아직 어렵다. 안드로이드에서 파이썬으로 만든 프로그램이 실행되도록 지원하기는 하지만, 이것만으로 앱을 만들기에는 아직 역부족이다. 이 밖에 아이폰 앱도 파이썬으로 개발할 수 없다.

01-4
파이썬 설치하기

이제 실습을 해 보기 위해 컴퓨터에 파이썬을 설치해 보자. 이 책에서는 윈도우와 맥에서의 설치 방법만 다룬다. 다른 시스템을 사용한다면 파이썬 홈페이지(www.python.org)의 설명을 참고하기 바란다.

윈도우에서 파이썬 설치하기

1. 먼저 파이썬 공식 홈페이지의 다운로드 페이지(www.python.org/downloads)에서 윈도우용 파이썬 언어 패키지를 내려받는다. 다음 화면에서 Python 3.x로 시작하는 버전 중 가장 최신의 윈도우 설치 파일을 내려받자(이 글을 작성하는 시점의 최신 버전은 3.11.2이다).

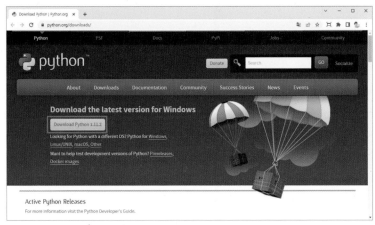

파이썬 다운로드 페이지

2. 설치 파일을 실행한 후 [Install Now]를 클릭하면 설치가 진행된다. 이때 파이썬이 어느 곳에서든지 실행될 수 있도록 [Add python.exe to PATH] 옵션을 반드시 선택해야 한다.

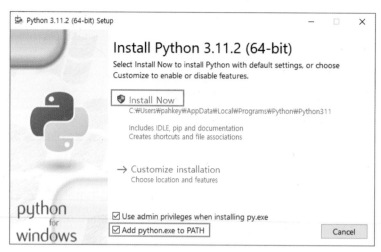

◆ [Add python.exe to PATH] 옵션을 선택하지 않으면 실습 시 오류가 발생할 수 있다.

3. 설치가 완료되면 [close]를 클릭하여 종료한다. 파이썬이 정상적으로 설치되었다면 [시작] 메뉴의 검색 창에서 python을 검색하여 파이썬 실행 프로그램을 찾을 수 있다.

맥에서 파이썬 설치하기

파이썬 공식 홈페이지(www.python.org)에서 [Downloads] 메뉴를 클릭하여 맥^{Mac}용 파이썬 설치 파일을 내려받은 후 다음 화면에서 [Download Python 3.11.x]를 클릭하면 된다.

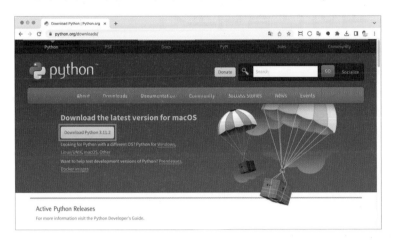

그런 다음 내려받은 python-3.11.x-macos1.pkg 파일을 실행하여 설치한다.

설치가 완료되면 파이썬이 제대로 설치됐는지 확인하기 위해 터미널에서 다음과 같이 명령을 입력해 자신의 맥에 설치된 파이썬 버전을 확인해 보자. 구 버전의 맥에는 파이썬 2.7 버전이 기본으로 설치되어 있기 때문에 'python'을 입력하면 파이썬 2.7이 실행된다. 맥에서는 항상 'python' 대신 'python3' 명령을 사용하자. 파이썬 버전이 제대로 출력되면 성공적으로 설치한 것이다.

```
pahkey@mymac ~ % python3 -V ── 직접 입력해 보자.
Python 3.11.2
```

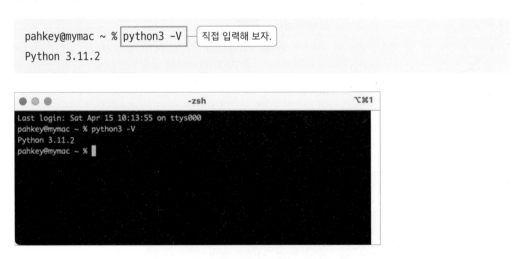

01-5
파이썬 둘러보기

파이썬이라는 언어는 어떻게 생겼는지 간단한 소스 코드를 작성하면서 알아보자. 파이썬에 대해 자세히 알아보기 전에 전체 모습을 훑어보는 것은 파이썬을 이해하는 데 많은 도움이 될 것이다.

'백문이 불여일견, 백견이 불여일타'라고 했다. 직접 따라 해 보자.

파이썬 기초 실습 준비하기

파이썬 프로그래밍 실습을 시작하기 전에 기초적인 것을 준비해 보자.

먼저 [시작] 메뉴에서 'Python 3.11(64-bit)'을 찾아 실행한다.

◆ 맥 사용자는 터미널에서 'python3'을 입력하자.

그러면 다음과 같은 화면이 나타난다.

```
Python 3.11.2 (tags/v3.11.2:878ead1, Feb 7 2023, 16:38:35) [MSC v.1934 64 bit
(AMD64)] on win32
Type "help", "copyright", "credits" or "license" for more information.
```

>>> ┤ 프롬프트(>>>)가 있는 곳이 입력하는 부분 ├

위와 같은 창을 '파이썬 대화형 인터프리터'라고 부른다. 여기서 인터프리터란 사용자가 입력
한 소스 코드를 실행하는 환경을 뜻한다. 그렇다면 '대 ◆ 파이썬 셸 창에서 3개의 꺾은 괄호(>>>)를 프
화형'은 무슨 의미일까? 다음과 같이 간단한 수식을 입 롬프트prompt라고 부른다.
력해 보자.

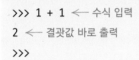 

입력에 따른 결괏값이 바로 출력된다. 이렇게 입출력이 번갈아 이어지는 것이 마치 대화하는
것처럼 느껴지기 때문에 **파이썬 대화형 인터프리터**라고 부른다. 대화형 인터프리터를 사용하면
간단한 예제를 풀 때 결과를 바로 확인할 수 있어 학습 ◆ 파이썬 대화형 인터프리터를 간단히 '파이썬
을 하는 데 효과적이다. 앞으로 파이썬의 기본적인 내용 셸python shell'이라고도 부른다.
은 이 창을 사용해 실습한다.

대화형 인터프리터를 종료할 때는 Ctrl+Z를 누른 후 Enter를 누른다(유닉스 계열에서는
Ctrl+D). 또는 다음과 같이 내장 함수인 quit()이나 exit()를 사용하여 종료한다.

```
>>> quit()
```

```
>>> exit()
```

다음 예와 같이 sys 모듈을 사용하여 종료할 수도 있다.

```
>>> import sys
>>> sys.exit()
```

◈ 모듈을 사용하는 방법은 05장을 참고하기 바란다.

파이썬 기초 문법 따라 해 보기

이제 파이썬 대화형 인터프리터(파이썬 셸)를 실행하여 파이썬 기초 문법을 따라 해 보자. 여기에서 소개히는 내용은 뒤에서 자세하게 다룰 것이므로 지금 당장 이해되지 않는다고 해서 절망하거나 고심하지는 말자.

사칙 연산

1 더하기(+) 2는 3이라는 값을 출력해 보자. 보통 계산기를 사용하듯이 +만 넣어 주면 된다.

```
>>> 1 + 2
3
```

나눗셈(/)과 곱셈(*) 역시 예상한 대로 결괏값을 보여 준다.

```
>>> 3 / 2.4
1.25
>>> 3 * 9
27
```

÷는 슬래시(/)로,
×는 별표(*)로 쓰는구나~

우리가 일반적으로 알고 있는 ÷나 ×가 아니라는 것에 주의하자.

변수에 숫자 대입하고 계산하기

```
>>> a = 1
>>> b = 2
>>> a + b
3
```

a에 1, b에 2를 대입한 후 a와 b를 더하면 3이라는 결괏값을 보여 준다.

변수에 문자 대입하고 출력하기

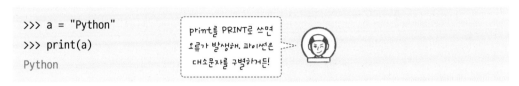

```
>>> a = "Python"
>>> print(a)
Python
```

a 변수에 "Python"이라는 값을 대입한 후 print(a)라고 작성하면 a 값을 출력한다.

또는 다음과 같이 print 문을 생략하고 변수 이름 a만 입력하여 a의 값을 확인할 수도 있다.

```
>>> a = "Python"
>>> a
'Python'
```

조건문 if

다음은 간단한 조건문 if를 사용한 예제이다.

```
>>> a = 3
>>> if a > 1:
...     print("a는 1보다 큽니다.")          ── 들여쓰기(Spacebar 4칸)
...                                        ── Enter 입력
a는 1보다 큽니다.
```

앞의 예제는 a가 1보다 크면 "a는 1보다 큽니다."라는 문장을 출력(print)하라는 뜻이다. a는 3이므로 1보다 크다. 따라서 'a는 1보다 큽니다.'라는 문장이 출력된다.

◆ 인터프리터 창에서 프롬프트(>>>) 자리에 대신 나타나는 '…'은 아직 입력 중인 문장이 끝나지 않았다는 것을 의미한다.

if a > 1: 다음 문장은 Spacebar 4개 또는 Tab을 이용해 반드시 들여쓰기한 후에 print("a는 1보다 큽니다.")라고 작성해야 한다. 들여쓰기 규칙은 '03장 제어문'에서 자세하게 알아본다. 바로 뒤에 이어지는 반복문 for, while 예제도 이와 마찬가지로 들여쓰기가 필요하다.

실습 영상:
youtu.be/5CU-xTiMIZ0

반복문 for

다음은 for를 사용해서 [1, 2, 3] 안의 값을 하나씩 출력하는 것을 보여 주는 예이다.

```
>>> for a in [1, 2, 3]:
...     print(a)
...
1
2
3
```

여기도 꼭 4칸 들여쓰기하자!

for 문을 사용하면 실행해야 할 문장을 여러 번 반복해서 실행할 수 있다. 위 예는 대괄호([]) 사이에 있는 값을 하나씩 출력한다. 이 코드의 의미는 '[1, 2, 3] 리스트의 앞에서부터 하나씩 꺼내 a 변수에 대입한 후 print(a)를 수행하라'이다. 이를 실행하면 a에 차례대로 1, 2, 3이라는 값을 대입하고 print(a)에 의해서 그 값을 차례대로 출력한다.

반복문 while

다음은 while을 사용하는 예이다.

```
>>> i = 0
>>> while i < 3:
...     i = i + 1
...     print(i)
...
1
2
3
```

while이라는 영어 단어의 뜻인 '~인 동안'에서 알 수 있듯이 while 문은 일정한 조건이 만족하는 동안 문장을 반복해서 수행한다. 위 예제는 i 값이 3보다 작은 동안 i = i + 1과 print(i)를 수행하라는 말이다. i = i + 1이라는 문장은 'i의 값을 1씩 더한다'라는 의미이다. i 값이 3보다 커지면 while 문을 빠져나간다.

실습 영상:
youtu.be/
mtdbM3EOS68

함수

파이썬에서 함수의 형태는 다음과 같다.

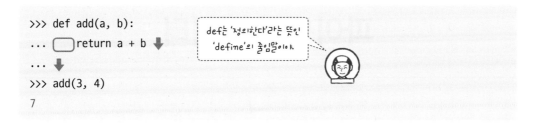

```
>>> def add(a, b):
...     return a + b
...
>>> add(3, 4)
7
```

def는 파이썬에서 함수를 정의할 때 사용하는 예약어이다. 위 예제는 add 함수를 만들고 그 함수를 어떻게 사용하는지를 보여 준다. add(a, b)에서 a, b는 입력값, a + b는 결괏값이다. 즉 3, 4가 입력으로 들어오면 3 + 4를 수행하고 그 결괏값인 7을 리턴한다.

◈ 예약어란 프로그래밍 언어에서 이미 문법적인 용도로 사용하고 있는 단어를 말한다.

◈ 리턴(return)은 함수에서 값을 반환할 때 사용한다.

지금까지 기초적인 파이썬 문법에 대해서 간략하게 알아보았다.

01-6
파이썬과 에디터

파이썬 대화형 인터프리터는 간단한 예제를 풀 때는 편리하지만 여러 줄의 복잡한 소스 코드를 가진 프로그램을 만들 때는 불편히다. 또한 인터프리터를 종료하면 작성한 프로그램이 사라져 다시 사용하지 못한다는 단점이 있다. 따라서 여러 번 사용하기 위한 프로그램을 만들 때는 에디터를 사용해야 한다.

에디터editor란 소스 코드를 편집할 수 있는 프로그래밍 도구를 말한다. 에디터에는 여러 가지 종류가 있다. 이 책에서는 그중 파이썬을 설치할 때 기본으로 설치되는 파이썬 IDLEIntegrated development and learning environment의 에디터를 사용한다.　　　　　　　　　◈ IDLE은 '아이들'이라고 읽는다.

IDLE 에디터로 파이썬 프로그램 작성하기

파이썬 IDLE은 파이썬 프로그램 작성을 도와주는 통합 개발 환경이다. [시작] 메뉴에서 'idle'을 검색한 후 파이썬 IDLE을 찾아 실행해 보자.

◈ 맥 사용자는 터미널에서 idle3 명령을 입력하자.

그러면 다음과 같은 IDLE 셸shell 창이 나타난다.

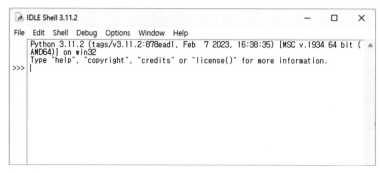

IDLE 셸 창

IDLE 셸은 IDLE 에디터에서 실행한 프로그램의 결과가 표시되는 창으로, 앞에서 살펴본 파이썬 셸과 기능 면에서 동일하다. 단, IDLE 셸에서 들여쓰기를 표시하는 방법이 기본 파이썬 셸과 다르므로 이 책에서는 IDLE 에디터로 작성한 프로그램의 실행 결과를 표시하는 용도로만 사용한다. 즉, 앞으로 프롬프트()))로 시작하는 예제는 IDLE 셸이 아닌 파이썬 셸로 실행해야 한다.

이제 IDLE 에디터를 실행해 보자.

IDLE 셸 창 메뉴에서 [File → New File]을 선택한다.

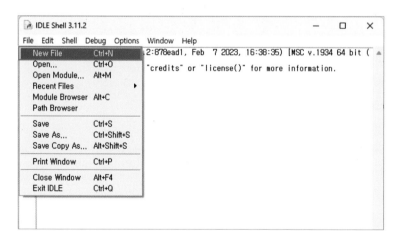

그러면 다음과 같이 빈 창이 나타나는데, 이 창이 IDLE 에디터이다.

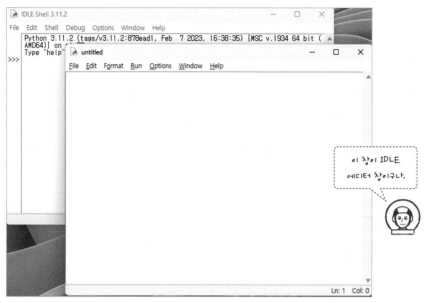

IDLE 에디터 창

이제 IDLE 에디터에서 다음과 같이 파이썬 프로그램을 작성해 보자.

hello.py

```python
# hello.py
print("Hello World")
```

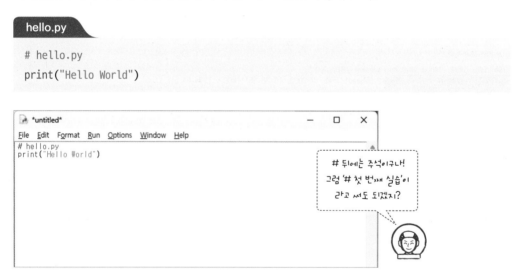

첫 줄에 작성한 # hello.py는 주석이다. 파이썬에서 #으로 시작하는 문장은 주석으로 처리하므로 프로그램 수행에 전혀 영향을 미치지 않는다. 주석은 이 프로그램의 소스 코드를 읽을 미래의 나 또는 다른 프로그래머를 위해 소스 코드에 설명을 달 때 사용한다.

여러 줄짜리 주석을 작성하는 방법

주석을 여러 줄 달고 싶다면 다음과 같이 작성하자.

```
"""
Author: EungYong Park
Date: 2023-05-01
이 프로그램은 Hello World를 출력하는 프로그램이다.
"""
```

여러 줄로 이루어진 주석은 큰따옴표 3개를 연속으로 사용한 """ 사이에 작성하면 된다. 큰따옴표 대신 작은따옴표 3개(''')를 사용해도 된다.

이제 작성한 프로그램을 실행해 보자.

IDLE 에디터 창 메뉴에서 [Run → Run Module]을 선택한다(단축키: F5).

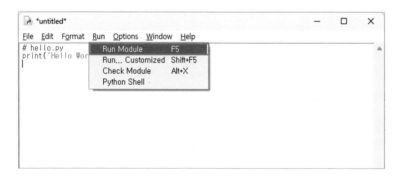

프로그램을 실행하면 파일을 먼저 저장하라는 대화 상자가 나타난다.

[확인]을 선택하면 [다른 이름으로 저장] 창이 나타난다. 로컬 디스크(C:)로 이동한 후 'doit'이라는 이름으로 디렉터리(폴더)를 생성하고 그 안에 hello.py라는 이름으로 파일을 저장하자. 에디터로 파이썬 프로그램을 작성한 후 저장할 때는 파일 이름의 확장자를 항상 .py로 해야 한다. .py는 파이썬 파일이라는 것을 알려 주는 확장자이다.

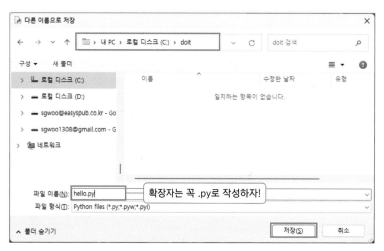

◆ 실습 경로를 간단히 하기 위해 C:\doit 디렉터리를 생성한 후 파일을 저장했다. C:\에 파일을 바로 저장하면 오류가 발생할 수 있으므로 꼭 C:\ 하위에 디렉터리를 생성한 후 그 안에 파일을 저장하자.

파일을 저장하면 hello.py 프로그램이 실행된다. 실행 결과는 다음과 같이 IDLE 셸 창에 표시된다.

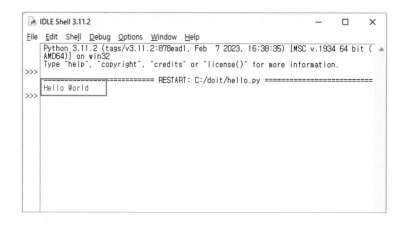

앞으로 간단한 예제는 파이썬 셸에 입력해 결과를 바로 확인하고 여러 줄을 한꺼번에 작성하거나 저장했다가 다시 사용할 프로그램은 IDLE 에디터에서 작성한다.

점프 투
파이썬

파이썬 셸과 IDLE 에디터의 차이점

앞으로 이 책은 파이썬 셸과 IDLE 에디터를 번갈아 가면서 예제를 작성한다. 이때 주의할 점이 1가
지 있다. 다음 예제를 살펴보자.

```
>>> a = "python"
>>> print(a)
python
>>> print(1 + 1)
2
```

파이썬 셸의 경우, 위와 같이 변수 a와 표현식 1+1의 값을 확인하기 위해서 print 함수를 사용해도
되지만 다음처럼 print 함수 없이도 그 값을 확인할 수 있다.

```
>>> a = "python"
>>> a
'python'
>>> 1 + 1
2
```

이것은 표현식의 실행 결과를 출력하는 파이썬 셸 본래의 기능이기 때문이다. 하지만 IDLE 에디터를
사용할 경우에는 다음처럼 print 문을 반드시 사용해야 한다.

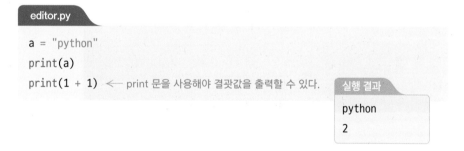

editor.py
```
a = "python"
print(a)
print(1 + 1)  ← print 문을 사용해야 결괏값을 출력할 수 있다.
```

실행 결과
```
python
2
```

명령 프롬프트 창에서 파이썬 프로그램 실행하기

이번에는 앞에서 IDLE 에디터로 작성한 hello.py 파일을 명령 프롬프트^{command prompt} 창에서
실행해 보자. IDLE 에디터에서 F5를 눌러 실행할 수도 있지만, 실제 업무에서는 일반적으로
명령 프롬프트 창에서 파이썬 프로그램을 실행한다.

우리는 이미 다음과 같은 프로그램을 C:\doit 디렉터리에 'hello.py'라는 이름으로 저장
했다.

```
# hello.py
print("Hello world")
```

hello.py 프로그램을 실행하기 위해 먼저 명령 프롬프트 창을 열어 보자. ■+ R을 누르면
다음과 같은 실행 창이 나타난다. 빈칸에 'cmd'를 입력하고 [확인]을 클릭하면 명령 프롬프트
창이 열린다.

첫 번째 줄에는 다음과 같은 프롬프트가 나타나 있을 것이다. 'C:\Users\박응용'에서 '박응
용'은 필자의 컴퓨터 이름이다(물론 여러분의 명령 프롬프트는 여러분의 컴퓨터 이름으로 표
시될 것이다).

◈ 맥 사용자의 경우, 명령 프롬프트 창 대신 터미널을 사용하자.

이제 다음과 같이 프롬프트에서 'cd c:\doit'이라고 입력한다. cd^change directory 명령어는 프롬프
트를 바로 다음에 나오는 디렉터리로 옮긴다.

```
C:\Users\박응용> cd c:\doit   ← 프롬프트를 c:\doit 디렉터리로 이동

c:\doit>
```

◈ c:\doit에서 역슬래시(\)는 Enter 바로 위에 있는 키(원화 표시 문자)로 입력한다.

프롬프트가 c:\doit>으로 바뀐 것을 확인할 수 있다. 이제 명령어 python과 실행할 프로그램 이름을 입력하면 파이썬 프로그램을 실행할 수 있다. 다음과 같이 입력해 hello.py 프로그램을 실행해 보자.

```
c:\doit> python hello.py
Hello World
```

위와 같이 hello.py 프로그램이 실행되는 것을 확인할 수 있다. 만약 결괏값이 위와 같지 않다면 hello.py 파일이 C:\doit 디렉터리에 존재하는지 다시 한번 살펴보자.

명령 프롬프트 창에서 예제를 실행한 화면은 다음과 같다.

추천하는 에디터

파이썬으로 실무 프로그램을 작성할 때는 앞에서 소개한 IDLE보다 많은 기능을 갖춘 에디터를 쓰는 것이 좋다. 추천할 만한 에디터를 소개한다.

◆ 이 책의 예제를 풀다가 에디터를 사용하여 프로그램을 작성해야 할 때는 파이썬 공부에 최적화된 IDLE을 사용하자. 여기서 소개하는 에디터는 파이썬 공부를 한 번 끝낸 후에 사용해 보기를 권장한다.

비주얼 스튜디오 코드

비주얼 스튜디오 코드Visual studio code는 파이참Pycharm과 더불어 프로그래머에게 가장 많은 사랑을 받는 파이썬의 대표적인 에디터이다. 비주얼 스튜디오 코드는 공식 다운로드 사이트 (code.visualstudio.com)에서 내려받을 수 있다.

비주얼 스튜디오 코드는 파이썬 전용 에디터가 아니기 때문에 파이썬 외에도 여러 가지 언어를 지원한다. 따라서 비주얼 스튜디오 코드를 설치한 후 파이썬을 사용하기 위해 가장 먼저 해야 할 일은 파이썬 extension을 설치하는 것이다. 파이썬 extension은 비주얼 스튜디오 코드의 [Extensions] 메뉴에서 설치할 수 있다.

파이참

파이썬에 어느 정도 익숙해졌다면 파이참을 사용해 보기를 적극 추천한다. 파이참은 가장 유명한 파이썬 에디터 중 하나로, 코드를 작성할 때 자동 완성, 문법 체크 등 편리한 기능을 많이 제공한다. 파이참 공식 다운로드 사이트(www.jetbrains.com/pycharm/download)에서 내려받을 수 있다.

파이참은 파이썬 전용 에디터이므로 별도의 extension이나 플러그인을 설치할 필요가 없다.

02

파이썬 프로그래밍의
기초, 자료형

'어떤 프로그래밍 언어이든 그 언어의 자료형을 알고 이해할 수 있다면 이미 그 언어의 절반을 터득한 것이나 다름없다' 라는 말이 있다. 자료형이란 프로그래밍을 할 때 쓰이는 숫자, 문자열 등과 같이 자료 형태로 사용하는 모든 것을 뜻한다. 프로그램의 기본이자 핵심 단위가 바로 자료형이다. 계산 프로그램을 만들려면 어떤 것을 계산할 것인지부터 알아야 하고 데이터베이스 프로그램을 만들려면 어떤 자료를 저장할 것인지부터 알아야 하는 것처럼 기본 중의 기본이다. 따라서 자료형을 충분히 이해하지 않고 프로그래밍을 시작하려는 것은 기초 공사가 마무리되지 않은 상태에서 빌딩을 세우는 것과 같다.

02장에서는 자료형에는 어떤 것이 있는지 하나씩 자세하게 알아본다.

02-1
숫자형

숫자형^{number}이란 숫자 형태로 이루어진 자료형으로, 우리가 이미 잘 알고 있는 것이다. 우리가 흔히 사용하는 숫자들을 생각해 보자. 123과 같은 정수, 12.34와 같은 실수, 8진수나 16진수도 있다.

오른쪽 표는 파이썬에서 숫자를 어떻게 사용하는지 간략하게 보여 준다.

이제 이런 숫자를 파이썬에서는 어떻게 만들고 사용하는지 자세히 알아보자.

항목	파이썬 사용 예
정수	123, -345, 0
실수	123.45, -1234.5, 3.4e10
8진수	0o34, 0o25
16진수	0x2A, 0xFF

숫자형은 어떻게 만들고 사용할까?

정수형

정수형^{integer}이란 말 그대로 정수를 뜻하는 자료형을 말한다. 다음은 양의 정수와 음의 정수, 숫자 0을 변수 a에 대입하는 예이다.

```
>>> a = 123     ← 양의 정수 대입
>>> a = -178    ← 음의 정수 대입
>>> a = 0       ← 숫자 0 대입
```

프롬프트(>>>)가 있으면 대화형 인터프리터에서 실습하면 돼!

실수형

파이썬에서 실수형$^{floating-point}$은 소수점이 포함된 숫자를 말한다. 다음은 실수를 변수 a에 대입하는 예이다. 일반적으로 볼 수 있는 실수형의 소수점 표현 방식이다.

```
>>> a = 1.2
>>> a = -3.45
```

다음은 '컴퓨터식 지수 표현 방식'으로, 파이썬에서는 4.24e10 또는 4.24E10처럼 표현한다 (e와 E 둘 중 어느 것을 사용해도 된다).

```
>>> a = 4.24E10   ← 4.24×10¹⁰
>>> a = 4.24e-10  ← 4.24×10⁻¹⁰
```

여기서 4.24E10은 4.24×10^{10}, 4.24e-10은 4.24×10^{-10}을 의미한다.

8진수와 16진수

8진수^{octal}를 만들기 위해서는 숫자가 0o 또는 0O(숫자 0 + 알파벳 소문자 o 또는 대문자 O) 으로 시작하면 된다.

```
>>> a = 0o177
>>> print(a)
127   ← 1×8²+7×8+7=127
```

16진수^{hexadecimal}를 만들기 위해서는 0x로 시작하면 된다.

```
>>> a = 0x8ff
>>> b = 0xABC
>>> print(b)
2748   ← 10×16²+11×16+12=2748
```

8진수나 16진수는 파이썬에서 잘 사용하지 않는 형태의 숫자 자료형이므로 간단히 눈으로만 익히고 넘어가자.

숫자형을 활용하기 위한 연산자

사칙 연산

프로그래밍을 한 번도 해 본 적이 없는 독자라도 사칙 연산(+, -, *, /)은 알고 있을 것이다. 파이썬 역시 계산기와 마찬가지로 다음처럼 연산자를 사용해 사칙 연산을 수행한다.

```
>>> a = 3
>>> b = 4
>>> a + b
7
>>> a - b
-1
>>> a * b
12
>>> a / b
0.75
```

x의 y제곱을 나타내는 ** 연산자

다음으로 알아야 할 연산자로 **라는 연산자가 있다. 이 연산자는 x ** y처럼 사용했을 때 x의
y제곱(x^y) 값을 리턴한다. 다음 예를 통해 알아보자.

```
>>> a = 3
>>> b = 4
>>> a ** b
81
```

 1분 코딩 · 방금 배운 연산자를 이용해 $10 \times 18^2 + 2 \times 11$을 계산해 보자.

정답 10*18**2+2*11 = 3262

나눗셈 후 나머지를 리턴하는 % 연산자

프로그래밍을 처음 접하는 독자라면 % 연산자는 본 적이 없을 것이다. %는 나눗셈의 나머지
값을 리턴하는 연산자이다. 7을 3으로 나누면 나머지는 1, 3을 7로 나누면 나머지는 3이 될
것이다. 다음 예로 확인해 보자.

```
>>> 7 % 3
1
>>> 3 % 7
3
```

$$3 \overline{)7} \quad 2$$
$$6$$
$$1 \rightarrow \text{나머지}$$

나눗셈 후 몫을 리턴하는 // 연산자

/ 연산자를 사용하여 7 나누기 4를 하면 그 결과는 예상대로 1.75가 된다.

```
>>> 7 / 4
1.75
```

이번에는 나눗셈 후 몫을 리턴하는 // 연산자를 사용한 경우를 살펴보자.

```
>>> 7 // 4
1
```

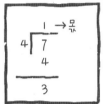

1.75에서 몫에 해당하는 정숫값 1만 리턴하는 것을 확인할 수 있다.

 방금 배운 연산자를 사용해서 숫자 14를 3으로 나누었을 때 몫과 나머지를 확인해 보자.

정답 몫 4, 나머지 2

02-2
문자열 자료형

문자열^{string}이란 문자, 단어 등으로 구성된 문자들의 집합을 말한다. 예를 들면 다음과 같다.

```
"Life is too short, You need Python"
"a"
"123"
```

모든 예문이 큰따옴표(")로 둘러싸여 있다. '123은 숫자인데 왜 문자열이지?'라는 의문이 드는 독자도 있을 것이다. 따옴표로 둘러싸여 있으면 모두 문자열이라고 보면 된다.

문자열은 어떻게 만들고 사용할까?

앞에서는 문자열을 만들 때 큰따옴표만 사용했지만, 이 밖에도 문자열을 만드는 방법은 3가지가 더 있다. 즉, 파이썬에서 문자열을 만드는 방법은 총 4가지이다.

1. 큰따옴표로 양쪽 둘러싸기

```
"Hello World"
```

2. 작은따옴표로 양쪽 둘러싸기

```
'Python is fun'
```

3. 큰따옴표 3개를 연속으로 써서 양쪽 둘러싸기

```
"""Life is too short, You need python"""
```

4. 작은따옴표 3개를 연속으로 써서 양쪽 둘러싸기

```
'''Life is too short, You need python'''
```

단순함이 자랑인 파이썬이 문자열을 만드는 방법은 왜 4가지일까? 그 이유에 대해 알아보자.

문자열 안에 작은따옴표나 큰따옴표를 포함시키고 싶을 때

문자열을 만들어 주는 주인공은 작은따옴표(')와 큰따옴표(")이다. 그런데 문자열 안에도 작은따옴표와 큰따옴표가 들어 있어야 할 경우가 있다. 이때는 좀 더 특별한 기술이 필요하다. 예제를 하나씩 살펴보면서 원리를 익혀 보자.

1. 문자열에 작은따옴표 포함하기

```
Python's favorite food is perl
```

위와 같은 문자열을 food 변수에 저장하고 싶다고 가정해 보자. 문자열 중 Python's에 작은따옴표(')가 포함되어 있다.

이 경우에는 문자열을 큰따옴표로 둘러싸야 한다. 큰따옴표 안에 들어 있는 작은따옴표는 문자열을 나타내기 위한 기호로 인식되지 않는다. 대화형 인터프리터를 열고 다음과 같이 입력해 보자.

```
>>> food = "Python's favorite food is perl"
```

프롬프트에 'food'를 입력해서 결과를 확인해 보면 변수에 저장된 문자열이 그대로 출력되는 것을 볼 수 있다.

```
>>> food
"Python's favorite food is perl"
```

시험 삼아 다음과 같이 문자열을 큰따옴표가 아닌 작은따옴표로 둘러싼 후 다시 실행해 보자. 'Python'이 문자열로 인식되어 구문 오류[SyntaxError]가 발생할 것이다.

```
>>> food = 'Python's favorite food is perl'
  File "<stdin>", line 1
    food = 'Python's favorite food is perl'
                   ^
SyntaxError: invalid syntax
```

2. 문자열에 큰따옴표 포함하기

```
"Python is very easy." he says.
```

위와 같이 큰따옴표가 포함된 문자열이라면 어떻게 해야 큰따옴표가 제대로 표현될까?

문자열을 작은따옴표로 둘러싸면 된다. 다음과 같이 입력해 보자.

```
>>> say = '"Python is very easy." he says.'
```

이렇게 작은따옴표 안에 사용된 큰따옴표는 문자열을 만드는 기호로 인식되지 않는다.

3. 역슬래시를 사용해서 작은따옴표와 큰따옴표를 문자열에 포함하기

```
>>> food = 'Python\'s favorite food is perl'
>>> say = "\"Python is very easy.\" he says."
```

작은따옴표나 큰따옴표를 문자열에 포함시키는 또 다른 방법은 역슬래시(\)를 사용하는 것이다. 즉, 역슬래시를 작은따옴표나 큰따옴표 앞에 삽입하면 역슬래시 뒤의 작은따옴표나 큰따옴표는 문자열을 둘러싸는 기호의 의미가 아니라 ' 나 " 자체를 뜻하게 된다.

어떤 방법을 사용해서 문자열 안에 작은따옴표(')와 큰따옴표(")를 포함시킬 것인지는 각자의 선택이다. 대화형 인터프리터를 실행한 후 위 예문을 꼭 직접 작성해 보자.

여러 줄인 문자열을 변수에 대입하고 싶을 때

문자열이 항상 한 줄짜리만 있는 것은 아니다. 다음과 같은 여러 줄의 문자열을 변수에 대입하려면 어떻게 해야 할까?

```
Life is too short
You need python
```

1. 줄을 바꾸기 위한 이스케이프 코드 \n 삽입하기

```
>>> multiline = "Life is too short\nYou need python"
```

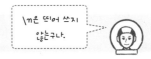

\n은 띄어 쓰지 않는구나.

위 예처럼 줄바꿈 문자인 \n을 삽입하는 방법이 있지만, 읽기가 불편하고 줄이 길어지는 단점이 있다.

2. 연속된 작은따옴표 3개 또는 큰따옴표 3개 사용하기

1번 방법의 단점을 극복하기 위해 파이썬에서는 다음과 같이 작은따옴표 3개(''') 또는 큰따옴표 3개(""")를 사용한다.

```
>>> multiline = '''
... Life is too short          ── 작은따옴표 3개를 사용한 경우
... You need python
... '''
```

```
>>> multiline = """
... Life is too short      ─── 큰따옴표 3개를 사용한 경우
... You need python
... """
```

'print(multiline)'을 입력하면 어떻게 출력되는지 확인해 보자.

```
>>> print(multiline)
Life is too short
You need python
```

두 경우 모두 결과는 동일하다. 위 예에서도 확인할 수 있듯이 문자열이 여러 줄인 경우, 이스케이프 코드를 쓰는 것보다 따옴표 3개를 사용하는 것이 훨씬 깔끔하다.

이스케이프 코드란?

문자열 예제에서 여러 줄의 문장을 처리할 때 역슬래시 문자와 소문자 n을 조합한 \n 이스케이프 코드를 사용했다. 이스케이프escape 코드란 프로그래밍할 때 사용할 수 있도록 미리 정의해 둔 '문자 조합'을 말한다. 주로 출력물을 보기 좋게 정렬하는 용도로 사용한다. 몇 가지 이스케이프 코드를 정리하면 다음과 같다.

코드	설명
\n	문자열 안에서 줄을 바꿀 때 사용
\t	문자열 사이에 탭 간격을 줄 때 사용
\\	\를 그대로 표현할 때 사용
\'	작은따옴표(')를 그대로 표현할 때 사용
\"	큰따옴표(")를 그대로 표현할 때 사용
\r	캐리지 리턴(줄 바꿈 문자, 커서를 현재 줄의 가장 앞으로 이동)
\f	폼 피드(줄 바꿈 문자, 커서를 현재 줄의 다음 줄로 이동)
\a	벨 소리(출력할 때 PC 스피커에서 '삑' 소리가 난다)
\b	백 스페이스
\000	널 문자

이 중에서 활용 빈도가 높은 것은 \n, \t, \\, \', \"이다. 나머지는 프로그램에서 잘 사용하지 않는다.

문자열 연산하기

파이썬에서는 문자열을 더하거나 곱할 수 있다. 이는 다른 언어에서는 쉽게 찾아볼 수 없는 재미있는 기능으로, 우리 생각을 그대로 반영해 주는 파이썬만의 장점이라고 할 수 있다. 문자열을 더하거나 곱하는 방법에 대해 알아보자.

문자열 더해서 연결하기

```
>>> head = "Python"
>>> tail = " is fun!"
>>> head + tail
'Python is fun!'
```

위 소스 코드에서 세 번째 줄을 살펴보자. 복잡하게 생각하지 말고 눈에 보이는 대로 생각해 보자. "Python"이라는 head 변수와 " is fun!"이라는 tail 변수를 더한 것이다. 결과는 'Python is fun!'이다. 즉, head와 tail 변수가 +에 의해 합쳐진 것이다. 직접 실행해 보고 결괏값이 제시한 것과 똑같이 나오는지 확인해 보자.

문자열 곱하기

```
>>> a = "python"
>>> a * 2
'pythonpython'
```

위 소스 코드에서 *의 의미는 우리가 일반적으로 사용하는 숫자 곱하기의 의미와는 다르다. 위 소스 코드에서 a * 2라는 문장은 a를 2번 반복하라는 뜻이다. 즉, *는 문자열의 반복을 뜻하는 의미로 사용되었다. 굳이 코드의 의미를 설명할 필요가 없을 정도로 직관적이다.

문자열 곱하기를 응용하기

문자열 곱하기를 좀 더 응용해 보자. 다음 소스를 IDLE 에디터를 열어 작성해 보자.

`multistring.py`

```python
print("=" * 50)
print("My Program")
print("=" * 50)
```

py 파일로 저장할 때는 에디터에서 실습하자!

입력한 소스는 C:\doit 디렉터리에 'multistring.py'라는 파일 이름으로 저장하자.

이제 프로그램을 실행해 보자. [실행 창 열기(⊞ + R) → 'cmd' 입력 → Enter 입력]으로 명령 프롬프트 창을 열고 다음을 따라 해 보자. 다음과 같은 결괏값이 나타날 것이다.

```
C:\Users>cd C:\doit
C:\doit>python multistring.py
==================================================
My Program
==================================================
```

이런 식의 표현은 앞으로 자주 사용하게 될 것이다. 프로그램을 만들어 실행시켰을 때 출력되는 화면의 제일 위쪽에 프로그램 제목을 이와 같이 표시하면 보기 좋지 않겠는가?

문자열 길이 구하기

문자열의 길이는 다음과 같이 len 함수를 사용하면 구할 수 있다. len 함수는 print 함수처럼 파이썬의 기본 내장 함수로, 별다른 설정 없이 바로 사용할 수 있다.　◈ 문자열의 길이에는 공백 문자도 포함된다.

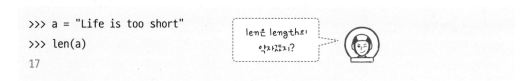

```
>>> a = "Life is too short"
>>> len(a)
17
```

len은 length의 약자겠지?

 1분 코딩　'You need python'라는 문장을 문자열로 만들고 길이를 구해 보자.

정답 15

문자열 인덱싱과 슬라이싱

인덱싱indexing이란 무엇인가를 '가리킨다', 슬라이싱slicing은 무엇인가를 '잘라 낸다'라는 의미이다. 이런 의미를 생각하면서 다음 내용을 살펴보자.

문자열 인덱싱

```
>>> a = "Life is too short, You need Python"
```

위 코드에서 변수 a에 저장한 문자열의 각 문자마다 번호를 매겨 보면 다음과 같다.

L	i	f	e		i	s		t	o	o		s	h	o	r	t	,		Y	o	u		n	e	e	d		P	y	t	h	o	n
0	1	2	3	4	5	6	7	8	9	10	11	12	13	14	15	16	17	18	19	20	21	22	23	24	25	26	27	28	29	30	31	32	33

"Life is too short, You need Python" 문자열에서 L은 첫 번째 자리를 뜻하는 숫자 0, i는 1 이런 식으로 계속 번호를 붙인 것이다. 즉, 중간에 있는 short의 s는 12가 된다.

이제 다음 예를 실행해 보자.

```
>>> a = "Life is too short, You need Python"
>>> a[3]
'e'
```

a[3]이 뜻하는 것은 a라는 문자열의 네 번째 문자 e를 말한다. 프로그래밍을 처음 접하는 독자라면 a[3]에서 숫자 3이 왜 네 번째 문자를 뜻하는지 의아할 수도 있다. 사실 이 부분이 헷갈릴 수 있는 부분인데, 다음과 같이 생각하면 쉽게 알 수 있을 것이다.

"파이썬은 0부터 숫자를 센다."

따라서 파이썬은 위 문자열을 다음과 같이 바라보고 있다.

```
a[0]:'L', a[1]:'i', a[2]:'f', a[3]:'e', a[4]:' ', ...
```

0부터 숫자를 센다는 것이 처음에는 익숙하지 않겠지만, 계속 사용하다 보면 자연스러워질 것이다. 위 예에서 볼 수 있듯이 a[번호]는 문자열 안의 특정한 값을 뽑아 내는 역할을 한다. 이러한 작업을 '인덱싱'이라고 한다.

문자열 인덱싱 활용하기

인덱싱의 예를 몇 가지 더 살펴보자.

```
>>> a = "Life is too short, You need Python"
>>> a[0]
'L'
>>> a[12]
's'
>>> a[-1]
'n'
```

앞의 a[0]과 a[12]는 쉽게 이해할 수 있는데, 마지막의 a[-1]이 뜻하는 것은 뭘까? 눈치 빠른 독자는 이미 알아챘겠지만, 문자열을 뒤에서부터 읽기 위해 -(빼기) 기호를 붙인 것이다. 즉, a[-1]은 뒤에서부터 세어 첫 번째가 되는 문자를 말한다. a의 값은 "Life is too short, You need Python" 문자열이므로 뒤에서부터 첫 번째 문자는 가장 마지막 문자 'n'이다.

뒤에서부터 첫 번째 문자를 표시할 때도 0부터 세어 'a[-0]이라고 해야 하지 않을까?'라는 의문이 들 수도 있겠지만, 잘 생각해 보자. 0과 -0은 똑같은 것이기 때문에 a[-0]은 a[0]과 똑같은 값을 보여 준다.

```
>>> a[-0]
'L'
```

계속해서 몇 가지 예를 더 살펴보자.

```
>>> a[-2]     ← 뒤에서부터 두 번째 문자
'o'
>>> a[-5]     ← 뒤에서부터 다섯 번째 문자
'y'
```

첫 번째 예는 뒤에서부터 두 번째 문자, 두 번째 예는 뒤에서부터 다섯 번째 문자를 가리키는 것이다.

문자열 슬라이싱

그렇다면 "Life is too short, You need Python" 문자열에서 단순히 한 문자만을 뽑아 내는 것이 아니라 'Life' 또는 'You'와 같은 단어를 뽑아 내는 방법은 없을까?

다음과 같이 하면 된다.

```
>>> a = "Life is too short, You need Python"
>>> b = a[0] + a[1] + a[2] + a[3]
>>> b
'Life'
```

위와 같이 단순하게 접근할 수도 있지만 파이썬에서는 더 좋은 방법을 제공한다. 바로 슬라이싱slicing 기법이다. 위 예는 슬라이싱 기법으로 다음과 같 ◆ 인덱싱 기법과 슬라이싱 기법은 뒤에서 배울 자료형인 리스트나 튜플에서도 사용할 수 있다.
이 간단하게 처리할 수 있다.

```
>>> a = "Life is too short, You need Python"
>>> a[0:4]
'Life'
```

a[0:4]는 a 문자열, 즉 "Life is too short, You need Python" 문자열에서 자리 번호 0부터 4까지의 문자를 뽑아 낸다는 뜻이다.

하지만 'a[0]은 L, a[1]은 i, a[2]는 f, a[3]은 e이므로 a[0:3]으로도 Life라는 단어를 뽑아 낼 수 있지 않을까?'라는 의문이 생길 것이다. 다음 예로 확인해 보자.

```
>>> a[0:3]
'Lif'
```

이렇게 되는 이유는 슬라이싱 기법으로 a[시작_번호:끝_번호]를 지정할 때 끝 번호에 해당하는 문자는 포함하지 않기 때문이다. 즉, a[0:3]을 수식으로 나타내면 다음과 같다.

```
0 <= a < 3
```

이 수식을 만족하는 것은 a[0], a[1], a[2]이다. 따라서 a[0:3]은 'Lif', a[0:4]는 'Life'가 되는 것이다. 이 부분이 문자열 연산에서 가장 혼동하기 쉬운 부분이므로 02장의 마지막 부분에 있는 되새김 문제를 많이 풀어 보면서 몸에 익히기 바란다.

문자열을 슬라이싱하는 방법
슬라이싱의 예를 좀 더 살펴보자.

```
>>> a[0:5]
'Life '
```

위 예는 a[0] + a[1] + a[2] + a[3] + a[4]와 동일하다. a[4]는 공백 문자이기 때문에 'Life'가 아닌 'Life '가 출력된다. 공백 문자 역시 L, i, f, e 와 같은 문자와 동일하게 취급되는 것을 잊지 말자. 'Life'와 'Life '는 완전히 다른 문자열이다.

슬라이싱할 때 항상 시작 번호가 0일 필요는 없다.

```
>>> a[0:2]
'Li'
>>> a[5:7]
'is'
>>> a[12:17]
'short'
```

a[시작_번호:끝_번호]에서 끝 번호 부분을 생략하면 시작 번호부터 그 문자열의 끝까지 뽑아 낸다.

```
>>> a[19:]
'You need Python'
```

a[시작_번호:끝_번호]에서 시작 번호를 생략하면 문자열의 처음부터 끝 번호까지 뽑아 낸다.

```
>>> a[:17]
'Life is too short'
```

a[시작_번호:끝_번호]에서 시작 번호와 끝 번호를 생략하면 문자열의 처음부터 끝까지 뽑아 낸다.

```
>>> a[:]
'Life is too short, You need Python'
```

슬라이싱에서도 인덱싱과 마찬가지로 -(빼기) 기호를 사용할 수 있다.

```
>>> a[19:-7]
'You need'
```

a[19:-7]은 a[19]에서 a[-8]까지를 의미한다. 이때에도 a[-7]은 포함하지 않는다.

슬라이싱으로 문자열 나누기

다음은 자주 사용하는 슬라이싱 기법 중 하나이다.

```
>>> a = "20230331Rainy"
>>> date = a[:8]
>>> weather = a[8:]
>>> date
'20230331'
>>> weather
'Rainy'
```

위 예는 문자열 a를 두 부분으로 나누는 기법이다. 숫자 8을 기준으로 문자열 a를 양쪽으로 한 번씩 슬라이싱했다. a[:8]은 a[8]을 포함하지 않고 a[8:]은 a[8]을 포함하기 때문에 8을 기준으로 해서 두 부분으로 나눌 수 있는 것이다. 위 예에서는 "20230331Rainy" 문자열을 날짜를 나타내는 부분인 '20230331'과 날씨를 나타내는 부분인 'Rainy'로 나누는 방법을 보여 준다.

"20230331Rainy"를 연도인 2023, 월과 일을 나타내는 0331, 날씨를 나타내는 Rainy까지 세 부분으로 나누는 방법은 다음과 같다.

```
>>> a = "20230331Rainy"
>>> year = a[:4]
>>> day = a[4:8]
>>> weather = a[8:]
>>> year
'2023'
>>> day
'0331'
>>> weather
'Rainy'
```

위 예는 숫자 4와 8로 "20230331Rainy" 문자열을 세 부분으로 나누는 방법을 보여 준다.

지금까지 인덱싱과 슬라이싱에 대해서 살펴보았다. 인덱싱과 슬라이싱은 프로그래밍할 때 자주 사용하는 기법이므로 꼭 반복해서 연습해 두자.

Pithon 문자열을 Python으로 바꾸려면?

Pithon 문자열을 Python으로 바꾸려면 어떻게 해야 할까? 제일 먼저 떠오르는 생각은 다음과 같을 것이다.

```
>>> a = "Pithon"
>>> a[1]   ← a[1]의 값이 'i'구나!
'i'
>>> a[1] = 'y'  ← a[1]에 'y'를 대입하면 a[1]의 값이 'y'로 바뀌겠지?
```

즉, a 변수에 "Pithon" 문자열을 대입하고 a[1]의 값이 i이므로 a[1]을 y로 바꾸어 준다는 생각이다. 하지만 결과는 어떻게 나올까? 당연히 오류가 발생한다. 문자열의 요솟값은 바꿀 수 있는 값이 아니기 때문이다(그래서 문자열을 '변경 불가능한immutable 자료형'이라고도 부른다).

하지만 앞에서 배운 슬라이싱 기법을 사용하면 Pithon 문자열을 사용해 Python 문자열을 만들 수 있다. 다음 예를 살펴보자.

```
>>> a = "Pithon"
>>> a[:1]
'P'
>>> a[2:]
'thon'
>>> a[:1] + 'y' + a[2:]
'Python'
```

슬라이싱을 사용하면 "Pithon" 문자열을 'P' 부분과 'thon' 부분으로 나눌 수 있고, 그 사이에 'y' 문자를 추가하면 'Python'이라는 새로운 문자열을 만들 수 있다.

문자열 포매팅이란?

문자열에서 또 하나 알아야 할 것으로는 '문자열 포매팅string formatting'이 있다. 문자열 포매팅을 공부하기 전에 다음과 같은 문자열을 출력하는 프로그램을 작성했다고 가정해 보자.

"현재 온도는 18도입니다."

시간이 지나 20도가 되면 다음과 같은 문장이 출력된다.

> "현재 온도는 20도입니다."

두 문자열은 모두 같은데 20이라는 숫자와 18이라는 숫자만 다르다. 이렇게 문자열 안의 특정한 값을 바꿔야 할 경우가 있을 때 이것을 가능하게 해 주는 것이 바로 문자열 포매팅이다.

쉽게 말해 문자열 포매팅이란 문자열 안에 어떤 값을 삽입하는 방법이다. 다음 예를 직접 실행해 보면서 그 사용법을 알아보자.

문자열 포매팅 따라 하기

1. 숫자 바로 대입

```
>>> "I eat %d apples." % 3
'I eat 3 apples.'
```

결괏값을 보면 알겠지만, 위 예제는 문자열 안에 정수 3을 삽입하는 방법을 보여 준다. 문자열 안의 숫자를 넣고 싶은 자리에 %d 문자를 넣어 주고 삽입할 숫자 3은 가장 뒤에 있는 % 문자 다음에 써 넣었다. 여기에서 %d는 '문자열 포맷 코드'라고 부른다.

2. 문자열 바로 대입

문자열 안에 꼭 숫자만 넣으라는 법은 없다. 이번에는 숫자 대신 문자열을 넣어 보자.

```
>>> "I eat %s apples." % "five"
'I eat five apples.'
```

문자열 안에 또 다른 문자열을 삽입하기 위해 앞에서 사용한 문자열 포맷 코드 %d가 아닌 %s를 썼다. 어쩌면 눈치 빠른 독자는 숫자를 넣기 위해서는 %d, 문자열을 넣기 위해서는 %s를 써야 한다는 사실을 눈치챘을 것이다.

🌱 앞에서 배운 것처럼 문자열을 대입할 때는 반드시 큰따옴표나 작은따옴표를 써야 한다.

3. 숫자 값을 나타내는 변수로 대입

```
>>> number = 3
>>> "I eat %d apples." % number
'I eat 3 apples.'
```

1번처럼 숫자를 바로 대입하든, 위 예제처럼 숫자 값을 나타내는 변수를 대입하든 결과는 같다.

4. 2개 이상의 값 넣기

그렇다면 문자열 안에 1개가 아닌 여러 개의 값을 넣고 싶을 때는 어떻게 해야 할까?

```
>>> number = 10
>>> day = "three"
>>> "I ate %d apples. so I was sick for %s days." % (number, day)
'I ate 10 apples. so I was sick for three days.'
```

2개 이상의 값을 넣으려면 마지막 % 다음 괄호 안에 쉼표(,)로 구분하여 각각의 값을 넣어 주면 된다.

문자열 포맷 코드

문자열 포매팅 예제에서는 대입해 넣는 자료형으로 정수와 문자열을 사용했지만, 이 밖에도 다양한 것을 대입할 수 있다. 문자열 포맷 코드의 종류는 다음과 같다.

코드	설명
%s	문자열(string)
%c	문자 1개(character)
%d	정수(integer)
%f	부동소수(floating-point)
%o	8진수
%x	16진수
%%	Literal %(문자 % 자체)

여기에서 재미있는 것은 %s 포맷 코드인데, 이 코드에는 어떤 형태의 값이든 변환해 넣을 수 있다. 무슨 말인지 예를 통해 확인해 보자.

```
>>> "I have %s apples" % 3
'I have 3 apples'
>>> "rate is %s" % 3.234
'rate is 3.234'
```

3을 문자열 안에 삽입하려면 %d를 사용해야 하고 3.234를 삽입하려면 %f를 사용해야 한다. 하지만 %s를 사용하면 %s는 자동으로 % 뒤에 있는 3이나 3.234와 같은 값을 문자열로 바꾸어 대입하기 때문에 이런 것을 생각하지 않아도 된다.

 점프 투 파이썬

포매팅 연산자 %d와 %를 같이 쓸 때는 %%를 쓴다

다음과 같이 인터프리터에 입력해 보자.

```
>>> "Error is %d%." % 98
```

결괏값으로 당연히 "Error is 98%."가 출력될 것이라고 예상하겠지만, 파이썬은 '형식이 불완전하다'라는 오류 메시지를 보여 준다.

```
Traceback (most recent call last):
  File "<stdin>", line 1, in <module>
ValueError: incomplete format
```

그 이유는 '문자열 포맷 코드인 %d와 %가 같은 문자열 안에 존재하는 경우, %를 나타내려면 반드시 %%를 써야 한다'라는 법칙이 있기 때문이다. 이 점은 꼭 기억해 두어야 한다. 하지만 문자열 안에 %d와 같은 포매팅 연산자가 없으면 %는 홀로 쓰여도 상관없다. 따라서 위 예를 제대로 실행하려면 다음과 같이 작성해야 한다.

```
>>> "Error is %d%%." % 98
'Error is 98%.'
```

포맷 코드와 숫자 함께 사용하기

앞에서 살펴보았듯이 %d, %s 등과 같은 포맷 코드는 문자열 안에 어떤 값을 삽입할 때 사용한다. 하지만 포맷 코드를 숫자와 함께 사용하면 더 유용하다. 다음 예를 따라해 보자.

1. 정렬과 공백

```
>>> "%10s" % "hi"
'        hi'    ← hi가 오른쪽 정렬됨.
```

%10s는 전체 길이가 10개인 문자열 공간에서 대입되는 값을 오른쪽으로 정렬하고 그 앞의 나머지는 공백으로 남겨 두라는 의미이다.

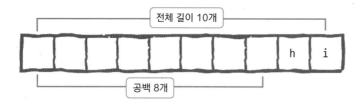

그렇다면 반대쪽인 왼쪽 정렬은 %-10s가 될 것이다.

```
>>> "%-10sjane." % 'hi'
'hi        jane.'    ← hi가 왼쪽 정렬됨.
```

hi를 왼쪽으로 정렬하고 나머지는 공백으로 채웠다는 것을 알 수 있다.

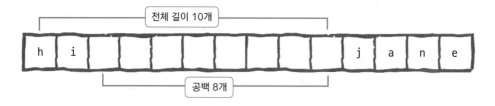

2. 소수점 표현하기

```
>>> "%0.4f" % 3.42134234
'3.4213'
```

3.42134234를 소수점 네 번째 자리까지만 나타내고 싶은 경우에는 위와 같이 작성한다. %0.4f에서 '.'는 소수점 포인트, 그 뒤의 숫자 4는 소수점 뒤에 나올 숫자의 개수를 말한다. 소수점 포인트 앞의 숫자는 문자열의 전체 길이를 의미하는데, %0.4f에서 사용한 숫자 0은 길이에 상관하지 않겠다는 의미이다. ◆ %0.4f는 0을 생략하여 %.4f처럼 사용하기도 한다.

다음 예를 살펴보자.

```
>>> "%10.4f" % 3.42134234
'    3.4213'
```

위는 숫자 3.42134234를 소수점 네 번째 자리까지만 표시하고 전체 길이가 10개인 문자열 공간에서 오른쪽으로 정렬하는 예를 보여 준다.

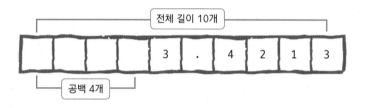

format 함수를 사용한 포매팅

문자열의 format 함수를 사용하면 좀 더 발전된 스타일로 문자열 포맷을 지정할 수 있다. 앞에서 살펴본 문자열 포매팅 예제를 format 함수를 사용해서 바꾸면 다음과 같다.

숫자 바로 대입하기

```
>>> "I eat {0} apples".format(3)
'I eat 3 apples'
```

"I eat {0} apples" 문자열 중 {0} 부분이 숫자 3으로 바뀌었다.

문자열 바로 대입하기

```
>>> "I eat {0} apples".format("five")
'I eat five apples'
```

문자열의 {0} 항목이 'five'라는 문자열로 바뀌었다.

숫자 값을 가진 변수로 대입하기

```
>>> number = 3
>>> "I eat {0} apples".format(number)
'I eat 3 apples'
```

문자열의 {0} 항목이 number 변수의 값인 3으로 바뀌었다.

2개 이상의 값 넣기

```
>>> number = 10
>>> day = "three"
>>> "I ate {0} apples. so I was sick for {1} days.".format(number, day)
'I ate 10 apples. so I was sick for three days.'
```

2개 이상의 값을 넣을 경우, 문자열의 {0}, {1}과 같은 인덱스 항목이 format 함수의 입력값으로 순서에 맞게 바뀐다. 위 예에서 {0}은 format 함수의 첫 번째 입력값인 number, {1}은 format 함수의 두 번째 입력값인 day로 바뀐다.

이름으로 넣기

```
>>> "I ate {number} apples. so I was sick for {day} days.".format(number=10, day=3)
'I ate 10 apples. so I was sick for 3 days.'
```

{0}, {1}과 같은 인덱스 항목 대신 더 편리한 {name} 형태를 사용하는 방법도 있다. {name} 형태를 사용할 경우, format 함수에는 반드시 name=value와 같은 형태의 입력값이 있어야

한다. 위 예는 문자열의 {number}, {day}가 format 함수의 입력값인 number = 10, day = 3 값으로 각각 바뀌는 것을 보여 주고 있다.

인덱스와 이름을 혼용해서 넣기

```
>>> "I ate {0} apples. so I was sick for {day} days.".format(10, day=3)
'I ate 10 apples. so I was sick for 3 days.'
```

인덱스 항목과 name = value 형태를 혼용하는 것도 가능하다.

왼쪽 정렬

```
>>> "{0:<10}".format("hi")
'hi        '
```

:<10 표현식을 사용하면 치환되는 문자열을 왼쪽으로 정렬하고 문자열의 총 자릿수를 10으로 맞출 수 있다.

오른쪽 정렬

```
>>> "{0:>10}".format("hi")
'        hi'
```

오른쪽 정렬은 :< 대신 :>을 사용하면 된다. 화살표의 방향을 생각하면 어느 쪽으로 정렬되는지 바로 알 수 있을 것이다.

가운데 정렬

```
>>> "{0:^10}".format("hi")
'    hi    '
```

:^를 사용하면 가운데 정렬도 가능하다.

공백 채우기

```
>>> "{0:=^10}".format("hi")
'====hi===='
>>> "{0:!<10}".format("hi")
'hi!!!!!!!!'
```

정렬할 때 공백 문자 대신 지정한 문자 값으로 채워 넣을 수도 있다. 채워 넣을 문자 값은 정렬 문자 〈, 〉, ^ 바로 앞에 넣어야 한다. 위 예에서 첫 번째 예제는 가운데(^)로 정렬하고 빈 공간을 =로 채웠고, 두 번째 예제는 왼쪽(〈)으로 정렬하고 빈 공간을 !로 채웠다.

소수점 표현하기

```
>>> y = 3.42134234
>>> "{0:0.4f}".format(y)
'3.4213'
```

위는 format 함수를 사용해 소수점을 4자리까지만 표현하는 방법을 보여 준다. 앞에서 살펴 보았던 표현식 0.4f를 그대로 사용한 것을 알 수 있다.

```
>>> "{0:10.4f}".format(y)
'    3.4213'
```

위와 같이 자릿수를 10으로 맞출 수도 있다. 이 또한 앞에서 살펴본 10.4f의 표현식을 그대로 사용한 것을 알 수 있다.

{ 또는 } 문자 표현하기

```
>>> "{{ and }}".format()
'{ and }'
```

format 함수를 사용해 문자열을 포매팅할 경우, {}와 같은 중괄호 문자를 포매팅 문자가 아닌 문자 그대로 사용하고 싶은 경우에는 위 예의 {{}}처럼 2개를 연속해서 사용하면 된다.

f 문자열 포매팅

파이썬 3.6 버전부터는 f 문자열 포매팅 기능을 사용할 수 있다. 파이썬 3.6 미만 버전에서는 사용할 수 없는 기능이므로 주의해야 한다.

다음과 같이 문자열 앞에 f 접두사를 붙이면 f 문자열 포매팅 기능을 사용할 수 있다.

```
>>> name = '홍길동'
>>> age = 30
>>> f'나의 이름은 {name}입니다. 나이는 {age}입니다.'
'나의 이름은 홍길동입니다. 나이는 30입니다.'
```

f 문자열 포매팅은 위와 같이 name, age와 같은 변숫값을 생성한 후에 그 값을 참조할 수 있다. 또한 f 문자열 포매팅은 표현식을 지원하기 때문에 다음과 같은 것도 가능하다.

◆ 표현식이란 중괄호 안의 변수를 계산식과 함께 사용하는 것을 말한다.

```
>>> age = 30
>>> f'나는 내년이면 {age + 1}살이 된다.'
'나는 내년이면 31살이 된다.'
```

딕셔너리는 f 문자열 포매팅에서 다음과 같이 사용할 수 있다.

```
>>> d = {'name':'홍길동', 'age':30}
>>> f'나의 이름은 {d["name"]}입니다. 나이는 {d["age"]}입니다.'
'나의 이름은 홍길동입니다. 나이는 30입니다.'
```

◆ 딕셔너리는 Key와 Value라는 것을 한 쌍으로 가지는 자료형이다. 02-5에서 자세히 알아본다.

정렬은 다음과 같이 할 수 있다.

```
>>> f'{"hi":<10}'    ← 왼쪽 정렬
'hi        '
>>> f'{"hi":>10}'    ← 오른쪽 정렬
'        hi'
>>> f'{"hi":^10}'    ← 가운데 정렬
'    hi    '
```

공백 채우기는 다음과 같이 할 수 있다.

```
>>> f'{"hi":=^10}'    ← 가운데 정렬하고 '='로 공백 채우기
'====hi===='
>>> f'{"hi":!<10}'    ← 왼쪽 정렬하고 '!'로 공백 채우기
'hi!!!!!!!!'
```

소수점은 다음과 같이 표현할 수 있다.

```
>>> y = 3.42134234
>>> f'{y:0.4f}'       ← 소수점 4자리까지만 표현
'3.4213'
>>> f'{y:10.4f}'      ← 소수점 4자리까지 표현하고 총 자릿수를 '10'으로 맞춤.
'    3.4213'
```

f 문자열에서 {}를 문자 그대로 표시하려면 다음과 같이 2개를 동시에 사용해야 한다.

```
>>> f'{{ and }}'
'{ and }'
```

1분
코딩

format 함수 또는 f 문자열 포매팅을 사용해 !!!python!!! 문자열을 출력해 보자.

정답 f'{"python":!^12}' 또는 "{0:!^12}".format('python')

지금까지는 문자열을 가지고 할 수 있는 기본적인 것에 대해 알아보았다. 이제부터는 문자열을 좀 더 자유자재로 다루기 위해 공부해야 할 것을 설명한다.

문자열 관련 함수들

문자열 자료형은 자체적으로 함수를 가지고 있다. 이들 함수를 다른 말로 '문자열 내장 함수'라고 한다. 이 내장 함수를 사용하려면 문자열 변수 이름 뒤에 '.'를 붙인 후 함수 이름을 써 주면 된다. 이제 문자열의 내장 함수에 대해서 알아보자.

문자 개수 세기 ― count

```
>>> a = "hobby"
>>> a.count('b')
2
```

count 함수로 문자열 중 문자 b의 개수를 리턴했다.

위치 알려 주기 1 ― find

```
>>> a = "Python is the best choice"
>>> a.find('b')
14        ← 문자열에서 b가 처음 나온 위치
>>> a.find('k')
-1
```

find 함수로 문자열 중 문자 b가 처음으로 나온 위치를 반환했다. 만약 찾는 문자나 문자열이 존재하지 않는다면 -1을 반환한다.

◈ 파이썬은 숫자를 0부터 세기 때문에 b의 위치는 15가 아닌 14가 된다.

위치 알려 주기 2 ― index

```
>>> a = "Life is too short"
>>> a.index('t')
8
>>> a.index('k')
Traceback (most recent call last):
  File "<stdin>", line 1, in <module>      ├ k가 없으므로 오류 발생
ValueError: substring not found
```

index 함수로 문자열 중 문자 t가 맨 처음으로 나온 위치를 반환했다. 만약 찾는 문자나 문자열이 존재하지 않는다면 오류가 발생한다. 앞의 find 함수와 다른 점은 문자열 안에 존재하지 않는 문자를 찾으면 오류가 발생한다는 것이다.

문자열 삽입 — join

```
>>> ",".join('abcd')
'a,b,c,d'
```

join 함수로 abcd 문자열의 각각의 문자 사이에 ','를 삽입했다.

join 함수는 문자열뿐만 아니라 앞으로 배울 리스트나 튜플도 입력으로 사용할 수 있다(리스트와 튜플은 곧 배울 내용이므로 여기에서는 잠시 눈으로만 살펴보자). join 함수의 입력으로 리스트를 사용하는 예는 다음과 같다.

```
>>> ",".join(['a', 'b', 'c', 'd'])
'a,b,c,d'
```

소문자를 대문자로 바꾸기 — upper

```
>>> a = "hi"
>>> a.upper()
'HI'
```

upper 함수는 소문자를 대문자로 바꾸어 준다. 만약 문자열이 이미 대문자라면 아무런 변화도 일어나지 않을 것이다.

대문자를 소문자로 바꾸기 — lower

```
>>> a = "HI"
>>> a.lower()
'hi'
```

lower 함수는 대문자를 소문자로 바꾸어 준다.

왼쪽 공백 지우기 — lstrip

```
>>> a = " hi "
>>> a.lstrip()
'hi '
```

lstrip 함수는 문자열 중 가장 왼쪽에 있는 한 칸 이상의 연속된 공백들을 모두 지운다. lstrip 에서 l은 left를 의미한다.

오른쪽 공백 지우기 — rstrip

```
>>> a= " hi "
>>> a.rstrip()
' hi'
```

rstrip 함수는 문자열 중 가장 오른쪽에 있는 한 칸 이상의 연속된 공백을 모두 지운다. rstrip 에서 r은 right를 의미한다.

양쪽 공백 지우기 — strip

```
>>> a = " hi "
>>> a.strip()
'hi'
```

strip 함수는 문자열 양쪽에 있는 한 칸 이상의 연속된 공백을 모두 지운다.

문자열 바꾸기 — replace

```
>>> a = "Life is too short"
>>> a.replace("Life", "Your leg")
'Your leg is too short'
```

replace 함수는 replace(바뀔_문자열, 바꿀_문자열)처럼 사용해서 문자열 안의 특정한 값을 다른 값으로 치환해 준다.

문자열 나누기 ─ split

```
>>> a = "Life is too short"
>>> a.split()          ← 공백을 기준으로 문자열 나눔.
['Life', 'is', 'too', 'short']
>>> b = "a:b:c:d"
>>> b.split(':')   ← :를 기준으로 문자열 나눔.
['a', 'b', 'c', 'd']
```

split 함수는 a.split()처럼 괄호 안에 아무 값도 넣어 주지 않으면 공백(Spacebar, Tab, Enter 등)을 기준으로 문자열을 나누어 준다. 만약 b.split(':')처럼 괄호 안에 특정 값이 있을 경우에는 괄호 안의 값을 구분자로 해서 문자열을 나누어 준다. 이렇게 나눈 값은 리스트에 하나씩 들어간다. ['Life', 'is', 'too', 'short']나 ['a', 'b', 'c', 'd']가 리스트인데, 02-3에서 자세히 알아볼 것이므로 여기에서는 너무 신경 쓰지 않아도 된다.

앞에서 소개한 문자열 관련 함수는 문자열 처리에서 사용 빈도가 매우 높고 유용하다. 이 밖에도 몇 가지가 더 있지만 자주 사용하지는 않는다.

착각하기 쉬운 문자열 함수
소문자를 대문자로 바꾸어 주는 오른쪽의 예를 보자.

```
>>> a = 'hi'
>>> a.upper()
'HI'
```

이와 같이 실행한 후에 a 변수의 값은 'HI'로 변했을까? 아니면 'hi' 값을 유지할까? 오른쪽과 같이 확인해 보자.

```
>>> a
'hi'
```

a.upper()를 수행하더라도 a 변수의 값은 변하지 않았다. 왜냐하면 a.upper()를 실행하면 upper 함수는 a 변수의 값 자체를 변경하는 것이 아니라 대문자로 바꾼 값을 리턴하기 때문이다. 문자열은 이전에도 잠깐 언급했지만 자체의 값을 변경할 수 없는 immutable 자료형이다. 따라서 a 값을 'HI'로 바꾸고 싶다면 오른쪽과 같이 대입문을 사용해야 한다.

```
>>> a = a.upper()
>>> a
'HI'
```

upper 뿐만 아니라 lower, join, lstrip, rstrip, strip, replace, split 함수는 모두 이와 같은 규칙이 적용되어 문자열 자체의 값이 변경되는 것이 아니라 변경된 값을 리턴한다는 사실에 주의하자.

02-3
리스트 자료형

지금까지 우리는 숫자와 문자열에 대해서 알아보았다. 하지만 숫자와 문자열만으로 프로그래밍을 하기에는 부족한 점이 많다. 예를 들어 1부터 10까지의 숫자 중 홀수의 모음인 1, 3, 5, 7, 9의 집합을 생각해 보자. 이런 숫자의 모음을 숫자나 문자열로 표현하기는 어렵다. 파이썬에는 이러한 불편함을 해소할 수 있는 자료형이 존재한다. 이것이 바로 지금부터 공부할 리스트^{list}이다.

리스트는 어떻게 만들고 사용할까?

리스트를 사용하면 1, 3, 5, 7, 9의 숫자 모음을 다음과 같이 간단하게 표현할 수 있다.

```
>>> odd = [1, 3, 5, 7, 9]
```

리스트를 만들 때는 위에서 보는 것과 같이 대괄호([])로 감싸 주고 각 요솟값은 쉼표(,)로 구분해 준다.

```
리스트명 = [요소1, 요소2, 요소3, ...]
```

여러 가지 리스트의 생김새는 다음과 같다.

```
>>> a = []
>>> b = [1, 2, 3]
>>> c = ['Life', 'is', 'too', 'short']
>>> d = [1, 2, 'Life', 'is']
>>> e = [1, 2, ['Life', 'is']]
```

02장 • 파이썬 프로그래밍의 기초, 자료형 **77**

리스트는 a처럼 아무것도 포함하지 않아 비어 있는 리스트([])일 수도 있고, b처럼 숫자를 요솟값으로 가질 수도 있으며, c처럼 문자열을 요솟값으로 가질 수도 있다. 또한 d처럼 숫자와 문자열을 함께 요솟값으로 가질 수도 있고, e처럼 리스트 자체를 요솟값으로 가질 수도 있다. 즉, 리스트 안에는 어떠한 자료형도 포함할 수 있다.

◈ 비어 있는 리스트는 a = list()로 생성할 수 있다.

리스트의 인덱싱과 슬라이싱

리스트도 문자열처럼 인덱싱과 슬라이싱이 가능하다. 말로 설명하는 것보다 직접 예를 실행해 보면서 리스트의 기본 구조를 이해하는 것이 쉽다. 대화형 인터프리터로 따라 하면서 확실하게 이해하자.

리스트의 인덱싱

리스트 역시 문자열처럼 인덱싱을 적용할 수 있다. 먼저 a 변수에 [1, 2, 3] 값을 설정한다.

```
>>> a = [1, 2, 3]
>>> a
[1, 2, 3]
```

a[0]은 리스트 a의 첫 번째 요솟값을 말한다.

```
>>> a[0]
1
```
첫 번째 값을 가리킬 때 1이 아니라 0을 쓰네?

다음 예는 리스트의 첫 번째 요소인 a[0]과 세 번째 요소인 a[2]의 값을 더한 것이다.

```
>>> a[0] + a[2]    ← 1 + 3
4
```

이것은 1 + 3으로 해석되어 값 4를 출력한다.

문자열을 공부할 때 이미 살펴보았지만, 파이썬은 숫자를 0부터 세기 때문에 a[1]이 리스트 a의 첫 번째 요소가 아니라 a[0]이 리스트 a의 첫 번째 요소라는 것을 명심하자. a[-1]은 문자열에서와 마찬가지로 리스트 a의 마지막 요솟값을 말한다.

```
>>> a[-1]
3
```

이번에는 다음 예처럼 리스트 a를 숫자 1, 2, 3과 또 다른 리스트인 ['a', 'b', 'c']를 포함하도록 만들어 보자.

```
>>> a = [1, 2, 3, ['a', 'b', 'c']]
```

그리고 다음 예를 따라 해 보자.

```
>>> a[0]
1
>>> a[-1]
['a', 'b', 'c']
>>> a[3]
['a', 'b', 'c']
```

예상한 대로 a[-1]은 마지막 요솟값 ['a', 'b', 'c']를 나타낸다. a[3]은 리스트 a의 네 번째 요소를 나타내기 때문에 마지막 요소를 나타내는 a[-1]과 동일한 결괏값을 보여 준다.

그렇다면 리스트 a에 포함된 ['a', 'b', 'c'] 리스트에서 'a' 값을 인덱싱을 사용해 끄집어 낼 수 있는 방법은 없을까? 다음 예를 살펴보자.

```
>>> a[-1][0]   ← ['a', 'b', 'c'][0]
'a'
```

위와 같이 하면 'a'를 끄집어 낼 수 있다. a[-1]이 ['a', 'b', 'c'] 리스트라는 것은 이미 설명했다. 바로 이 리스트에서 첫 번째 요소를 불러오기 위해 [0]을 붙여 준 것이다.

다음 예도 마찬가지 경우이므로 어렵지 않게 이해할 수 있을 것이다.

```
>>> a[-1][1]
'b'
>>> a[-1][2]
'c'
```

 삼중 리스트에서 인덱싱하기

조금 복잡하지만, 리스트를 다음과 같이 작성할 수도 있다.

```
>>> a = [1, 2, ['a', 'b', ['Life', 'is']]]
```

리스트 a 안에 ['a', 'b', ['Life', 'is']] 리스트가 포함되어 있고 그 리스트 안에 다시 ['Life', 'is'] 리스트가 포함되어 있다. 즉, 삼중 구조의 리스트인 것이다.

이 경우, 'Life' 문자열만 끄집어 내려면 다음과 같이 해야 한다.

```
>>> a[2][2][0]   ← ['a', 'b', ['Life', 'is']][2][0] = ['Life', 'is'][0]
'Life'
```

위 예는 리스트 a의 세 번째 요소인 리스트 ['a', 'b', ['Life', 'is']]에서 세 번째 요소인 리스트 ['Life', 'is']의 첫 번째 요소를 나타낸다.

리스트를 다중으로 중첩해서 사용하는 것은 혼란스럽기 때문에 자주 사용하지는 않는다.

리스트의 슬라이싱

문자열과 마찬가지로 리스트에서도 슬라이싱 기법을 적용할 수 있다. 슬라이싱은 '잘라 낸다'라는 뜻이라고 했다. 리스트의 슬라이싱에 대해서 살펴보자.

```
>>> a = [1, 2, 3, 4, 5]
>>> a[0:2]
[1, 2]
```

앞의 예를 문자열에서 슬라이싱했던 예와 비교해 보자.

```
>>> a = "12345"
>>> a[0:2]
'12'
```

2가지가 완전히 동일하게 사용되었다는 것을 눈치챘을 것이다. 문자열에서 했던 것과 사용법이 완전히 동일하다.

몇 가지 예를 더 살펴보자.

```
>>> a = [1, 2, 3, 4, 5]
>>> b = a[:2]  ← 처음부터 a[1]까지
>>> c = a[2:]  ← a[2]부터 마지막까지
>>> b
[1, 2]
>>> c
[3, 4, 5]
```

b 변수는 리스트 a의 첫 번째 요소부터 두 번째 요소인 a[1]까지 나타내는 리스트이다. 물론 a[2] 값인 3은 포함되지 않는다. c라는 변수는 리스트 a의 세 번째 요소부터 끝까지 나타내는 리스트이다.

a = [1, 2, 3, 4, 5] 리스트에서 슬라이싱 기법을 사용하여 리스트 [2, 3]을 만들어 보자.

정답 result = a[1:3]

중첩된 리스트에서 슬라이싱하기
리스트가 포함된 중첩 리스트 역시 슬라이싱 방법은 똑같이 적용된다.

```
>>> a = [1, 2, 3, ['a', 'b', 'c'], 4, 5]
>>> a[2:5]     ← a[2]부터 a[4]까지
[3, ['a', 'b', 'c'], 4]
>>> a[3][:2]   ← ['a', 'b', 'c']의 처음부터 두 번째 요소까지
['a', 'b']
```

위 예에서 a[3]은 ['a', 'b', 'c']를 나타낸다. 따라서 a[3][:2]는 ['a', 'b', 'c']의 첫 번째 요소부터 세 번째 요소 직전까지의 값, 즉 ['a', 'b']를 나타내는 리스트가 된다.

리스트 연산하기

리스트 역시 +를 사용해서 더할 수 있고 *를 사용해서 반복할 수 있다. 문자열과 마찬가지로 리스트에서도 되는지 직접 확인해 보자.

리스트 더하기(+)

```
>>> a = [1, 2, 3]
>>> b = [4, 5, 6]
>>> a + b
[1, 2, 3, 4, 5, 6]
```

리스트 사이에서 +는 2개의 리스트를 합치는 기능을 한다. 문자열에서 "abc" + "def" = "abcdef"가 되는 것과 같은 이치이다.

리스트 반복하기(*)

```
>>> a = [1, 2, 3]
>>> a * 3
[1, 2, 3, 1, 2, 3, 1, 2, 3]
```

위에서 볼 수 있듯이 [1, 2, 3] 리스트가 세 번 반복되어 새로운 리스트를 만들어 낸다. 문자열에서 "abc" * 3 = "abcabcabc"가 되는 것과 같은 이치이다.

리스트 길이 구하기

리스트 길이를 구하기 위해서는 다음처럼 len 함수를 사용해야 한다.

```
>>> a = [1, 2, 3]
>>> len(a)
3
```

len은 문자열, 리스트 외에 앞으로 배울 튜플과 딕셔너리에도 사용할 수 있는 함수이다. 실습에서 자주 사용하므로 잘 기억해 두자.

초보자가 범하기 쉬운 리스트 연산 오류

다음 소스 코드를 입력했을 때 결괏값은 어떻게 나올까?

```
>>> a = [1, 2, 3]
>>> a[2] + "hi"
```

a[2]의 값인 3과 문자열 hi가 더해져서 3hi가 출력될 것이라고 생각할 수 있다. 하지만 다음 결과를 살펴보니 오류가 발생했다. 오류의 원인은 무엇일까?

```
Traceback (most recent call last):
  File "<stdin>", line 1, in <module>
TypeError: unsupported operand type(s) for +: 'int' and 'str'
```

a[2]에 저장된 값은 3이라는 정수인데 "hi"는 문자열이다. 정수와 문자열은 당연히 서로 더할 수 없기 때문에 오류가 발생한 것이다.

만약 숫자와 문자열을 더해서 '3hi'를 만들고 싶다면 다음처럼 숫자 3을 문자 '3'으로 바꾸어야 한다.

```
>>> str(a[2]) + "hi"    ← a[2]의 값을 문자열로 변경
3hi
```

str은 정수나 실수를 문자열로 바꾸어 주는 파이썬의 내장 함수이다.

리스트의 수정과 삭제

리스트는 값을 수정하거나 삭제할 수 있다.

리스트의 값 수정하기

```
>>> a = [1, 2, 3]
>>> a[2] = 4
>>> a
[1, 2, 4]
```

a[2]의 요솟값 3이 4로 바뀌었다.

del 함수를 사용해 리스트 요소 삭제하기

```
>>> a = [1, 2, 3]
>>> del a[1]
>>> a
[1, 3]
```

del은 delete의
약자겠구나!

del a[x]는 x번째 요솟값을 삭제한다. 위에서는 a 리스트에서 a[1]을 삭제했다. del 함수는 파이썬이 자체적으로 가지고 있는 삭제 함수이며 다음과 같이 사용한다.

```
del 객체
```

◆ 객체란 파이썬에서 사용되는 모든 자료형을 말한다.

다음처럼 슬라이싱 기법을 사용하여 리스트의 요소 여러 개를 한꺼번에 삭제할 수도 있다.

```
>>> a = [1, 2, 3, 4, 5]
>>> del a[2:]  ← a[2]부터 끝까지 삭제
>>> a
[1, 2]
```

a[2:]에 해당하는 리스트의 요소들이 삭제되었다.

리스트의 요소를 삭제하는 방법에는 2가지가 더 있다. 바로 리스트의 remove와 pop 함수를 사용하는 것인데, 이는 리스트 관련 함수에서 설명한다.

리스트 관련 함수

문자열과 마찬가지로 리스트 변수 이름 뒤에 '.'를 붙여 여러 가지 리스트 관련 함수를 사용할 수 있다. 유용하게 사용하는 리스트 관련 함수 몇 가지만 알아보자.

리스트에 요소 추가하기 ― append

append의 사전적 의미는 '덧붙이다, 첨부하다'이다. 이 뜻을 안다면 다음 예가 바로 이해될 것이다. append(x)는 리스트의 맨 마지막에 x를 추가하는 함수이다.

```
>>> a = [1, 2, 3]
>>> a.append(4)   ← 리스트의 맨 마지막에 4를 추가
>>> a
[1, 2, 3, 4]
```

리스트 안에는 어떤 자료형도 추가할 수 있다. 다음 예는 리스트에 다시 리스트를 추가한 결과이다.

```
>>> a.append([5, 6])   ← 리스트의 맨 마지막에 [5, 6]을 추가
>>> a
[1, 2, 3, 4, [5, 6]]
```

리스트 정렬 — sort

sort 함수는 리스트의 요소를 순서대로 정렬해 준다.

```
>>> a = [1, 4, 3, 2]
>>> a.sort()
>>> a
[1, 2, 3, 4]
```

문자 역시 알파벳 순서로 정렬할 수 있다.

```
>>> a = ['a', 'c', 'b']
>>> a.sort()
>>> a
['a', 'b', 'c']
```

리스트 뒤집기 — reverse

reverse 함수는 리스트를 역순으로 뒤집어 준다. 이때 리스트 요소들을 순서대로 정렬한 다음 다시 역순으로 정렬하는 것이 아니라 현재의 리스트를 그대로 서수로 뒤집는다.

```
>>> a = ['a', 'c', 'b']
>>> a.reverse()
>>> a
['b', 'c', 'a']
```

인덱스 반환 — index

index(x) 함수는 리스트에 x 값이 있으면 x의 인덱스 값(위칫값)을 리턴한다.

```
>>> a = [1, 2, 3]
>>> a.index(3)    ← 3은 리스트 a의 세 번째(a[2]) 요소
2
>>> a.index(1)    ← 1은 리스트 a의 첫 번째(a[0]) 요소
0
```

위 예에서 리스트 a에 있는 숫자 3의 위치는 a[2]이므로 2, 숫자 1의 위치는 a[0]이므로 0을 리턴한다.

다음 예에서 값 0은 a 리스트에 존재하지 않기 때문에 오류가 발생한다.

```
>>> a.index(0)
Traceback (most recent call last):
  File "<stdin>", line 1, in <module>
ValueError: 0 is not in list
```

리스트에 요소 삽입 — insert

insert(a, b)는 리스트의 a번째 위치에 b를 삽입하는 함수이다. 파이썬은 숫자를 0부터 센다는 것을 반드시 기억하자.

```
>>> a = [1, 2, 3]
>>> a.insert(0, 4)    ← a[0] 위치에 4 삽입
>>> a
[4, 1, 2, 3]
```

위 예는 0번째 자리, 즉 첫 번째 요소인 a[0] 위치에 값 4를 삽입하라는 뜻이다.

```
>>> a.insert(3, 5)    ← a[3] 위치에 5 삽입
>>> a
[4, 1, 2, 5, 3]
```

위 예는 리스트 a의 a[3], 즉 네 번째 요소 위치에 값 5를 삽입하라는 뜻이다.

리스트 요소 제거 — remove

remove(x)는 리스트에서 첫 번째로 나오는 x를 삭제하는 함수이다.

```
>>> a = [1, 2, 3, 1, 2, 3]
>>> a.remove(3)
>>> a
[1, 2, 1, 2, 3]
```

a가 3이라는 값을 2개 가지고 있을 경우, 첫 번째 3만 제거되는 것을 알 수 있다.

```
>>> a.remove(3)
>>> a
[1, 2, 1, 2]
```

remove(3)을 한 번 더 실행하면 다시 3이 삭제된다.

리스트 요소 끄집어 내기 — pop

pop()은 리스트의 맨 마지막 요소를 리턴하고 그 요소는 삭제한다.

```
>>> a = [1, 2, 3]
>>> a.pop()
3
>>> a
[1, 2]
```

a 리스트를 다시 보면 [1, 2, 3]에서 3을 끄집어 내고 최종적으로 [1, 2]만 남는 것을 확인할 수 있다.

pop(x)는 리스트의 x번째 요소를 리턴하고 그 요소는 삭제한다.

```
>>> a = [1, 2, 3]
>>> a.pop(1)
2
>>> a
[1, 3]
```

a.pop(1)은 a[1]의 값을 끄집어 내어 리턴한다. 다시 a를 출력해 보면 끄집어 낸 값이 삭제된 것을 확인할 수 있다.

리스트에 포함된 요소 x의 개수 세기 — count

count(x)는 리스트 안에 x가 몇 개 있는지 조사하여 그 개수를 리턴하는 함수이다.

```
>>> a = [1, 2, 3, 1]
>>> a.count(1)
2
```

1이라는 값이 리스트 a에 2개 들어 있으므로 2를 리턴한다.

리스트 확장 — extend

extend(x)에서 x에는 리스트만 올 수 있으며 원래의 a 리스트에 x 리스트를 더하게 된다.

```
>>> a = [1, 2, 3]
>>> a.extend([4, 5])
>>> a
[1, 2, 3, 4, 5]
>>> b = [6, 7]
>>> a.extend(b)
>>> a
[1, 2, 3, 4, 5, 6, 7]
```

a.extend([4, 5])는 a += [4, 5]와 동일하다.

◆ a += [4, 5]는 a = a + [4, 5]와 동일한 표현식이다.

02-4

튜플 자료형

튜플tuple은 몇 가지 점을 제외하곤 리스트와 거의 비슷하며 리스트와 다른 점은 다음과 같다.

- 리스트는 [], 튜플은 ()으로 둘러싼다.
- 리스트는 요솟값의 생성, 삭제, 수정이 가능하지만, 튜플은 요솟값을 바꿀 수 없다.

튜플은 어떻게 만들까?

튜플은 다음과 같이 여러 가지 모습으로 생성할 수 있다.

```
t1 = ()
t2 = (1,)
t3 = (1, 2, 3)
t4 = 1, 2, 3
t5 = ('a', 'b', ('ab', 'cd'))
```

모습은 리스트와 거의 비슷하지만, 튜플에서는 리스트와 다른 2가지 차이점을 찾아볼 수 있다. t2 = (1,)처럼 단지 1개의 요소만을 가질 때는 요소 뒤에 쉼표(,)를 반드시 붙여야 한다는 것과 t4 = 1, 2, 3처럼 소괄호(())를 생략해도 된다는 점이다.

얼핏 보면 튜플과 리스트는 비슷한 역할을 하지만, 프로그래밍을 할 때 튜플과 리스트는 구별해서 사용하는 것이 유리하다. 튜플과 리스트의 가장 큰 차이는 요솟값을 변화시킬 수 있는지의 여부이다. 즉, 리스트의 요솟값은 변화가 가능하고 튜플의 요솟값은 변화가 불가능하다. 따라서 프로그램이 실행되는 동안 요솟값이 항상 변하지 않기를 바란다거나 값이 바뀔까 걱정하고 싶지 않다면 주저하지 말고 튜플을 사용해야 한다. 이와 반대로 수시로 그 값을 변화시켜야할 경우라면 리스트를 사용해야 한다. 실제 프로그램에서는 값이 변경되는 형태의 변수가 훨씬 많기 때문에 평균적으로 튜플보다 리스트를 더 많이 사용한다.

튜플의 요솟값을 지우거나 변경하려고 하면 어떻게 될까?

앞에서 설명했듯이 튜플의 요솟값은 한 번 정하면 지우거나 변경할 수 없다. 다음에 소개하는 두 예를 살펴보면 무슨 말인지 알 수 있을 것이다.

1. 튜플 요솟값을 삭제하려 할 때

```
>>> t1 = (1, 2, 'a', 'b')
>>> del t1[0]
Traceback (most recent call last):
  File "<stdin>", line 1, in <module>
TypeError: 'tuple' object doesn't support item deletion
```

튜플의 요소를 리스트처럼 del 함수로 지우려고 한 예이다. 튜플은 요솟값을 지울 수 없다는 오류 메시지를 확인할 수 있다.

2. 튜플 요솟값을 변경하려 할 때

```
>>> t1 = (1, 2, 'a', 'b')
>>> t1[0] = 'c'
Traceback (most recent call last):
  File "<stdin>", line 1, in <module>
TypeError: 'tuple' object does not support item assignment
```

튜플의 요솟값을 변경하려고 해도 오류가 발생하는 것을 확인할 수 있다.

튜플 다루기

튜플은 요솟값을 변화시킬 수 없다는 점만 제외하면 리스트와 완전히 동일하므로 간단하게 만 살펴보자. 다음 예제는 서로 연관되어 있으므로 차례대로 수행해 보기 바란다.

인덱싱하기

```
>>> t1 = (1, 2, 'a', 'b')
>>> t1[0]
1
>>> t1[3]
'b'
```

문자열, 리스트와 마찬가지로 t1[0], t1[3]처럼 인덱싱이 가능하다.

슬라이싱하기

```
>>> t1 = (1, 2, 'a', 'b')
>>> t1[1:]
(2, 'a', 'b')
```

t1[1]부터 튜플의 마지막 요소까지 슬라이싱하는 예이다.

튜플 더하기

```
>>> t1 = (1, 2, 'a', 'b')
>>> t2 = (3, 4)
>>> t3 = t1 + t2
>>> t3
(1, 2, 'a', 'b', 3, 4)
```

튜플을 더하는 방법을 보여 주는 예이다. 이때도 t1, t2 튜플의 요솟값이 바뀌는 것은 아니다. 다만, t1, t2 튜플을 더하여 새로운 튜플 t3를 생성한 것이다.

튜플 곱하기

```
>>> t2 = (3, 4)
>>> t3 = t2 * 3
>>> t3
(3, 4, 3, 4, 3, 4)
```

튜플의 곱하기(반복) 예를 보여 준다.

튜플 길이 구하기

```
>>> t1 = (1, 2, 'a', 'b')
>>> len(t1)
4
```

튜플의 길이를 구하는 예이다.

◈ 튜플은 요솟값을 변경할수 없기 때문에 sort, insert, remove, pop과 같은 내장 함수가 없다.

 (1, 2, 3)이라는 튜플에 값 4를 추가하여 (1, 2, 3, 4)라는 새로운 튜플을 출력해 보자.

정답 a+ (4,)

02-5
딕셔너리 자료형

사람은 누구든지 "이름" = "홍길동", "생일" = "몇 월 며칠" 등과 같은 방식으로 그 사람이 가진 정보를 나타낼 수 있다. 파이썬은 영리하게도 이러한 대응 관계를 나타낼 수 있는 딕셔너리^{dictionary} 자료형을 가지고 있다. 이번에는 이 자료형에 대해 알아보자.

◈ 요즘 사용하는 대부분의 언어도 이러한 대응 관계를 나타내는 자료형을 가지고 있는데 이를 딕셔너리라고 하고, '연관 배열^{associative array}' 또는 '해시^{hash}'라고도 한다.

딕셔너리란?

딕셔너리는 단어 그대로 '사전'이라는 뜻이다. 즉 "people"이라는 단어에 "사람", "baseball"이라는 단어에 "야구"라는 뜻이 부합되듯이 딕셔너리는 Key와 Value를 한 쌍으로 가지는 자료형이다. 예컨대 Key가 "baseball"이라면 Value는 "야구"가 될 것이다.

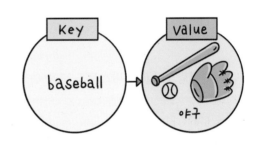

딕셔너리는 리스트나 튜플처럼 순차적으로^{sequential} 해당 요솟값을 구하지 않고 Key를 통해 Value를 얻는다. 이것이 바로 딕셔너리의 가장 큰 특징이다. baseball이라는 단어의 뜻을 찾기 위해 사전의 내용을 순차적으로 모두 검색하는 것이 아니라 baseball이라는 단어가 있는 곳만 펼쳐 보는 것이다.

딕셔너리는 어떻게 만들까?

다음은 딕셔너리의 기본 모습이다.

```
{Key1: Value1, Key2: Value2, Key3: Value3, ...}
```

Key와 Value의 쌍 여러 개가 {}로 둘러싸여 있다. 각각의 요소는 Key: Value 형태로 이루어져 있고 쉼표(,)로 구분되어 있다.

다음 딕셔너리의 예를 살펴보자.

```
>>> dic = {'name': 'pey', 'phone': '010-9999-1234', 'birth': '1118'}
```

위에서 Key는 각각 'name', 'phone', 'birth', 각각의 Key에 해당하는 Value는 'pey', '010-9999-1234', '1118'이 된다.

딕셔너리 dic의 정보

Key	Value
name	pey
phone	010-9999-1234
birth	1118

다음은 Key로 정숫값 1, Value로 문자열 'hi'를 사용한 예이다.

```
>>> a = {1: 'hi'}
```

또한 다음 예처럼 Value에 리스트도 넣을 수 있다.

```
>>> a = {'a': [1, 2, 3]}
```

딕셔너리 쌍 추가, 삭제하기

딕셔너리 쌍을 추가 또는 삭제하는 방법을 살펴보자. 먼저 딕셔너리에 쌍을 추가해 보자.

딕셔너리 쌍 추가하기

```
>>> a = {1: 'a'}
>>> a[2] = 'b'   ← {2: 'b'} 쌍 추가
>>> a
{1: 'a', 2: 'b'}
```

{1: 'a'} 딕셔너리에 a[2] = 'b'와 같이 입력하면 딕셔너리 a에 Key와 Value가 각각 2와 'b'인 {2: 'b'} 딕셔너리 쌍이 추가된다.

```
>>> a['name'] = 'pey'    ← {'name': 'pey'} 쌍 추가
>>> a
{1: 'a', 2: 'b', 'name': 'pey'}
```

딕셔너리 a에 {'name': 'pey'} 쌍이 추가되었다.

```
>>> a[3] = [1, 2, 3]    ← {3: [1, 2, 3]} 쌍 추가
>>> a
{1: 'a', 2: 'b', 'name': 'pey', 3: [1, 2, 3]}
```

Key는 3, Value는 [1, 2, 3]을 가지는 한 쌍이 또 추가되었다.

딕셔너리 요소 삭제하기

```
>>> del a[1]    ← Key가 1인 Key: Value 쌍 삭제
>>> a
{2: 'b', 'name': 'pey', 3: [1, 2, 3]}
```

위 예제는 딕셔너리 요소를 지우는 방법을 보여 준다. del 함수를 사용해서 'del a[key]'를 입력하면 지정한 Key에 해당하는 {Key: Value} 쌍이 삭제된다.

딕셔너리를 사용하는 방법

'딕셔너리는 주로 어떤 것을 표현하는 데 사용할까?'라는 의문이 들 것이다. 예를 들어 4명의 사람이 있다고 가정하고 각자의 특기를 표현할 수 있는 좋은 방법에 대해서 생각해 보자. 리스트나 문자열로는 표현하기가 매우 까다로울 것이다. 하지만 파이썬의 딕셔너리를 사용하면 이 상황을 표현하기가 정말 쉽다.

다음 예를 살펴보자.

{"김연아": "피겨스케이팅", "류현진": "야구", "손흥민": "축구", "귀도": "파이썬"}

사람 이름과 특기를 한 쌍으로 묶은 딕셔너리이다. 정말 간편하지 않은가?

지금껏 우리는 딕셔너리를 만드는 방법만 살펴보았는데, 딕셔너리를 제대로 활용하기 위해 알아야 할 것이 더 있다. 지금부터 하나씩 알아보자.

딕셔너리에서 Key를 사용해 Value 얻기

```
>>> grade = {'pey': 10, 'julliet': 99}
>>> grade['pey']        ← Key가 'pey'인 딕셔너리의 Value를 반환
10
>>> grade['julliet']    ← Key가 'julliet'인 딕셔너리의 Value를 반환
99
```

리스트나 튜플, 문자열은 요솟값을 얻고자 할 때 인덱싱이나 슬라이싱 기법 중 하나를 사용했다. 하지만 딕셔너리는 단 1가지 방법뿐이다. 그것은 바로 Key를 사용해서 Value를 구하는 방법이다. 위 예에서 'pey'라는 Key의 Value를 얻기 위해 grade['pey']를 사용한 것처럼 어떤 Key의 Value를 얻기 위해서는 '딕셔너리_변수_이름[Key]'를 사용해야 한다.

몇 가지 예를 더 살펴보자.

```
>>> a = {1:'a', 2:'b'}
>>> a[1]     ← Key가 1인 요소의 Value를 반환
'a'
>>> a[2]     ← Key가 2인 요소의 Value를 반환
'b'
```

먼저 a 변수에 {1: 'a', 2: 'b'} 딕셔너리를 대입하였다. 위 예에서 볼 수 있듯이 a[1]은 'a' 값을 리턴한다. 여기에서 a[1]이 의미하는 것은 리스트나 튜플의 a[1]과는 전혀 다르다. 딕셔너리 변수에서 [] 안의 숫자 1은 두 번째 요소를 나타내는 것이 아니라 Key에 해당하는 1을 나타낸다. 앞에서도 말했듯이 딕셔너리는 리스트나 튜플에 있는 인덱싱 방법을 적용할 수 없다.

따라서 a[1]은 딕셔너리 {1: 'a', 2: 'b'}에서 Key가 1인 것의 Value인 'a'를 리턴한다. a[2] 역시 마찬가지이다.

이번에는 a라는 변수에 앞의 예에서 사용한 딕셔너리의 Key와 Value를 뒤집어 놓은 딕셔너리를 대입해 보자.

```
>>> a = {'a': 1, 'b': 2}
>>> a['a']
1
>>> a['b']
2
```

역시 a['a'], a['b']처럼 Key를 사용해서 Value를 얻을 수 있다. 정리하면, 딕셔너리 a는 a[Key]로 Key에 해당하는 Value를 얻는다.

다음 예는 이전에 한 번 언급한 딕셔너리인데, Key를 사용해서 Value를 얻는 방법을 잘 보여준다.

```
>>> dic = {'name':'pey', 'phone':'010-9999-1234', 'birth': '1118'}
>>> dic['name']
'pey'
>>> dic['phone']
'010-9999-1234'
>>> dic['birth']
'1118'
```

> Key를 사용하면 Value를 쉽게 얻을 수 있어서 편리하네~

딕셔너리 만들 때 주의할 사항

딕셔너리에서 Key는 고유한 값이므로 중복되는 Key 값을 설정해 놓으면 하나를 제외한 나머지 것들이 모두 무시된다는 점에 주의해야 한다. 다음 예에서 볼 수 있듯이 동일한 Key가 2개 존재할 경우, 1: 'a' 쌍이 무시된다.

```
>>> a = {1:'a', 1:'b'}    ← 1이라는 Key 값이 중복으로 사용
>>> a
{1: 'b'}    ← 1: 'a' 쌍이 무시됨.
```

이렇게 Key가 중복되었을 때 1개를 제외한 나머지 Key: Value 값이 모두 무시되는 이유는 Key를 통해서 Value를 얻는 딕셔너리의 특징 때문이다. 즉, 딕셔너리에는 동일한 Key가 중복으로 존재할 수 없다.

또 1가지 주의해야 할 점은 Key에 리스트는 쓸 수 없다는 것이다. 하지만 튜플은 Key로 쓸 수 있다. 딕셔너리의 Key로 쓸 수 있느냐, 없느냐는 Key가 변하는^{mutable} 값인지, 변하지 않는 ^{immutable} 값인지에 달려 있다. 리스트는 그 값이 변할 수 있기 때문에 Key로 쓸 수 없다. 다음 예처럼 리스트를 Key로 설정하면 리스트를 키 값으로 사용할 수 없다는 오류가 발생한다.

```
>>> a = {[1,2] : 'hi'}   < 리스트를 key로 사용
Traceback (most recent call last):
  File "<stdin>", line 1, in <module>  ← 오류 발생
TypeError: unhashable type: 'list'
```

단, Value에는 변하는 값이든, 변하지 않는 값이든 아무 값이나 넣을 수 있다.

딕셔너리 관련 함수

딕셔너리를 자유자재로 사용하기 위해 딕셔너리가 자체적으로 가지고 있는 관련 함수를 사용해 보자.

Key 리스트 만들기 ― keys

```
>>> a = {'name': 'pey', 'phone': '010-9999-1234', 'birth': '1118'}
>>> a.keys()
dict_keys(['name', 'phone', 'birth'])
```

a.keys()는 딕셔너리 a의 Key만을 모아 dict_keys 객체를 리턴한다.

파이썬 3.0 이후 버전의 keys 함수, 어떻게 달라졌나?

파이썬 2.7 버전까지는 a.keys() 함수를 호출하면 dict_keys가 아닌 리스트를 리턴한다. 리스트를 리턴하기 위해서는 메모리 낭비가 발생하는데, 파이썬 3.0 이후 버전에서는 이러한 메모리 낭비를 줄이기 위해 dict_keys 객체를 리턴하도록 변경되었다. 다음에 소개할 dict_values, dict_items 역시 파이썬 3.0 이후 버전에서 추가된 것들이다. 만약 3.0 이후 버전에서 리턴값으로 리스트가 필요한 경우에는 list(a.keys())를 사용하면 된다. dict_keys, dict_values, dict_items 객체는 리스트로 변환하지 않더라도 기본적인 반복 구문(예 for 문)에서 사용할 수 있다.

dict_keys 객체는 다음과 같이 사용할 수 있다. 리스트를 사용하는 것과 별 차이는 없지만, 리스트 고유의 append, insert, pop, remove, sort 함수는 수행할 수 없다.

```
>>> for k in a.keys():
...     print(k)
...
name
phone
birth
```

◈ print(k)를 입력할 때 들여쓰기를 하지 않으면 오류가 발생하므로 주의하자.

◈ for 문 등 반복 구문에 대해서는 03장에서 자세히 살펴본다.

dict_keys 객체를 리스트로 변환하려면 다음과 같이 하면 된다.

```
>>> list(a.keys())
['name', 'phone', 'birth']
```

Value 리스트 만들기 — values

```
>>> a.values()
dict_values(['pey', '010-9999-1234', '1118'])
```

Key를 얻는 것과 마찬가지 방법으로 Value만 얻고 싶다면 values 함수를 사용하면 된다. values 함수를 호출하면 dict_values 객체를 리턴한다.

Key, Value 쌍 얻기 — items

```
>>> a.items()
dict_items([('name', 'pey'), ('phone', '010-9999-1234'), ('birth', '1118')])
```

items 함수는 Key와 Value의 쌍을 튜플로 묶은 값을 dict_items 객체로 리턴한다.

Key: Value 쌍 모두 지우기 — clear

```
>>> a.clear()
>>> a
{}
```

clear 함수는 딕셔너리 안의 모든 요소를 삭제한다.

◈ 빈 리스트를 [], 빈 튜플을 ()로 표현하는 것과
마찬가지로 빈 딕셔너리도 {}로 표현한다.

Key로 Value 얻기 — get

```
>>> a = {'name': 'pey', 'phone': '010-9999-1234', 'birth': '1118'}
>>> a.get('name')
'pey'
>>> a.get('phone')
'010-9999-1234'
```

get(x) 함수는 x라는 Key에 대응되는 Value를 리턴한다. 앞에서 살펴보았듯이 a.
get('name')은 a['name']을 사용했을 때와 동일한 결괏값을 리턴한다.

다만, 다음 예제에서 볼 수 있듯이 a['nokey']처럼 딕셔너리에 존재하지 않는 키로 값을 가져
오려고 할 경우, a['nokey'] 방식은 오류를 발생시키고 a.get('nokey') 방식은 None을 리턴
한다는 차이가 있다. 어떤 것을 사용할 것인지는 여러분의 선택에 달려 있다.

◈ 여기에서 None은 '거짓'이라는 뜻이라고만 알아 두자.

```
>>> a = {'name':'pey', 'phone':'010-9999-1234', 'birth': '1118'}
>>> print(a.get('nokey'))
None
>>> print(a['nokey'])
Traceback (most recent call last):
  File "<stdin>", line 1, in <module>
KeyError: 'nokey'
```

딕셔너리 안에 찾으려는 Key가 없을 경우, 미리 정해 둔 디폴트 값을 대신 가져오게 하고 싶
을 때는 get(x, '디폴트 값')을 사용하면 편리하다.

```
>>> a.get('nokey', 'foo')
'foo'
```

딕셔너리 a에는 'nokey'에 해당하는 Key가 없다. 따라서 디폴트 값인 'foo'를 리턴한다.

해당 Key가 딕셔너리 안에 있는지 조사하기 ─ in

```
>>> a = {'name':'pey', 'phone':'010-9999-1234', 'birth': '1118'}
>>> 'name' in a
True
>>> 'email' in a
False
```

'name' 문자열은 a 딕셔너리의 Key 중 하나이다. 따라서 'name' in a를 호출하면 참[True]을 리턴한다. 이와 반대로 'email'은 a 딕셔너리 안에 존재하지 않는 Key이므로 거짓[False]을 리턴한다.

다음 표를 딕셔너리로 만드시오.

항목	값
name	홍길동
birth	1128
age	30

정답 dic = {'name': '홍길동', 'birth': '1128', 'age': 30}

02-6
집합 자료형

집합^{set}은 집합에 관련된 것을 쉽게 처리하기 위해 만든 자료형이다.

집합 자료형은 어떻게 만들까?

집합 자료형은 다음과 같이 set 키워드를 사용해 만들 수 있다.

```
>>> s1 = set([1, 2, 3])
>>> s1
{1, 2, 3}
```

위와 같이 set()의 괄호 안에 리스트를 입력하여 만들거나 다음과 같이 문자열을 입력하여 만들 수도 있다.

```
>>> s2 = set("Hello")
>>> s2
{'e', 'H', 'l', 'o'}
```

◈ 비어 있는 집합 자료형은 s = set()로 만들 수 있다.

집합 자료형의 특징

그런데 위에서 살펴본 set("Hello")의 결과가 좀 이상하지 않은가? 분명 "Hello" 문자열로 set 자료형을 만들었는데 생성된 자료형에는 l 문자가 하나 빠져 있고 순서도 뒤죽박죽이다. 그 이유는 set에 다음과 같은 2가지 특징이 있기 때문이다.

- 중복을 허용하지 않는다.
- 순서가 없다^{Unordered}.

◈ set은 중복을 허용하지 않는 특징 때문에 데이터의 중복을 제거하기 위한 필터로 종종 사용된다.

102   첫째마당 • 파이썬 기초 익히기

리스트나 튜플은 순서가 있기[ordered] 때문에 인덱싱을 통해 요솟값을 얻을 수 있지만, set 자료형은 순서가 없기[unordered] 때문에 인덱싱을 통해 요솟값을 얻을 수 없다. 이는 마치 02-5에서 살펴본 딕셔너리와 비슷하다. 딕셔너리 역시 순서가 없는 자료형이므로 인덱싱을 지원하지 않는다.

만약 set 자료형에 저장된 값을 인덱싱으로 접근하려면 다음과 같이 리스트나 튜플로 변환한 후에 해야 한다.

```
>>> s1 = set([1, 2, 3])
>>> l1 = list(s1)  ← 리스트로 변환
>>> l1
[1, 2, 3]
>>> l1[0]
1
>>> t1 = tuple(s1)  ← 튜플로 변환
>>> t1
(1, 2, 3)
>>> t1[0]
1
```

교집합, 합집합, 차집합 구하기

set 자료형을 정말 유용하게 사용하는 경우는 교집합, 합집합, 차집합을 구할 때이다.

먼저 다음과 같이 2개의 set 자료형을 만든 후 따라 해 보자. s1에는 1부터 6까지의 값, s2에는 4부터 9까지의 값을 주었다.

```
>>> s1 = set([1, 2, 3, 4, 5, 6])
>>> s2 = set([4, 5, 6, 7, 8, 9])
```

교집합 구하기

s1과 s2의 교집합을 구해 보자. 다음과 같이 '&'를 이용하면 교집합을 간단히 구할 수 있다.

```
>>> s1 & s2
{4, 5, 6}
```

또는 다음과 같이 intersection 함수를 사용해도 결과는 동일하다.

```
>>> s1.intersection(s2)
{4, 5, 6}
```

s2.intersection(s1)을 사용해도 결과는 동일하다.

합집합 구하기

이번에는 합집합을 구해 보자. '|'를 사용하면 합집합을 구할 수 있다. 이때 4, 5, 6처럼 중복해서 포함된 값은 1개씩만 표현된다.

```
>>> s1 | s2
{1, 2, 3, 4, 5, 6, 7, 8, 9}
```

union 함수를 사용해도 된다.

```
>>> s1.union(s2)
{1, 2, 3, 4, 5, 6, 7, 8, 9}
```

s2.union(s1)을 사용해도 결과는 동일하다.

차집합 구하기

마지막으로 차집합을 구해 보자. −(빼기)를 사용하면 차집합을 구할 수 있다.

```
>>> s1 - s2
{1, 2, 3}
>>> s2 - s1
{8, 9, 7}
```

difference 함수를 사용해도 차집합을 구할 수 있다.

```
>>> s1.difference(s2)
{1, 2, 3}
>>> s2.difference(s1)
{8, 9, 7}
```

집합 자료형 관련 함수

값 1개 추가하기 — add

이미 만들어진 set 자료형에 값을 추가할 수 있다. 1개의 값만 추가[add]할 때는 다음과 같이 하면 된다.

```
>>> s1 = set([1, 2, 3])
>>> s1.add(4)
>>> s1
{1, 2, 3, 4}
```

값 여러 개 추가하기 — update

여러 개의 값을 한꺼번에 추가[update]할 때는 다음과 같이 하면 된다.

```
>>> s1 = set([1, 2, 3])
>>> s1.update([4, 5, 6])
>>> s1
{1, 2, 3, 4, 5, 6}
```

특정 값 제거하기 — remove

특정 값을 제거하고 싶을 때는 다음과 같이 하면 된다.

```
>>> s1 = set([1, 2, 3])
>>> s1.remove(2)
>>> s1
{1, 3}
```

02-7

불 자료형

불^{bool} 자료형이란 참^{True}과 거짓^{False}을 나타내는 자료형이다. 불 자료형은 다음 2가지 값만을 가질 수 있다.

- True: 참을 의미한다.
- False: 거짓을 의미한다.

◈ True나 False는 파이썬의 예약어로, true, false와 같이 작성하면 안 되고 첫 문자를 항상 대문자로 작성해야 한다.

불 자료형은 어떻게 사용할까?

다음과 같이 변수 a에는 True, 변수 b에는 False를 지정해 보자.

```
>>> a = True
>>> b = False
```

따옴표로 감싸지 않은 문자열을 변수에 지정해서 오류가 발생할 것 같지만, 잘 실행된다. type 함수를 변수 a와 b에 사용하면 두 변수의 자료형이 bool로 지정된 것을 확인할 수 있다.

```
>>> type(a)
<class 'bool'>
>>> type(b)
<class 'bool'>
```

◈ type(x)는 x의 자료형을 확인하는 파이썬의 내장 함수이다.

불 자료형은 조건문의 리턴값으로도 사용된다. 조건문에 대해서는 if 문에서 자세히 배우겠지만 잠시 살펴보고 넘어가자.

```
>>> 1 == 1
True
```

1 == 1 은 '1과 1이 같은가?'를 묻는 조건문이다. 이런 조건문은 결과로 True 또는 False에 해당하는 불 자료형을 리턴한다. 1과 1은 같으므로 True를 리턴한다.

```
>>> 2 > 1
True
```

2는 1보다 크므로 2 > 1 조건문은 참이다. 즉, True를 리턴한다.

```
>>> 2 < 1
False
```

2는 1보다 작지 않으므로 2 < 1 조건문은 거짓이다. 즉, False를 리턴한다.

자료형의 참과 거짓

'자료형에 참과 거짓이 있다?'라는 말이 조금 이상하게 들리겠지만, 참과 거짓은 분명히 있다. 이는 매우 중요한 특징이며 실제로도 자주 쓰인다.

자료형의 참과 거짓을 구분하는 기준은 다음과 같다.

값	참 또는 거짓
"python"	참
""	거짓
[1, 2, 3]	참
[]	거짓
(1, 2, 3)	참
()	거짓
{'a': 1}	참
{}	거짓
1	참
0	기짓
None	거짓

문자열, 리스트, 튜플, 딕셔너리 등의 값이 비어 있으면("", [], (), {}) 거짓이 되고 비어 있지 않으면 참이 된다. 숫자에서는 그 값이 0일 때 거짓이 된다. 위 표를 보면 None이 있는데, 이것에 대해서는 뒷부분에서 배우므로 아직은 신경 쓰지 말자. 그저 None은 거짓을 뜻한다는 것만 알아 두자.

다음 예를 보고 자료형의 참과 거짓이 프로그램에서 어떻게 쓰이는지 간단히 알아보자.

```
>>> a = [1, 2, 3, 4]
>>> while a:     ← a가 참인 동안
...     print(a.pop())     ← 리스트의 마지막 요소를 하나씩 꺼낸다.
...
4
3
2
1
```

먼저 a = [1, 2, 3, 4]라는 리스트를 만들었다. while 문은 03장에서 자세히 다루지만, 간단히 알아보면 다음과 같다. 조건문이 참인 동안 조건문 안에 있는 문장을 반복해서 수행한다.

```
while 조건문:
    수행할_문장
```

즉, 위 예를 보면 a가 참인 경우, a.pop()를 계속 실행하여 출력하라는 의미이다. a.pop() 함수는 리스트 a의 마지막 요소를 끄집어 내는 함수이므로 리스트 안에 요소가 존재하는 한(a가 참인 동안) 마지막 요소를 계속 끄집어 낼 것이다. 결국 더 이상 끄집어 낼 것이 없으면 a가 빈 리스트([])가 되어 거짓이 된다. 따라서 while 문에서 조건문이 거짓이 되므로 while 문을 빠져나가게 된다. 이는 파이썬 프로그래밍에서 매우 자주 사용하는 기법 중 하나이다.

위 예가 너무 복잡하다고 생각하는 독자는 다음 예를 보면 쉽게 이해될 것이다.

```
>>> if []:     ← 만약 []가 참이면
...     print("참")     ← '참' 문자열 출력
... else:     ← 만약 []가 거짓이면
...     print("거짓")     ← '거짓' 문자열 출력
...
거짓
```

[]는 앞의 표에서 볼 수 있듯이 비어 있는 리스트이므로 거짓이다. 따라서 "거짓"이라는 문자열이 출력된다. if 문에 대해서 잘 모르는 독자라도 위 문장을 해석하는 데는 무리가 없을 것이다.

◆ if 문에 대해서는 03장에서 자세히 다룬다.

다른 예도 하나만 더 살펴보자.

```
>>> if [1, 2, 3]:
...     print("참")
... else:
...     print("거짓")
...
참
```

이 소스 코드를 해석해 보면 다음과 같다.

> 만약 [1, 2, 3]이 참이면 "참"이라는 문자열을 출력하고, 그렇지 않으면 "거짓"이라는 문자열을 출력하라.

[1, 2, 3]은 요솟값이 있는 리스트이므로 참이다. 따라서 "참"을 출력한다.

불 연산

자료형에 참과 거짓이 있다는 것을 이제 알게 되었다. bool 함수를 사용하면 자료형의 참과 거짓을 보다 정확하게 식별할 수 있다.

다음 예제를 따라 해 보자.

```
>>> bool('python')
True
```

'python' 문자열은 비어 있지 않으므로 bool 연산의 결과로 불 자료형인 True를 리턴한다.

```
>>> bool('')
False
```

'' 문자열은 비어 있으므로 bool 연산의 결과로 불 자료형인 False를 리턴한다.

앞에서 알아본 몇 가지 예제를 더 수행해 보자.

```
>>> bool([1, 2, 3])
True
>>> bool([])
False
>>> bool(0)
False
>>> bool(3)
True
```

앞에서 알아본 것과 동일한 참과 거짓에 대한 결과를 리턴하는 것을 확인할 수 있다.

지금까지 파이썬의 가장 기본이 되는 자료형인 숫자, 문자열, 리스트, 튜플, 딕셔너리, 집합, 불에 대해서 알아보았다. 여기까지 잘 따라온 독자라면 파이썬에 대해서 대략 50% 정도 습득했다고 보아도 된다. 그만큼 자료형은 중요하고 프로그램의 근간이 되기 때문에 확실하게 해 놓지 않으면 좋은 프로그램을 만들 수 없다. 이 책의 예제만 따라 하지 말고 직접 여러 가지 예들을 테스트해 보면서 02-1~02-7에 나오는 자료형에 익숙해지기 바란다.

02-8
자료형의 값을 저장하는 공간, 변수

지금부터 설명할 내용은 프로그래밍 초보자가 쉽게 이해하기 어려울 수 있는 부분이므로 당장 이해되지 않는다면 그냥 읽고 지나가도 된다. 파이썬에 대해서 공부하다 보면 자연스럽게 알게 될 것이다.

변수는 어떻게 만들까?

우리는 앞에서 이미 변수를 사용해 왔다. 다음 예와 같은 a, b, c를 '변수'라고 한다.

```
>>> a = 1
>>> b = "python"
>>> c = [1, 2, 3]
```

변수를 만들 때는 위 예처럼 =(assignment) 기호를 사용한다.

> 변수_이름 = 변수에_저장할_값

다른 프로그래밍 언어인 C나 JAVA에서는 변수를 만들 때 자료형의 타입을 직접 지정해야 한다. 하지만 파이썬은 변수에 저장된 값을 스스로 판단하여 자료형의 타입을 지정하기 때문에 더 편리하다.

변수란?

파이썬에서 사용하는 변수는 객체를 가리키는 것이라고도 말할 수 있다. 객체란 우리가 지금까지 보아 온 자료형의 데이터(값)와 같은 것을 의미하는 말이다(객체에 대해서는 05-1절에서 자세하게 공부한다).

```
a = [1, 2, 3]
```

만약 위 코드처럼 a = [1, 2, 3]이라고 하면 [1, 2, 3] 값을 가지는 리스트 데이터(객체)가 자동으로 메모리에 생성되고 변수 a는 [1, 2, 3] 리스트가 저장된 메모리의 주소를 가리키게 된다.

◆ 메모리란 컴퓨터가 프로그램에서 사용하는 데이터를 기억하는 공간을 말한다.

a 변수가 가리키는 메모리의 주소는 다음과 같이 확인할 수 있다.

```
>>> a = [1, 2, 3]
>>> id(a)
4303029896
```

id는 변수가 가리키고 있는 객체의 주소 값을 리턴하는 파이썬의 내장 함수이다. 즉, 여기에서 필자가 만든 변수 a가 가리키는 [1, 2, 3] 리스트의 주소 값은 4303029896이라는 것을 알 수 있다.

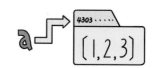

리스트를 복사하고자 할 때

이번에는 리스트 자료형에서 가장 혼동하기 쉬운 '복사'에 대해 설명한다. 다음 예를 통해 알아보자.

```
>>> a = [1, 2, 3]
>>> b = a
```

b 변수에 a 변수를 대입하면 어떻게 될까? b와 a는 같은 걸까, 다른 걸까? 결론부터 말하면 b는 a와 완전히 동일하다고 할 수 있다. 다만 [1, 2, 3]이라는 리스트 객체를 참조하는 변수가 a 변수 1개에서 b 변수가 추가되어 2개로 늘어났다는 차이만 있을 뿐이다.

id 함수를 사용하면 이러한 사실을 확인할 수 있다.

```
>>> id(a)
4303029896
>>> id(b)
4303029896
```

id(a)의 값이 id(b)의 값과 동일하다는 것을 확인할 수 있다. 즉, a가 가리키는 대상과 b가 가리키는 대상이 동일하다는 것을 알 수 있다. 동일한 객체를 가리키고 있는지에 대해서 판단하는 파이썬 명령어 is를 다음과 같이 실행해도 역시 참을 리턴해 준다.

```
>>> a is b    ← a와 b가 가리키는 객체가 같을까?
True
```

이제 다음 예를 계속 수행해 보자.

```
>>> a[1] = 4
>>> a
[1, 4, 3]
>>> b
[1, 4, 3]
```

a 리스트의 두 번째 요소를 값 4로 바꾸었더니 a만 바뀌는 것이 아니라 b도 똑같이 바뀌었다. 그 이유는 앞에서 살펴본 것처럼 a, b 모두 동일한 리스트를 가리키고 있기 때문이다.

그렇다면 b 변수를 생성할 때 a 변수의 값을 가져오면서 a와는 다른 주소를 가리키도록 만들 수는 없을까? 다음 2가지 방법이 있다.

1. [:] 이용하기

첫 번째 방법은 다음과 같이 리스트 전체를 가리키는 [:]을 사용해서 복사하는 것이다.

```
>>> a = [1, 2, 3]
>>> b = a[:]    ← 리스트 a의 처음 요소부터 끝 요소까지 슬라이싱
>>> a[1] = 4
>>> a
[1, 4, 3]
>>> b
[1, 2, 3]
```

위 예에서 볼 수 있듯이 a 리스트 값을 바꾸더라도 b 리스트에는 아무런 영향이 없다.

2. copy 모듈 이용하기

두 번째 방법은 copy 모듈을 사용하는 것이다. 다음 예를 보면 'from copy import copy'라는 처음 보는 형태의 문장이 나오는데, 이것은 뒤에 설명할 파이썬 모듈 부분에서 자세히 다룬다. 여기에서는 단순히 copy 함수를 쓰기 위해서 사용하는 것이라고만 알아 두자.

```
>>> from copy import copy  ← copy 모듈에 있는 copy 함수 import
>>> a = [1, 2, 3]
>>> b = copy(a)  ← copy 함수 사용
```

위 예에서 b = copy(a)는 b = a[:]과 동일하다.

두 변수의 값은 같지만, 서로 다른 객체를 가리키고 있는지 다음과 같이 확인해 보자.

```
>>> b is a
False
```

위 예에서 b is a가 False를 리턴하므로 b와 a가 가리키는 객체는 서로 다르다는 것을 알 수 있다.

copy 함수 사용하기

다음처럼 리스트 자료형의 자체 함수인 copy 함수를 사용해도 copy 모듈을 사용하는 것과 동일한 결과를 얻을 수 있다.

```
>>> a = [1, 2, 3]
>>> b = a.copy()  ← 파이썬 리스트에 내장된 copy 함수 사용
>>> b is a
False
```

변수를 만드는 여러 가지 방법

다음과 같이 튜플로 a, b에 값을 대입할 수 있다.

```
>>> a, b = ('python', 'life')
```

이 방법은 다음 예문과 완전히 동일하다.

```
>>> (a, b) = 'python', 'life'
```

튜플 부분에서도 언급했지만, 튜플은 괄호를 생략해도 된다.

다음처럼 리스트로 변수를 만들 수도 있다.

```
>>> [a, b] = ['python', 'life']
```

또한 여러 개의 변수에 같은 값을 대입할 수도 있다.

```
>>> a = b = 'python'
```

파이썬에서는 위 방법을 사용하여 두 변수의 값을 매우 간단하게 바꿀 수 있다.

```
>>> a = 3
>>> b = 5
>>> a, b = b, a   ← a와 b의 값을 바꿈.
>>> a
5
>>> b
3
```

처음에 a에 값 3, b에는 값 5가 대입되어 있었지만 a, b = b, a 문장을 수행한 후에는 그 값이
서로 바뀌었다는 것을 확인할 수 있다.

 다음 예제를 실행한 후 그 결과를 설명해 보자.

```
>>> a = [1, 2, 3]
>>> b = [1, 2, 3]
>>> a is b
```

정답 변수 a와 b는 서로 다른 메모리를 가리키므로 False

되/새/김/문/제

긴 호흡으로 공부하신 여러분!
포기하지 말고 되새김 문제를 통해
실력을 점프해 보세요!

■ 02장의 정답 및 풀이는 403~406쪽에 있습니다.

Q1 평균 점수 구하기

홍길동 씨의 과목별 점수는 다음과 같다. 홍길동 씨의 평균 점수를 구해 보자.

과목	점수
국어	80
영어	75
수학	55

Q2 홀수, 짝수 판별하기

자연수 13이 홀수인지, 짝수인지 판별할 수 있는 방법에 대해 말해 보자.

Q3 주민등록번호 나누기

홍길동 씨의 주민등록번호는 881120-1068234이다. 홍길동 씨의 주민등록번호를 연월일 (YYYYMMDD) 부분과 그 뒤의 숫자 부분으로 나누어 출력해 보자.

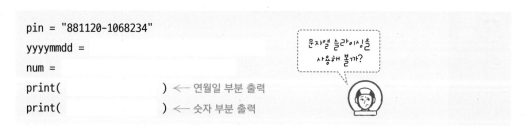

```
pin = "881120-1068234"
yyyymmdd =
num =
print(               ) ← 연월일 부분 출력
print(               ) ← 숫자 부분 출력
```

문자열 슬라이싱을
사용해 볼까?

Q4 주민등록번호 인덱싱

주민등록번호 뒷자리의 맨 첫 번째 숫자는 성별을 나타낸다. 주민등록번호에서 성별을 나타내는 숫자를 출력해 보자.

```
pin = "881120-1068234"
print(                    )
```

문자열 인덱싱을
사용해 보자.

Q5 문자열 바꾸기

다음과 같은 문자열 a:b:c:d가 있다. 문자열의 replace 함수를 사용하여 a#b#c#d로 바꿔 출력해 보자.

```
a = "a:b:c:d"
b =
print(b)  ← 문자열 "a#b#c#d" 출력
```

Q6 리스트 역순 정렬하기

[1, 3, 5, 4, 2] 리스트를 [5, 4, 3, 2, 1]로 만들어 보자.

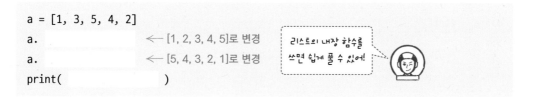

```
a = [1, 3, 5, 4, 2]
a.                  ← [1, 2, 3, 4, 5]로 변경
a.                  ← [5, 4, 3, 2, 1]로 변경
print(            )
```

리스트의 내장 함수를
쓰면 쉽게 풀 수 있어!

Q7 리스트를 문자열로 만들기

['Life', 'is', 'too', 'short'] 리스트를 Life is too short 문자열로 만들어 출력해 보자.

```
a = ['Life', 'is', 'too', 'short']
result =
print(result)  ←  "Life is too short" 출력
```

> 문자열의 join 함수를
> 사용해 보면 어떨까?

Q8 튜플 더하기

(1, 2, 3) 튜플에 값 4를 추가하여 (1, 2, 3, 4)를 만든 후 출력해 보자.

```
a = (1, 2, 3)
a =
print(a)  ←  (1, 2, 3, 4) 출력
```

> +(더하기) 연산자를 쓰면
> 쉽게 풀 수 있겠어!

Q9 딕셔너리의 키

다음과 같은 딕셔너리 a가 있다.

```
>>> a = dict()
>>> a
{}
```

다음 중 오류가 발생하는 경우를 고르고, 그 이유를 설명해 보자.

```
a['name'] = 'python'
a[('a',)] = 'python'
a[[1]] = 'python'
a[250] = 'python'
```

Q10 딕셔너리 값 추출하기

딕셔너리 a에서 'B'에 해당하는 값을 추출해 보자.

```
a = {'A':90, 'B':80, 'C':70}
result =
print(a)      ← {'A':90, 'C':70} 출력
print(result) ← 80 출력
```

> 딕셔너리의 pop 함수를
> 사용해 보자.

Q11 리스트에서 중복 제거하기

a 리스트에서 중복 숫자를 제거해 보자.

```
a = [1, 1, 1, 2, 2, 3, 3, 3, 4, 4, 5]
aSet =               ← a 리스트를 집합 자료형으로 변환
b =                  ← 집합 자료형을 리스트 자료형으로 다시 변환
print(b)  ← [1, 2, 3, 4, 5] 출력
```

> 집합 자료형의 요솟값은
> 중복될 수 없다는 특징을
> 사용해 볼까?

Q12 파이썬 변수

파이썬은 다음처럼 동일한 값에 여러 개의 변수를 선언할 수 있다. 다음과 같이 a, b 변수를 선언한 후 a의 두 번째 요솟값을 변경하면 b 값은 어떻게 될까? 그리고 이런 결과가 나타나는 이유를 설명해 보자.

```
>>> a = b = [1, 2, 3]
>>> a[1] = 4
>>> print(b)
```

03

프로그램의 구조를 쌓는다! 제어문

03장에서는 if, while, for 등의 제어문에 대해서 배운다. 제어문을 배우기 전에 집을 짓는 일을 생각해 보자. 집을 지을 때 나무, 돌, 시멘트 등은 재료가 되고 철근은 집의 뼈대가 된다. 프로그램을 만드는 것도 집 짓기와 매우 비슷한 면이 있다. 나무, 돌, 시멘트와 같은 재료는 자료형이 되고 집의 뼈대를 이루는 철근은 03장에서 알아볼 제어문에 해당한다. 자료형을 바탕으로 제어문을 이용하여 프로그램의 구조를 만들어 보자.

03-1

if 문

먼저 대표적인 조건문인 if 문부터 알아보자.

if 문은 왜 필요할까?

다음과 같은 상상을 해 보자.

> '돈이 있으면 택시를 타고 가고, 돈이 없으면 걸어간다.'

우리 모두에게 일어날 수 있는 상황 중 하나이다. 프로그래밍도 사람이 하는 것이므로 위 문장처럼 주어진 조건을 판단한 후 그 상황에 맞게 처리해야 할 경우가 생긴다. 이렇듯 프로그래밍에서 조건을 판단하여 해당 조건에 맞는 상황을 수행하는 데 쓰는 것이 바로 if 문이다.

파이썬에서는 위와 같은 상황을 다음과 같이 표현할 수 있다.

```
>>> money = True
>>> if money:
...     print("택시를 타고 가라")
... else:
...     print("걸어가라")
...
택시를 타고 가라
```

money에 True를 대입했으므로 money는 참이다. 따라서 if 문 다음 문장이 수행되어 '택시를 타고 가라'가 출력된다.

다음 순서도는 '택시를 타고 가라'라는 문
장이 출력되는 과정을 보여 준다. 이렇게
프로그램 실행 과정을 순서도로 그려 보면
훨씬 이해하기 쉽다.

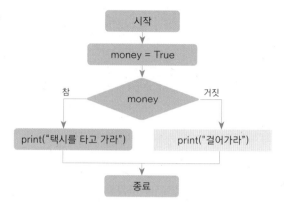

IDLE 셸을 쓴다면 주의하세요

프롬프트(>>>)가 보이는 이 책의 예제는 반드시 IDLE 셸이 아닌 파이썬 셸에서 실행하도록 하자.
IDLE 셸에서는 줄 바꿈 표시(...)가 보이지 않아 들여쓰기 오류를 범할 가능성이 크다.

하지만 파이썬 3.10부터는 IDLE 셸의 프롬프트(>>>)와 줄 바꿈 표시(...)가 왼쪽의 분리된 영역에
나타나도록 개선되었다.

```
IDLE Shell 3.11.2
File  Edit  Shell  Debug  Options  Window  Help
    Python 3.11.2 (tags/v3.11.2:878ead1, Feb  7 2023, 16:38:35) [MSC v.1934 64 bit (AMD64)] on win32
    Type "help", "copyright", "credits" or "license()" for more information.
>>> money = True
>>> if money:
...     print("택시를 타고 가라")
... else:
...     print("걸어가라")
...
...
    택시를 타고 가라
>>>
```

따라서 파이썬 3.10 이상의 버전을 사용한다면 이 책의 예제를 IDLE 셸에서 실행해도 괜찮다.

if 문의 기본 구조

다음은 if와 else를 사용한 조건문의
기본 구조이다.

```
if 조건문:
    수행할_문장1
    수행할_문장2
        ⋮
else:
    수행할_문장A
    수행할_문장B
        ⋮
```

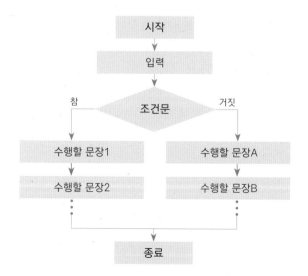

조건문을 테스트해서 참이면 if 문 바로 다음 문장(if 블록)들을 수행하고 조건문이 거짓이면 else 문 다음 문장(else 블록)들을 수행하게 된다. 따라서 else 문은 if 문 없이 독립적으로 사용할 수 없다.

들여쓰기 방법 알아보기

if 문을 만들 때는 if 조건문: 바로 다음 문장부터 if 문에 속하는 모든 문장에 들여쓰기^{indentation}를 해야 한다. 다음 예를 보면 조건문이 침일 경우 '수행할_문장1'을 들어쓰기했고 '수행할_문장2'와 '수행할_문장3'도 들여쓰기했다. 다른 프로그래밍 언어를 사용해 온 사람들은 파이썬에서 '수행할_문장'을 들여쓰기하는 것을 무시하는 경우가 많으므로 더 주의해야 한다.

```
if 조건문:
    수행할_문장1
    수행할_문장2
    수행할_문장3
```

다음처럼 작성하면 오류가 발생한다. '수행할_문장2'를 들여쓰기하지 않았기 때문이다.

```
if 조건문:
    수행할_문장1
수행할_문장2
    수행할_문장3
```
들여쓰기를 하지 않았으니 오류가 발생할 거야!

IDLE 에디터에서 다음과 같이 작성하여 실행해 보자. 여기에서는 오류가 발생하는지 확인만 하면 되므로 IDLE 에디터 창에 코드를 작성하고 F5를 눌러 바로 실행하자.

indent_error.py

```
money = True
if money:
    print("택시를")
print("타고")
    print("가라")
```

들여쓰기 오류가 발생하는 것을 확인할 수 있다.

다음과 같은 경우에도 오류가 발생한다. '수행할_문장3'을 들여쓰기했지만, '수행할_문장1'
이나 '수행할_문장2'와 들여쓰기의 깊이가 다르다. 즉, 들여쓰기는 언제나 같은 깊이로 해야
한다.

```
if 조건문:
    수행할_문장1
    수행할_문장2
        수행할_문장3
```

IDLE 에디터에서 다음과 같이 작성하여 실행해 보자.

indent_error2.py

```
money = True
if money:
    print("택시를")
    print("타고")
        print("가라")
```

들여쓰기 깊이가 달라도
오류가 발생하는구나!

마찬가지로 들여쓰기 오류가 발생하는 것을 확인할 수 있다.

그렇다면 들여쓰기는 공백 문자(Spacebar)로 하는 것이 좋을까, 탭 문자(Tab)로 하는 것이 좋을까? 이에 대한 논란은 파이썬을 사용하는 사람들 사이에서 아직도 계속되고 있다. 공백 문자로 하자는 쪽과 탭 문자로 하자는 쪽 모두가 동의하는 내용은 2가지를 혼용해서 쓰지 말자는 것이다. 공백 문자로 할 것이라면 공백으로 통일하고, 탭 문자로 할 것이라면 탭으로 통일하자는 말이다. 탭이나 공백은 프로그램 소스에서 눈으로 보이는 것이 아니기 때문에 혼용해서 쓰면 오류의 원인이 되므로 주의하자.

◆ 요즘 파이썬 커뮤니티에서는 들여쓰기를 할 때 공백 문자 4개를 사용하는 것을 권장한다. 또한 파이썬 에디터는 대부분 탭 문자로 들여쓰기를 하더라도 탭 문자를 공백 문자 4개로 자동 변환하는 기능을 갖추고 있다.

조건문 다음에 콜론(:)을 잊지 말자!

if 조건문 뒤에는 반드시 콜론(:)이 붙는다. 어떤 특별한 의미가 있다기보다는 파이썬의 문법 구조이다. 왜 하필 콜론(:)인지 궁금하다면 파이썬을 만든 귀도에게 직접 물어봐야 할 것이다. 앞으로 배울 while이나 for, def, class도 역시 문장의 끝에 콜론(:)이 항상 들어간다. 초보자들은 이 콜론(:)을 빠뜨리는 경우가 많으므로 특히 주의하자.

파이썬이 다른 언어보다 보기 쉽고 소스 코드가 간결한 이유는 바로 콜론(:)을 사용하여 들여쓰기를 하도록 만들었기 때문이다. 하지만 이는 숙련된 프로그래머들이 파이썬을 처음 접할 때 제일 혼란스러워하는 부분이기도 하다. 다른 언어에서는 if 문에 속한 문장들을 {}로 감싸지만, 파이썬에서는 들여쓰기로 해결한다는 점을 기억하자.

조건문이란 무엇인가?

if 조건문에서 '조건문'이란 참과 거짓을 판단하는 문장을 말한다.

앞에서 살펴본 택시 예제에서 조건문은 money가 된다.

```
>>> money = True
>>> if money:
```

money는 True이기 때문에 조건이 참이 되어 if 문 다음 문장을 수행한다.

비교 연산자

이번에는 소선문에 비교 연산자(<, >, ==, !=, >=, <=)를 쓰는 방법에 대해 알아보자.

오른쪽 표는 비교 연산자를 잘 설명해 준다.

비교 연산자	설명
x < y	x가 y보다 작다.
x > y	x가 y보다 크다.
x == y	x와 y가 같다.
x != y	x와 y가 같지 않다.
x >= y	x가 y보다 크거나 같다.
x <= y	x가 y보다 작거나 같다.

이제 이 연산자를 어떻게 사용하는지 알아보자.

```
>>> x = 3
>>> y = 2
>>> x > y   ← 3 > 2
True
```

x에 3, y에 2를 대입한 후 x > y라는 조건문을 수행하면 True를 리턴한다. x > y 조건문이 참이기 때문이다.

```
>>> x < y   ← 3 < 2
False
```

위 조건문은 거짓이기 때문에 False를 리턴한다.

```
>>> x == y   ← 3 == 2
False
```

x와 y는 같지 않다. 따라서 위 조건문은 거짓이므로 False를 리턴한다.

```
>>> x != y   ← 3 != 2
True
```

x와 y는 같지 않다. 따라서 위 조건문은 참이므로 True를 리턴한다.

사용법을 알아봤으므로 이제 응용해 보자. 앞에서 살펴본 택시 예제를 다음처럼 바꾸려면 어떻게 해야 할까?

> 만약 3000원 이상의 돈을 가지고 있으면 택시를 타고 가고, 그렇지 않으면 걸어가라.

이 상황은 다음처럼 프로그래밍할 수 있다.

```
>>> money = 2000    ← 2,000원을 가지고 있다고 설정
>>> if money >= 3000:
...     print("택시를 타고 가라")
... else:
...     print("걸어가라")
...
걸어가라
```

money >= 3000 조건문이 거짓이 되기 때문에 else 문 다음 문장을 수행하게 된다.

and, or, not

조건을 판단하기 위해 사용하는 다른 연산자로는 and, or, not이 있다. 각각 의 연산자는 오른쪽처럼 동작한다.

연산자	설명
x or y	x와 y 둘 중 하나만 참이어도 참이다.
x and y	x와 y 모두 참이어야 참이다.
not x	x가 거짓이면 참이다.

다음 예를 통해 or 연산자의 사용법을 알아보자.

> 돈이 3000원 이상 있거나 카드가 있다면 택시를 타고 가고, 그렇지 않으면 걸어가라.

```
>>> money = 2000    ← 2,000원을 가지고 있다고 설정
>>> card = True    ← 카드를 가지고 있다고 설정
>>> if money >= 3000 or card:
...     print("택시를 타고 가라")
... else:
...     print("걸어가라")
...
택시를 타고 가라
```

money는 2000이지만, card가 True이기 때문에 money >= 3000 or card 조건문이 참이 된다. 따라서 if 문에 속한 '택시를 타고 가라' 문장이 출력된다.

in, not in

파이썬은 다른 프로그래밍 언어에서 쉽게 볼 수 없는 재미 있는 조건문도 제공한다. 바로 오른쪽과 같은 것들이다.

in	not in
x in 리스트	x not in 리스트
x in 튜플	x not in 튜플
x in 문자열	x not in 문자열

영어 단어 in의 뜻이 '~안에'라는 것을 생각해 보면 다음 예가 쉽게 이해될 것이다.

```
>>> 1 in [1, 2, 3]   ← 1이 [1, 2, 3] 안에 있는가?
True
>>> 1 not in [1, 2, 3]   ← 1이 [1, 2, 3] 안에 없는가?
False
```

앞에서 첫 번째 예는 '[1, 2, 3]이라는 리스트 안에 1이 있는가?'라는 조건문이다. 1은 [1, 2, 3] 안에 있으므로 참이 되어 True를 리턴한다. 두 번째 예는 '[1, 2, 3] 리스트 안에 1이 없는 가?'라는 조건문이다. 1은 [1, 2, 3] 안에 있으므로 거짓이 되어 False를 리턴한다.

다음은 튜플과 문자열에 in과 not in을 적용한 예이다. 각각의 결과가 나온 이유는 쉽게 유추 할 수 있다.

```
>>> 'a' in ('a', 'b', 'c')
True
>>> 'j' not in 'python'
True
```

이번에는 우리가 계속 사용해 온 택시 예제에 in을 적용해 보자.

> 만약 주머니에 돈이 있으면 택시를 타고 가고, 없으면 걸어가라.

```
>>> pocket = ['paper', 'cellphone', 'money']  ← 주머니 안에 종이, 휴대전화, 돈이 있다.
>>> if 'money' in pocket:
...     print("택시를 타고 가라")
... else:
...     print("걸어가라")
...
택시를 타고 가라
```

['paper', 'cellphone', 'money'] 리스트 안에 'money'가 있으므로 'money' in pocket은 참이 된다. 따라서 if 문에 속한 문장이 수행된다.

 '주머니에 카드가 없다면 걸어가고, 있다면 버스를 타고 가라' 라는 문장을 조건문으로 만들어 보자.

정답 402쪽

 조건문에서 아무 일도 하지 않게 설정하고 싶다면?
가끔 조건문의 참, 거짓에 따라 실행할 행동을 정의할 때나 아무런 일도 하지 않도록 설정하고 싶을 때가 있다. 다음 예를 살펴 보자.

> 주머니에 돈이 있으면 가만히 있고, 주머니에 돈이 없으면 카드를 꺼내라.

이럴 때 사용하는 것이 바로 pass이다. 위 예를 pass를 적용해서 구현해 보자.

```
>>> pocket = ['paper', 'money', 'cellphone']
>>> if 'money' in pocket:
...     pass
... else:
...     print("카드를 꺼내라")
...
```

pocket 리스트 안에 money 문자열이 있기 때문에 if 문 다음 문장인 pass가 수행되고 아무런 결괏값도 보여 주지 않는다.

다양한 조건을 판단하는 elif

if와 else만으로는 다양한 조건을 판단하기 어렵다. 다음 예를 보더라도 if와 else만으로는 조건을 판단하는 데 어려움을 겪게 된다는 것을 알 수 있다.

> 주머니에 돈이 있으면 택시를 타고 가고, 주머니에 돈은 없지만 카드가 있으면 택시를 타고 가고, 돈도 없고 카드도 없으면 걸어가라.

위 문장을 보면 조건을 판단하는 부분이 두 군데 있다. 먼저 주머니에 돈이 있는지를 판단해야 하고 주머니에 돈이 없으면 다시 카드가 있는지 판단해야 한다.

if와 else만으로 위 문장을 표현하려면 다음과 같이 할 수 있다.

```
>>> pocket = ['paper', 'cellphone']   ← 주머니 안에 종이, 휴대전화가 있다.
>>> card = True   ← 카드를 가지고 있다.
>>> if 'money' in pocket:
...     print("택시를 타고 가라")
... else:
...     if card:
...         print("택시를 타고 가라")
...     else:
...         print("걸어가라")
...
택시를 타고 가라
```

언뜻 보기에도 이해하기 어렵고 산만한 느낌이 든다. 이런 복잡함을 해결하기 위해 파이썬에서는 다중 조건 판단을 가능하게 하는 elif를 사용한다.

위 예에 elif를 사용하면 다음과 같이 바꿀 수 있다.

```
>>> pocket = ['paper', 'cellphone']
>>> card = True
>>> if 'money' in pocket:   ← 주머니에 돈이 있으면
...     print("택시를 타고 가라")
... elif card:   ← 주머니에 돈이 없고 카드가 있으면
...     print("택시를 타고 가라")
... else:   ← 주머니에 돈이 없고 카드도 없으면
...     print("걸어가라")
...
택시를 타고 가라
```

즉, elif는 이전 조건문이 거짓일 때 수행된다. if, elif, else를 모두 사용할 때 기본 구조는 다음과 같다.

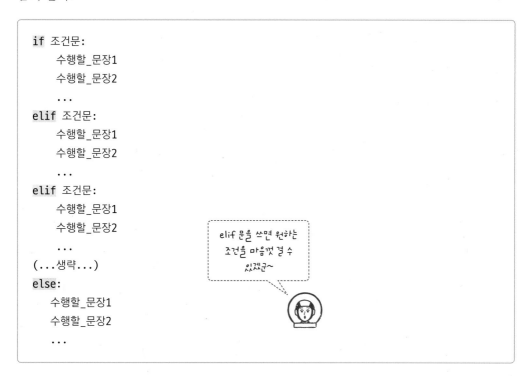

위에서 볼 수 있듯이 elif는 개수에 제한 없이 사용할 수 있다.

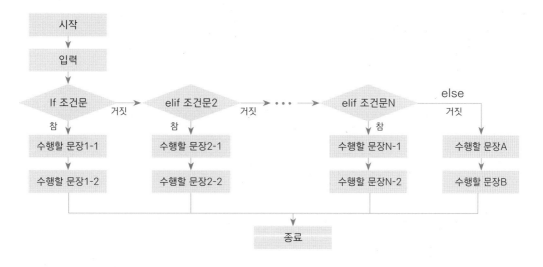

if 문을 한 줄로 작성하기

앞의 pass를 사용한 예를 보면 if 문 다음에 수행할 문장이 한 줄이고 else 문 다음에 수행할 문장도 한 줄밖에 되지 않는다.

```
>>> if 'money' in pocket:
...     pass
... else:
...     print("카드를 꺼내라")
```

이렇게 수행할 문장이 한 줄일 때 좀 더 간략하게 코드를 작성하는 방법이 있다.

```
>>> pocket = ['paper', 'money', 'cellphone']
>>> if 'money' in pocket: pass
... else: print("카드를 꺼내라")
```

if 문 다음에 수행할 문장을 콜론(:) 뒤에 바로 적었다. else 문 역시 마찬가지이다.

조건부 표현식

다음 코드를 살펴보자. score가 60 이상일 경우 message에 문자열 "success", 아닐 경우에는 문자열 "failure"를 대입하는 코드이다.

```
if score >= 60:
    message = "success"
else:
    message = "failure"
```

파이썬의 조건부 표현식conditional expression을 사용하면 위 코드를 다음과 같이 간단히 표현할 수 있다.

```
message = "success" if score >= 60 else "failure"
```

조건부 표현식은 다음과 같이 정의한다.

```
변수 = 조건문이_참인_경우의_값 if 조건문 else 조건문이_거짓인_경우의_값
```

조건부 표현식은 가독성에 유리하고 한 줄로 작성할 수 있어 활용성이 좋다.

03-2

while 문

문장을 반복해서 수행해야 할 경우 while 문을 사용한다. 그래서 while 문을 '반복문'이라고도 부른다.

while 문의 기본 구조

다음은 while 문의 기본 구조이다.

```
while 조건문:
    수행할_문장1
    수행할_문장2
    수행할_문장3
    ...
```

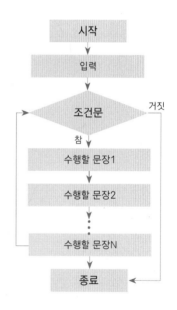

while 문은 조건문이 참인 동안 while 문에 속한 문장들이 반복해서 수행된다.

'열 번 찍어 안 넘어가는 나무 없다'라는 속담을 파이썬 프로그램으로 만들면 다음과 같다.

```
>>> treeHit = 0    ← 나무를 찍은 횟수
>>> while treeHit < 10:    ← 나무를 찍은 횟수가 10보다 작은 동안 반복
...     treeHit = treeHit + 1    ← 나무를 찍은 횟수 1씩 증가
...     print("나무를 %d번 찍었습니다." % treeHit)
...     if treeHit == 10:    ← 나무를 열 번 찍으면
...         print("나무 넘어갑니다.")
...
나무를 1번 찍었습니다.
나무를 2번 찍었습니다.
```

```
나무를  3번  찍었습니다.
나무를  4번  찍었습니다.
나무를  5번  찍었습니다.
나무를  6번  찍었습니다.
나무를  7번  찍었습니다.
나무를  8번  찍었습니다.
나무를  9번  찍었습니다.
나무를  10번  찍었습니다.
나무  넘어갑니다.
```

위 예에서 while 문의 조건문은 treeHit 〈 10이다. 즉, treeHit가 10보다 작은 동안 while 문에 포함된 문장들을 계속 수행한다. whlie문 안의 문장을 보면 가장 먼저 treeHit = treeHit + 1로 treeHit 값이 계속 1씩 증가한다는 것을 알 수 있다. 그리고 나무를 treeHit번만큼 찍었다는 것을 알리는 문장을 출력하고 treeHit가 10이 되면 "나무 넘어갑니다."라는 문장을 출력한다. 그러고 나면 treeHit 〈 10 조건문이 거짓이 되므로 while 문을 빠져나가게 된다.

◆ treeHit = treeHit + 1은 프로그래밍을 할 때 매우 자주 사용하는 기법이다. treeHit 값을 1만큼씩 증가시킬 목적으로 사용하며 treeHit += 1처럼 작성해도 된다.

다음은 while 문이 반복되는 과정을 순서대로 정리한 표이다. 이렇게 긴 과정을 소스 코드 단 5줄로 만들 수 있다니 놀랍지 않은가?

treeHit	조건문	조건 판단	수행하는 문장	while 문
0	0 〈 10	참	나무를 1번 찍었습니다.	반복
1	1 〈 10	참	나무를 2번 찍었습니다.	반복
2	2 〈 10	참	나무를 3번 찍었습니다.	반복
3	3 〈 10	참	나무를 4번 찍었습니다.	반복
4	4 〈 10	참	나무를 5번 찍었습니다.	반복
5	5 〈 10	참	나무를 6번 찍었습니다.	반복
6	6 〈 10	참	나무를 7번 찍었습니다.	반복
7	7 〈 10	참	나무를 8번 찍었습니다.	반복
8	8 〈 10	참	나무를 9번 찍었습니다.	반복
9	9 〈 10	참	나무를 10번 찍었습니다. 나무 넘어갑니다.	반복
10	10 〈 10	거짓		종료

while 문 만들기

이번에는 여러 가지 선택지 중 하나를 선택해서 입력받는 예제를 만들어 보자. 먼저 다음과
같이 여러 줄짜리 문자열을 만들자.

```
>>> prompt = """
... 1. Add
... 2. Del
... 3. List
... 4. Quit
...
... Enter number: """
```

이어서 number 변수에 0을 먼저 대입한다. 이렇게 변수를 먼저 설정해 놓지 않으면 다음에
나올 while 문의 조건문인 number != 4에서 변수가 존재하지 않는다는 오류가 발생한다.

```
>>> number = 0    ← 번호를 입력받을 변수
>>> while number != 4:    ← 입력받은 번호가 4가 아닌 동안 반복
...     print(prompt)
...     number = int(input())
...
1. Add ──┐
2. Del   │
3. List  ├── 변수 prompt 출력
4. Quit ──┘

Enter number:
```

while 문을 보면 number가 4가 아닌 동안 prompt를 출력하고 사용자로부터 번호를 입력받
는다. 다음 결과 화면처럼 사용자가 값 4를 입력하지 않으면 계속해서 prompt를 출력한다.

◆ 여기에서 number = int(input())는 사용자의 숫자 입력을 받아들이는 것이라고만 알아 두자. int나 input 함수에 대한 내용은 뒤에 나
오는 내장 함수 부분에서 자세하게 다룬다.

```
Enter number:
1   ← 1 입력

1. Add ┐
2. Del │
       ├── 4를 입력하지 않으면 계속 prompt의 값 출력
3. List │
4. Quit ┘
```

4를 입력하면 조건문이 거짓이 되어 while 문을 빠져나가게 된다.

```
Enter number:
4    ← 4 입력
>>>  ← while 문 종료
```

while 문 강제로 빠져나가기

while 문은 조건문이 참인 동안 계속 while 문 안의 내용을 반복적으로 수행한다. 하지만 강제로 while 문을 빠져나가고 싶을 때가 있다.

예를 들어 커피 자판기를 생각해 보자. 자판기 안에 커피가 충분히 있을 때 동전을 넣으면 커피가 나온다. 그런데 자판기가 제대로 작동하려면 커피가 얼마나 남았는지 항상 검사해야 한다. 만약 커피가 떨어졌다면 판매를 중단하고 '판매 중지' 문구를 사용자에게 보여 주어야 한다. 이렇게 판매를 강제로 멈추게 하는 것이 바로 break 문이다.

다음 예는 커피 자판기 이야기를 파이썬 프로그램으로 표현해 본 것이다.

```
>>> coffee = 10      ← 자판기에 커피가 10개 있다.
>>> money = 300      ← 자판기에 넣을 돈은 300원이다.
>>> while money:
...     print("돈을 받았으니 커피를 줍니다.")
...     coffee = coffee - 1  ← while문을 한 번 돌 때마다 커피가 1개씩 줄어든다.
...     print("남은 커피의 양은 %d개입니다." % coffee)
...     if coffee == 0:
...         print("커피가 다 떨어졌습니다. 판매를 중지합니다.")
...         break
...
```

money가 300으로 고정되어 있고 while money:에서 조건문인 money는 0이 아니기 때문에 항상 참이다. 따라서 무한히 반복되는 무한 루프를 돌게 된다. 그리고 while 문의 내용을 한 번 수행할 때마다 coffee = coffee - 1에 의해 coffee의 개수가 1개씩 줄어든다. 만약 coffee가 0이 되면 if coffee == 0: 문장에서 coffee == 0이 참이 되므로 if 문 다음 문장 "커피가 다 떨어졌습니다. 판매를 중지합니다."가 출력되고 break 문이 호출되어 while 문을 빠져나가게 된다.

하지만 실제 자판기는 위 예처럼 작동하지는 않을 것이다. 다음은 자판기의 실제 작동 과정과 비슷하게 만들어 본 예이다. 다음 예는 조금 복잡하므로 대화형 인터프리터를 사용하지 말고 IDLE 에디터를 사용해서 작성해 보자.

coffee.py

```
coffee = 10
while True:
    money = int(input("돈을 넣어 주세요: "))
    if money == 300:
        print("커피를 줍니다.")
        coffee = coffee - 1
    elif money > 300:
        print("거스름돈 %d를 주고 커피를 줍니다." % (money - 300))
        coffee = coffee - 1
    else:
        print("돈을 다시 돌려 주고 커피를 주지 않습니다.")
        print("남은 커피의 양은 %d개입니다." % coffee)
    if coffee == 0:
        print("커피가 다 떨어졌습니다. 판매를 중지합니다.")
        break
```

복잡하고 긴 소스 코드는
에디터에 쓰는 게
실습할 때 편하네!

위 프로그램 소스를 따로 설명하지는 않겠다. 여러분이 소스를 입력하면서 무슨 내용인지 이해할 수 있다면 지금까지 배운 if 문이나 while 문을 이해했다고 보면 된다. 만약 money = int(input("돈을 넣어 주세요: ")) 문장이 이해되지 않는다면 이 문장은 사용자로부터 값을 입력받는 부분이고 입력받은 숫자를 money 변수에 대입하는 것이라고만 알아 두자.

이제 coffee.py 파일을 저장한 후 명령 프롬프트 창을 열어 프로그램을 직접 실행해 보자.

◆ 프로그램 소스를 에디터로 작성해서 실행하는 방법이 기억나지 않는다면 01-6절을 참고하기 바란다.

다음과 같은 입력란이 나타난다.

```
C:\doit>python coffee.py
돈을 넣어 주세요:
```

입력란에 여러 숫자를 입력해 보면서 결과를 확인하자.

```
돈을 넣어 주세요: 500    ← 500 입력
거스름돈 200를 주고 커피를 줍니다.
돈을 넣어 주세요: 300    ← 300 입력
커피를 줍니다.
돈을 넣어 주세요: 100    ← 100 입력
돈을 다시 돌려 주고 커피를 주지 않습니다.
남은 커피의 양은 8개입니다.
돈을 넣어 주세요:
```

while 문의 맨 처음으로 돌아가기

while 문 안의 문장을 수행할 때 입력 조건을 검사해서 조건에 맞지 않으면 while 문을 빠져나간다. 그런데 프로그래밍을 하다 보면 while 문을 빠져나가지 않고 while 문의 맨 처음(조건문)으로 다시 돌아가게 만들고 싶은 경우가 생기게 된다. 이때 사용하는 것이 바로 continue 문이다.

1부터 10까지의 숫자 중에서 홀수만 출력하는 것을 while 문을 사용해서 작성한다고 생각해 보자. 어떤 방법이 좋을까?

```
>>> a = 0
>>> while a < 10:
...     a = a + 1
...     if a % 2 == 0: continue   ← a를 2로 나누었을 때 나머지가 0이면 맨 처음으로 돌아간다.
...     print(a)
...
1
3
5
7
9
```

위는 1부터 10까지의 숫자 중 홀수만 출력하는 예이다. a가 10보다 작은 동안 a는 1만큼씩 계속 증가한다. a % 2 == 0(a를 2로 나누었을 때 나머지가 0인 경우)이 참이 되는 경우는 a가 짝수일 때이다. 즉, a가 짝수이면 continue 문을 수행한다. 이 continue 문은 while 문의 맨 처음인 조건문(a < 10)으로 돌아가게 하는 명령어이다. 따라서 위 예에서 a가 짝수이면 print(a) 문장은 수행되지 않을 것이다.

 1부터 10까지의 숫자 중에서 3의 배수를 뺀 나머지 값을 출력해 보자.

정답 402쪽

무한 루프

이번에는 무한 루프^{endless loop}에 대해 알아보자. 무한 루프란 무한히 반복한다는 의미이다. 우리가 사용하는 일반 프로그램 중에서 무한 루프 개념을 사용하지 않는 프로그램은 거의 없다. 그만큼 자주 사용한다는 뜻이다.

파이썬에서 무한 루프는 while 문으로 구현할 수 있다. 다음은 무한 루프의 기본 형태이다.

```
while True:
    수행할_문장1
    수행할_문장2
    ...
```

while 문의 조건문이 True이므로 항상 참이 된다. 따라서 while 문 안에 있는 문장들은 무한히 수행될 것이다.

다음은 무한 루프의 예이다.

```
>>> while True:
...     print("Ctrl+C를 눌러야 while 문을 빠져나갈 수 있습니다.")
...
Ctrl+C를 눌러야 while 문을 빠져나갈 수 있습니다.
Ctrl+C를 눌러야 while 문을 빠져나갈 수 있습니다.
Ctrl+C를 눌러야 while 문을 빠져나갈 수 있습니다.
(...생략...)
```

위 문장은 영원히 출력된다. 하지만 이 예처럼 아무 의미 없이 무한 루프를 돌리는 경우는 거의 없을 것이다. Ctrl + C를 눌러 빠져나가자.

03-3
for 문

파이썬의 직관적인 특징을 가장 잘 보여 주는 것이 바로 이 for 문이다. while 문과 비슷한 반복문인 for 문은 문장 구조가 한눈에 들어온다는 장점이 있다. for 문을 잘 사용하면 프로그래밍이 즐거워질 것이다.

for 문의 기본 구조

for 문의 기본 구조는 다음과 같다.

```
for 변수 in 리스트(또는 튜플, 문자열):
    수행할_문장1
    수행할_문장2
    ...
```

리스트나 튜플, 문자열의 첫 번째 요소부터 마지막 요소까지 차례로 변수에 대입되어 '수행할_문장1', '수행할_문장2' 등이 수행된다.

예제를 통해 for 문 이해하기

for 문은 예제를 통해서 살펴보는 것이 가장 알기 쉽다. 다음 예제를 직접 입력해 보자.

1. 전형적인 for 문

```
>>> test_list = ['one', 'two', 'three']
>>> for i in test_list:    < one, two, three를 순서대로 i에 대입
...     print(i)
...
one
two
three
```

['one', 'two', 'three'] 리스트의 첫 번째 요소인 'one'이 먼저 i 변수에 대입된 후 print(i) 문장을 수행한다. 다음에 두 번째 요소 'two'가 i 변수에 대입된 후 print(i) 문장을 수행하고 리스트의 마지막 요소까지 이것을 반복한다.

2. 다양한 for 문의 사용

```
>>> a = [(1, 2), (3, 4), (5, 6)]
>>> for (first, last) in a:
...     print(first + last)
...
3   ← first: 1, last: 2
7   ← first: 3, last: 4
11  ← first: 5, last: 6
```

위 예는 a 리스트의 요솟값이 튜플이기 때문에 각각의 요소가 자동으로 (first, last) 변수에 대입된다.

3. for 문의 응용

for 문의 쓰임새를 알기 위해 다음과 같은 문제를 생각해 보자.

> 총 5명의 학생이 시험을 보았는데 시험 점수가 60점 이상이면 합격이고 그렇지 않으면 불합격이다. 합격인지, 불합격인지 결과를 보여 주시오.

먼저 학생 5명의 시험 점수를 리스트로 표현해 보자.

```
marks = [90, 25, 67, 45, 80]
```

1번 학생은 90점이고 5번 학생은 80점이다.

이런 점수를 차례로 검사해서 합격했는지, 불합격했는지 통보해 주는 프로그램을 만들어 보자. IDLE 에디터로 작성하자.

marks1.py

```python
marks = [90, 25, 67, 45, 80]          # 학생들의 시험 점수 리스트

number = 0                            # 학생에게 붙여 줄 번호
for mark in marks:                    # 90, 25, 67, 45, 80을 순서대로 mark에 대입
    number = number + 1
    if mark >= 60:
        print("%d번 학생은 합격입니다." % number)
    else:
        print("%d번 학생은 불합격입니다." % number)
```

각각의 학생에게 번호를 붙여 주기 위해 number 변수를 사용하였다. 점수 리스트 marks에서 차례로 점수를 꺼내어 mark라는 변수에 대입하고 for 문 안의 문장들을 수행한다. 먼저 for 문이 한 번씩 수행될 때마다 number는 1씩 증가한다.

이 프로그램을 실행하면 mark가 60 이상일 때 합격 메시지를 출력하고 60을 넘지 않을 때 불합격 메시지를 출력한다. 명령 프롬프트 창을 열어 실행해 보자.

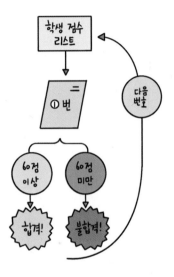

```
C:\doit>python marks1.py
1번 학생은 합격입니다.
2번 학생은 불합격입니다.
3번 학생은 합격입니다.
4번 학생은 불합격입니다.
5번 학생은 합격입니다.
```

for 문과 continue 문

while 문에서 살펴본 continue 문을 for 문에서도 사용할 수 있다. 즉, for 문 안의 문장을 수행하는 도중 continue 문을 만나면 for 문의 처음으로 돌아가게 된다.

앞에서 for 문 응용 예제를 그대로 사용해서 60점 이상인 사람에게는 축하 메시지를 보내고 나머지 사람에게는 아무런 메시지도 전하지 않는 프로그램을 IDLE 에디터로 작성해 보자.

```
marks = [90, 25, 67, 45, 80]

number = 0
for mark in marks:
    number = number + 1
    if mark < 60:
        continue
    print("%d번 학생 축하합니다. 합격입니다. " % number)
```

점수가 60점 이하인 학생인 경우에는 mark < 60이 참이 되어 continue 문이 수행된다. 따라서 축하 메시지를 출력하는 부분인 print 문을 수행하지 않고 for 문의 처음으로 돌아가게 된다.

```
C:\doit>python marks2.py
1번 학생 축하합니다. 합격입니다.
3번 학생 축하합니다. 합격입니다.
5번 학생 축하합니다. 합격입니다.
```

for 문과 함께 자주 사용하는 range 함수

for 문은 숫자 리스트를 자동으로 만들어 주는 range 함수와 함께 사용하는 경우가 많다. 다음은 range 함수의 간단한 사용법이다.

```
>>> a = range(10)
>>> a
range(0, 10)  ←  0, 1, 2, 3, 4, 5, 6, 7, 8, 9
```

range(10)은 0부터 10 미만의 숫자를 포함하는 range 객체를 만들어 준다.

시작 숫자와 끝 숫자를 지정하려면 range(시작_숫자, 끝_숫자) 형태를 사용하는데, 이때 끝 숫자는 포함되지 않는다.

```
>>> a = range(1, 11)
>>> a
range(1, 11)  ←  1, 2, 3, 4, 5, 6, 7, 8, 9, 10
```

range 함수의 예시 살펴보기

for와 range 함수를 사용하면 1부터 10까지 더하는 것을 다음과 같이 쉽게 구현할 수 있다.

```
>>> add = 0
>>> for i in range(1, 11):
...     add = add + i
...
>>> print(add)
55
```

range(1, 11)은 숫자 1부터 10까지(1 이상 11 미만)의 숫자를 데이터로 가지는 객체이다. 따라서 위 예에서 i 변수에 숫자가 1부터 10까지 하나씩 차례로 대입되면서 add = add + i 문장을 반복적으로 수행하고 add는 최종적으로 55가 된다.

또한 우리가 앞에서 살펴본 합격 축하 문장을 출력하는 예제도 range 함수를 사용해서 다음과 같이 바꿀 수 있다.

marks3.py

```
marks = [90, 25, 67, 45, 80]
for number in range(len(marks)):
    if marks[number] < 60:
        continue     # 점수가 60점 미만이면 맨 처음으로 돌아간다.
    print("%d번 학생 축하합니다. 합격입니다." % (number + 1))
```

len는 리스트 안의 요소 개수를 리턴하는 함수이다. 따라서 len(marks)는 5, range(len (marks))는 range(5)가 될 것이다. number 변수에는 차례로 0부터 4까지의 숫자가 대입되고 marks[number]는 차례대로 90, 25, 67, 45, 80 값을 가지게 된다. 결과는 marks2.py 예제와 동일하다.

 for 문과 range 함수를 사용하여 1부터 100까지 더해 보자.

정답 402쪽

for와 range를 이용한 구구단

for와 range 함수를 사용하면 소스 코드 단 4줄만으로 구구단을 출력할 수 있다. 들여쓰기에 주의하면서 입력해 보자.

```
>>> for i in range(2, 10):        ← ①번 for 문
...     for j in range(1, 10):    ← ②번 for 문
...         print(i*j, end=" ")
...     print('')
...
2 4 6 8 10 12 14 16 18
3 6 9 12 15 18 21 24 27
4 8 12 16 20 24 28 32 36
5 10 15 20 25 30 35 40 45
6 12 18 24 30 36 42 48 54
7 14 21 28 35 42 49 56 63
8 16 24 32 40 48 56 64 72
9 18 27 36 45 54 63 72 81
```

위 예를 보면 for 문을 두 번 사용했다. ①번 for 문에서 2부터 9까지의 숫자(range(2, 10))가 차례대로 i에 대입된다. i가 처음 2일 때 ②번 for 문을 만나게 된다. ②번 for 문에서 1부터 9까지의 숫자(range(1, 10))가 j에 대입되고 그다음 문장인 print(i*j, end=" ")를 수행한다. 따라서 i가 2일 때 2 * 1, 2 * 2, 2 * 3, ⋯ 2 * 9까지 차례대로 수행되며 그 값을 출력하게 된다. 그다음으로 i가 3일 때 역시 2일 때와 마찬가지로 수행될 것이고 i가 9일 때까지 계속 반복된다.

i가 2일 때

i	j	i*j
2	1	2
	2	4
	3	8
	4	8
	5	10
	6	12
	7	14
	8	16
	9	18
②번 for 문 종료		

i가 3일 때

i	j	i*j
3	1	3
	2	6
	3	9
	4	12
	5	15
	6	18
	7	21
	8	24
	9	27
②번 for 문 종료		

i가 4일 때

i	j	i*j
4	1	4
	2	8
	3	12
	4	16
	5	20
	6	24
	7	28
	8	32
	9	36
②번 for 문 종료		

· · ·

i가 9일 때

i	j	i*j
9	1	9
	2	18
	3	27
	4	36
	5	45
	6	54
	7	63
	8	72
	9	81
전체 for 문 종료		

print(i*j, end=" ")와 같이 print 함수에 end 파라미터를 설정한 이유는 해당 결괏값을 출력할 때 다음 줄로 넘기지 않고 그 줄에 계속 출력하기 위해서이다. 그다음에 이어지는 print("")는 2단, 3단 등을 구분하기 위해 사용했다. 두 번째 for 문이 끝나면 결괏값을 다음 줄부터 출력하게 하는 역할을 한다.

◈ print 문의 end 매개변수에는 줄바꿈 문자(\n)가 기본값으로 설정되어 있다.

◈ print 문은 04-2에서 보다 자세히 다룬다.

리스트 컴프리헨션 사용하기

리스트 안에 for 문을 포함하는 리스트 컴프리헨션list comprehension을 사용하면 좀 더 편리하고 직관적인 프로그램을 만들 수 있다. 다음 예제를 살펴보자.

```
>>> a = [1, 2, 3, 4]
>>> result = []
>>> for num in a:
...     result.append(num*3)
...
>>> print(result)
[3, 6, 9, 12]
```

위 예제에서는 a 리스트의 각 항목에 3을 곱한 결과를 result 리스트에 담았다.

리스트 컴프리헨션을 사용하면 다음과 같이 좀 더 간단하게 작성할 수 있다.

```
>>> a = [1, 2, 3, 4]
>>> result = [num*3 for num in a]
>>> print(result)
[3, 6, 9, 12]
```

만약 [1, 2, 3, 4] 중에서 짝수에만 3을 곱하여 담고 싶다면 리스트 컴프리헨션 안에 'if 조건문'을 사용하면 된다.

```
>>> a = [1, 2, 3, 4]
>>> result = [num*3 for num in a if num%2 == 0]
>>> print(result)
[6, 12]
```

리스트 컴프리헨션의 문법은 다음과 같다. 'if 조건문' 부분은 앞의 예제에서 볼 수 있듯이 생략할 수 있다.

```
[표현식 for 항목 in 반복_가능_객체 if 조건문]
```

조금 복잡하지만, for 문을 2개 이상 사용하는 것도 가능하다. for 문을 여러 개 사용할 때의 문법은 다음과 같다.

```
[표현식 for 항목1 in 반복_가능_객체1 if 조건문1
       for 항목2 in 반복_가능_객체2 if 조건문2
       ...
       for 항목n in 반복_가능_객체n if 조건문n]
```

만약 구구단의 모든 결과를 리스트에 담고 싶다면 리스트 컴프리헨션을 사용하여 다음과 같이 간단하게 구현할 수도 있다.

```
>>> result = [x*y for x in range(2, 10)
...                 for y in range(1, 10)]
>>> print(result)
[2, 4, 6, 8, 10, 12, 14, 16, 18, 3, 6, 9, 12, 15, 18, 21, 24, 27, 4, 8, 12, 16,
20, 24, 28, 32, 36, 5, 10, 15, 20, 25, 30, 35, 40, 45, 6, 12, 18, 24, 30, 36, 42
, 48, 54, 7, 14, 21, 28, 35, 42, 49, 56, 63, 8, 16, 24, 32, 40, 48, 56, 64, 72,
9, 18, 27, 36, 45, 54, 63, 72, 81]
```

지금까지 우리는 프로그램 흐름을 제어하는 if 문, while 문, for 문에 대해 알아보았다. 아마도 여러분은 while 문과 for 문을 보면서 2가지가 매우 비슷하다는 느낌을 받았을 것이다. 실제로 for 문으로 작성한 코드를 while 문으로 바꿀 수 있는 경우도 많고 while 문을 for 문으로 바꾸어서 사용할 수 있는 경우도 많다.

되/새/김/문/제

긴 호흡으로 공부하신 여러분!
포기하지 말고 되새김 문제를 통해
실력을 점프해 보세요!

■ 03장의 정답 및 풀이는 407~408쪽에 있습니다.

Q1 조건문의 참과 거짓

다음 코드의 결괏값은 무엇일까?

```
a = "Life is too short, you need python"

if "wife" in a: print("wife")
elif "python" in a and "you" not in a: print("python")
elif "shirt" not in a: print("shirt")
elif "need" in a: print("need")
else: print("none")
```

Q2 3의 배수의 합 구하기

while 문을 사용해 1부터 1000까지의 자연수 중 3의 배수의 합을 구해 보자.

```
result = 0
i = 1
while i <= 1000:
    if
        result += i
    i += 1

print(result)  ← 166833 출력
```

3으로 나누어떨어지는
수가 3의 배수야

03장 • 프로그램의 구조를 쌓는다! 제어문 **149**

Q3 별 표시하기

while 문을 사용하여 다음과 같이 별(*)을 표시하는 프로그램을 작성해 보자.

```
i = 0
while True:
    i += 1    ← while 문을 수행할 때 1씩 증가
    if                    :break   ← i 값이 5를 초과하면 while 문을 벗어난다.
    print(              )   ← i 값의 개수만큼 '*'을 출력
```

실행 결과

```
*
**
***
****
*****
```

Q4 1부터 100까지 출력하기

for 문을 사용해 1부터 100까지의 숫자를 출력해 보자.

```
>>> for i in
...     print(i)
...
1
2
3
4
5
6
7
8
9
10
(...생략...)
```

Q5 평균 점수 구하기

A 학급에 총 10명의 학생이 있다. 이 학생들의 중간고사 점수는 다음과 같다.

```
[70, 60, 55, 75, 95, 90, 80, 80, 85, 100]
```

for 문을 사용하여 A 학급의 평균 점수를 구해 보자.

```
A = [70, 60, 55, 75, 95, 90, 80, 80, 85, 100]
total = 0
for score in A:
    total +=
average =
print(average)
```

> 모든 학생의 점수를 더해 총 학생 수로 나누면 평균 점수를 구할 수 있겠어!

Q6 리스트 컴프리헨션 사용하기

다음 소스 코드는 리스트의 요소 중에서 홀수만 골라 2를 곱한 값을 result 리스트에 담는 예제이다.

```
numbers = [1, 2, 3, 4, 5]
result = []
for n in numbers:
    if n % 2 == 1:
        result.append(n * 2)
```

이 코드를 리스트 컴프리헨션을 사용하여 표현해 보자.

```
numbers = [1, 2, 3, 4, 5]
result =
print(result)
```

04

파이썬의
입출력

지금까지 공부한 내용을 바탕으로 함수, 입출력, 파일 처리 방법 등에 대해서 알아
보자. 입출력은 프로그래밍 설계와 관련이 있다. 프로그래머는 프로그램을 만들기
전에 어떤 식으로 동작하게 할 것인지 설계부터 하는데, 이때 가장 중요한 부분이
바로 입출력이다. 특정 프로그램만 사용하는 함수를 만들 것인지, 모든 프로그램
이 공통으로 사용하는 함수를 만들 것인지, 더 나아가 오픈 API로 공개하여 외부
프로그램도 사용할 수 있게 만들 것인지가 모두 입출력과 관련 있다.

04-1

함수

파이썬에서 함수를 이해하는 것은 매우 중요하다. 먼저 함수란 무엇인지 알아보자.

함수란 무엇인가?

함수를 설명하기 전에 믹서를 생각해 보자. 우리는 믹서에 과일을 넣는다. 그리고 믹서를 사용해서 과일을 갈아 과일 주스를 만든다. 우리가 믹서에 넣는 과일은 '입력', 과일 주스는 '출력(결괏값)'이 된다.

그렇다면 믹서는 무엇일까?

믹서는 과일을 입력받아 주스를 출력하는 함수와 같다.

우리가 배우려는 함수가 바로 믹서와 비슷하다. 입력값을 가지고 어떤 일을 수행한 후 그 결과물을 내어 놓는 것이 바로 함수가 하는 일이다. 우리는 어려서부터 함수에 대해 공부했지만, 함수에 관해 깊이 생각해 본 적은 별로 없을 것이다. 예를 들어 y = 2x + 3도 함수이다. 하지만 이를 수학 시간에 배운 직선 그래프로만 알고 있을 뿐, 입력값(x)에 따라 출력값(y)이 변하는 함수라는 사실에 대해서는 관심을 두지 않았을 것이다.

이제 우리는 함수에 대해 좀 더 생각해 봐야 한다. 프로그래밍에서 함수는 정말 중요하기 때문이다. 파이썬 함수의 세계로 깊이 들어가 보자.

함수를 사용하는 이유는 무엇일까?

프로그래밍을 하다 보면 똑같은 내용을 반복해서 작성하고 있는 자신을 발견할 때가 종종 있다. 이때가 바로 함수가 필요한 때이다. 즉, 반복되는 부분이 있을 경우, '반복적으로 사용되는 가치 있는 부분'을 한 뭉치로 묶어 '어떤 입력값을 주었을 때 어떤 결괏값을 리턴해 준다'라는 식의 함수로 작성하는 것이다.

함수를 사용하는 또 다른 이유는 자신이 작성한 프로그램을 기능 단위의 함수로 분리해 놓으면 프로그램 흐름을 일목요연하게 볼 수 있기 때문이다. 마치 공장에서 원재료가 여러 공정을 거쳐 하나의 완제품이 되는 것처럼 프로그램에서도 입력한 값이 여러 함수를 거치면서 원하는 결괏값을 내는 것을 볼 수 있다. 이렇게 되면 프로그램 흐름도 잘 파악할 수 있고 오류가 어디에서 나는지도 쉽게 알아차릴 수 있다.

파이썬 함수의 구조

파이썬 함수의 구조는 다음과 같다.

```
def 함수_이름(매개변수):
    수행할_문장1
    수행할_문장2
    ...
```

def는 함수를 만들 때 사용하는 예약어이며, 함수 이름은 함수를 만드는 사람이 임의로 만들 수 있다. 함수 이름 뒤 괄호 안의 매개변수는 이 함수에 입력으로 전달되는 값을 받는 변수이다. 이렇게 함수를 정의한 후 if, while, for 문 등과 마찬가지로 함수에서 수행할 문장을 입력한다.

간단하지만 많은 것을 설명해 주는 다음 예를 살펴보자.

```
def add(a, b):
    return a + b
```

위 함수는 다음과 같이 풀이된다.

이 함수의 이름은 add이고 입력으로 2개의 값을 받으며 리턴값(출력값)은 2개의 입력값을 더한 값이다.

여기에서 return은 함수의 결괏값(리턴값)을 리턴하는 명령어이다. 먼저 다음과 같이 add 함수를 만들자.

```
>>> def add(a, b):
...     return a + b
...
>>>
```

이제 직접 add 함수를 사용해 보자.

```
>>> a = 3
>>> b = 4
>>> c = add(a, b)  ← add(3, 4)의 리턴값을 c에 대입
>>> print(c)
7
```

변수 a에 3, b에 4를 대입한 후 앞에서 만든 add 함수에 a와 b를 입력값으로 넣어 준다. 그리고 변수 c에 add 함수의 리턴값을 대입하면 print(c)로 c의 값을 확인할 수 있다.

매개변수와 인수

매개변수^parameter와 인수^arguments는 혼용해서 사용하는 용어이므로 잘 기억해 두자. 매개변수는 함수에 입력으로 전달된 값을 받는 변수, 인수는 함수를 호출할 때 전달하는 입력값을 의미한다.

```
def add(a, b):  ← a, b는 매개변수
    return a + b

print(add(3, 4))  ← 3, 4는 인수
```

같은 의미를 가진 여러 가지 용어에 주의하자

프로그래밍을 공부할 때 어려운 부분 중 하나가 용어의 혼용이라고 할 수 있다. 우리는 공부하면서 원서를 보기도 하고 누군가의 번역본을 보기도 하면서 의미는 같지만 표현이 다른 용어를 자주 만나게 된다. 한 예로 입력값을 다른 말로 함수의 인수, 파라미터, 매개변수 등으로 말하기도 하고, 함수의 리턴값을 결괏값, 출력값, 반환값, 돌려 주는 값 등으로 말하기도 한다. 이렇듯 많은 용어가 여러 가지 다른 말로 표현되지만 의미는 동일한 경우가 많다. 따라서 이런 용어를 기억해 놓아야 머리가 덜 아플 것이다.

◆ 이 책에서는 함수를 사용할 때 입력값, 리턴값이라는 용어로 통일하여 사용한다.

입력값과 리턴값에 따른 함수의 형태

함수는 들어온 입력값을 받은 후 어떤 처리를 하여 적절한 값을 리턴해 준다.

입력값 → 믹서기 (함수) → 리턴값

함수의 형태는 입력값과 리턴값의 존재 유무에 따라 4가지 유형으로 나뉜다. 자세히 알아보자.

일반적인 함수

입력값이 있고 리턴값이 있는 함수가 일반적인 함수이다. 앞으로 여러분이 프로그래밍을 할 때 만들 함수는 대부분 다음과 비슷한 형태일 것이다.

```
def 함수_이름(매개변수):
    수행할_문장
    ...
    return 리턴값
```

다음은 일반적인 함수의 전형적인 예이다.

```
>>> def add(a, b):
...     result = a + b
...     return result   ← a + b의 결괏값 리턴
```

add 함수는 2개의 입력값을 받아 서로 더한 결괏값을 리턴한다.

이 함수를 사용하는 방법은 다음과 같다. 입력값으로 3과 4를 주고 리턴값을 받아 보자.

```
>>> a = add(3, 4)
>>> print(a)
7
```

이처럼 입력값과 리턴값이 있는 함수의 사용법을 정리하면 다음과 같다.

```
리턴값을_받을_변수 = 함수_이름(입력_인수1, 입력_인수2, ...)
```

입력값이 없는 함수

입력값이 없는 함수가 존재할까? 당연히 존재한다. 다음과 같이 작성해 보자.

```
>>> def say():
...     return 'Hi'
```

say라는 이름의 함수를 만들었다. 그런데 매개변수 부분을 나타내는 함수 이름 뒤의 괄호 안이 비어 있다. 이 함수는 어떻게 사용하는 것일까?

다음을 직접 입력해 보자.

```
>>> a = say()
>>> print(a)
Hi
```

위 함수를 쓰기 위해서는 say()처럼 괄호 안에 아무런 값도 넣지 않아야 한다. 이 함수는 입력값은 없지만, 리턴값으로 "Hi"라는 문자열을 리턴한다. 즉, a = say()처럼 작성하면 a에 "Hi"라는 문자열이 대입되는 것이다.

이처럼 입력값이 없고 리턴값만 있는 함수는 다음과 같이 사용한다.

```
리턴값을_받을_변수 = 함수_이름()
```

리턴값이 없는 함수

리턴값이 없는 함수 역시 존재한다. 다음 예를 살펴보자.

```
>>> def add(a, b):
...     print("%d, %d의 합은 %d입니다." % (a, b, a + b))
```

리턴값이 없는 함수는 호출해도 리턴되는 값이 없기 때문에 다음과 같이 사용한다.

```
>>> add(3, 4)
3, 4의 합은 7입니다.
```

즉, 리턴값이 없는 함수는 다음과 같이 사용한다.

> 함수_이름(입력_인수1, 입력_인수2, ...)

아마도 여러분은 '3, 4의 합은 7입니다.'라는 문장을 출력했는데 왜 리턴값이 없다는 것인지 의아하게 생각할 수도 있다. 이 부분을 초보자들이 혼란스러워하는데, print 문은 함수의 구성 요소 중 하나인 '수행할_문장'에 해당하는 부분일 뿐이다. 리턴값은 당연히 없다. 리턴값은 오직 return 명령어로만 돌려받을 수 있다.

이를 확인해 보자. 리턴받을 값을 a 변수에 대입하고 a 값을 출력해 보면 리턴값이 있는지, 없는지 알 수 있다.

```
>>> a = add(3, 4)   ← add 함수의 리턴값을 a에 대입
3, 4의 합은 7입니다.
>>> print(a)   ← a 값 출력
None
```

a 값으로 None이 출력되었다. None이란 '거짓을 나타내는 자료형'이라고 언급한 적이 있다. add 함수처럼 리턴값이 없을 때 a = add(3, 4)처럼 쓰면 함수 add는 리턴값으로 a 변수에 None을 리턴한다. None을 리턴한다는 것은 리턴값이 없다는 것이다.

입력값도, 리턴값도 없는 함수

입력값도, 리턴값도 없는 함수 역시 존재한다. 다음 예를 살펴보자.

```
>>> def say():
...     print('Hi')
```

입력 인수를 받는 매개변수도 없고 return 문도 없으니 입력값도, 리턴값도 없는 함수이다.

이 함수를 사용하는 방법은 단 1가지이다.

```
>>> say()
Hi
```

즉, 입력값도, 리턴값도 없는 함수는 다음과 같이 사용한다.

```
함수_이름()
```

매개변수를 지정하여 호출하기

함수를 호출할 때 매개변수를 지정할 수도 있다. 다음 예를 살펴보자.

```
>>> def sub(a, b):
...     return a - b
```

2개의 숫자를 입력받은 후 첫 번째 수에서 두 번째 수를 뺄셈하여 리턴하는 sub 함수이다. 이 함수는 다음과 같이 매개변수를 지정하여 사용할 수 있다.

```
>>> result = sub(a=7, b=3)  ← a에 7, b에 3을 전달
>>> print(result)
4
```

매개변수를 지정하면 다음과 같이 순서에 상관없이 사용할 수 있다는 장점이 있다.

```
>>> result = sub(b=5, a=3)   ← b에 5, a에 3을 전달
>>> print(result)
-2
```

입력값이 몇 개가 될지 모를 때는 어떻게 해야 할까?

입력값이 여러 개일 때 그 입력값을 모두 더해 주는 함수를 생각해 보자. 하지만 몇 개가 입력될지 모를 때는 어떻게 해야 할까? 아마도 난감할 것이다. 파이썬은 이런 문제를 해결하기 위해 다음과 같은 방법을 제공한다.

```
def 함수_이름(*매개변수):
    수행할_문장
    ...
```

일반적으로 볼 수 있는 함수 형태에서 괄호 안의 매개변수 부분이 *매개변수로 바뀌었다.

여러 개의 입력값을 받는 함수 만들기

다음 예를 통해 여러 개의 입력값을 모두 더하는 함수를 직접 만들어 보자. 예를 들어 add_many(1, 2)이면 3, add_many(1, 2, 3)이면 6, add_many(1, 2, 3, 4, 5, 6, 7, 8, 9, 10)이면 55를 리턴하는 함수를 만들어 보자.

```
>>> def add_many(*args):
...     result = 0
...     for i in args:
...         result = result + i   ← *args에 입력받은 모든 값을 더한다.
...     return result
```

위에서 만든 add_many 함수는 입력값이 몇 개이든 상관없다. *args처럼 매개변수 이름 앞에 *을 붙이면 입력값을 전부 모아 튜플로 만들어 주기 때문이다. 만약 add_many(1, 2, 3)처럼 이 함수를 쓰면 args는 (1, 2, 3)이 되고 add_many(1, 2, 3, 4, 5, 6, 7, 8, 9, 10)처럼 쓰면 args

는 (1, 2, 3, 4, 5, 6, 7, 8, 9, 10)이 된다. 여기에서 *args ◆ args는 인수를 뜻하는 영어 단어 arguments
는 임의로 정한 변수 이름이다. *pey, *python처럼 아 의 약자이며 관례적으로 자주 사용한다.
무 이름이나 써도 된다.

작성한 add_many 함수를 다음과 같이 사용해 보자.

```
>>> result = add_many(1, 2, 3)  ← add_many 함수의 리턴값을 result 변수에 대입
>>> print(result)
6
>>> result = add_many(1, 2, 3, 4, 5, 6, 7, 8, 9, 10)
>>> print(result)
55
```

add_many(1, 2, 3)으로 함수를 호출하면 6을 리턴하고 add_many(1, 2, 3, 4, 5, 6, 7, 8, 9, 10)으로 함수를 호출하면 55를 리턴하는 것을 확인할 수 있다.

여러 개의 입력을 처리할 때 def add_many(*args)처럼 함수의 매개변수로 *args 하나만 사용할 수 있는 것은 아니다. 다음 예를 살펴보자.

```
>>> def add_mul(choice, *args):
...     if choice == "add":  ← 매개변수 choice에 "add"를 입력받았을 때
...         result = 0
...         for i in args:
...             result = result + i  ← args에 입력받은 모든 값을 더한다.
...     elif choice == "mul":  ← 매개변수 choice에 "mul"을 입력받았을 때
...         result = 1
...         for i in args:
...             result = result * i  ← *args에 입력받은 모든 값을 곱한다.
...     return result
```

add_mul 함수는 여러 개의 입력값을 의미하는 *args 매개변수 앞에 choice 매개변수가 추가되어 있다.

이 함수는 다음과 같이 사용할 수 있다.

```
>>> result = add_mul('add', 1, 2, 3, 4, 5)
>>> print(result)
15
>>> result = add_mul('mul', 1, 2, 3, 4, 5)
>>> print(result)
120
```

매개변수 choice에 'add'가 입력된 경우 *args에 입력되는 모든 값을 더해서 15를 리턴하고 'mul'이 입력된 경우 *args에 입력되는 모든 값을 곱해 120을 리턴한다.

◆ 인터프리터에서 작성하기에 소스 코드가 너무 많다면 에디터를 사용해도 된다.

키워드 매개변수, kwargs

이번에는 키워드 매개변수에 대해 알아보자. 키워드 매개변수를 사용할 때는 매개변수 앞에 별 2개(**)를 붙인다. 역시 이것도 예제로 알아보자. 먼저 다음과 같은 함수를 작성해 보자.

```
>>> def print_kwargs(**kwargs):
...     print(kwargs)
```

print_kwargs는 입력받은 매개변수 kwargs를 출력하는 단순한 함수이다. 이제 이 함수를 다음과 같이 사용해 보자.

```
>>> print_kwargs(a=1)
{'a': 1}
>>> print_kwargs(name='foo', age=3)
{'age': 3, 'name': 'foo'}
```

함수의 입력값으로 a=1이 사용되면 kwargs는 {'a': 1}이라는 딕셔너리가 되고 입력값으로 name='foo', age=3이 사용되면 kwargs는 {'age': 3, 'name': 'foo'}라는 딕셔너리가 된다. 즉, **kwargs처럼 매개변수 이름 앞에 **을 붙이면 매개변수 kwargs는 딕셔너리가 되고 모든 Key=Value 형태의 입력값이 그 딕셔너리에 저장된다는 것을 알 수 있다.

◆ kwargs는 'keyword arguments'의 약자이며 args와 마찬가지로 관례적으로 사용한다.

함수의 리턴값은 언제나 하나이다

먼저 다음 함수를 만들어 보자.

```
>>> def add_and_mul(a, b):
...     return a+b, a*b
```

add_and_mul은 2개의 입력 인수를 받아 더한 값과 곱한 값을 리턴하는 함수이다.

이 함수를 다음과 같이 호출하면 어떻게 될까?

```
>>> result = add_and_mul(3, 4)
```

리턴값은 a+b와 a*b인데, 리턴값을 받아들이는 변수는 result 하나만 쓰였으므로 오류가 발생하지 않을까? 당연한 의문이다. 하지만 오류는 발생하지 않는다. 그 이유는 함수의 리턴값은 2개가 아니라 언제나 1개라는 데 있다. add_and_mul 함수의 리턴값 a+b와 a*b는 튜플값 하나인 (a+b, a*b)로 리턴된다.

따라서 result 변수는 다음과 같은 값을 가지게 된다.

```
result = (7, 12)
```

즉, 결괏값으로 (7, 12)라는 튜플 값을 가지게 되는 것이다.

만약 이 하나의 튜플 값을 2개의 값으로 분리하여 받고 싶다면 함수를 다음과 같이 호출하면 된다.

```
>>> result1, result2 = add_and_mul(3, 4)
```

이렇게 호출하면 result1, result2 = (7, 12)가 되어 result1은 7, result2는 12가 된다.

또 다음과 같은 의문이 생길 수도 있다.

```
>>> def add_and_mul(a, b):
...     return a + b
...     return a * b
```

위와 같이 return 문을 2번 사용하면 2개의 리턴값을 돌려 주지 않을까? 하지만 기대하는 결과는 나오지 않는다.

그 이유는 add_and_mul 함수를 호출해 보면 알 수 있다.

```
>>> result = add_and_mul(2, 3)
>>> print(result)
5
```

add_and_mul(2, 3)의 리턴값은 5 하나뿐이다. 두 번째 return 문인 return a * b는 실행되지 않았다는 뜻이다. 즉, 함수는 return 문을 만나는 순간, 리턴값을 돌려 준 다음 함수를 빠져나가게 된다.

따라서 이 함수는 다음과 완전히 동일하다.

```
>>> def add_and_mul(a, b):
...     return a + b
```

점프 투 파이썬

return의 또 다른 쓰임새
특별한 상황일 때 함수를 빠져나가고 싶다면 return을 단독으로 써서 함수를 즉시 빠져나갈 수 있다.
다음 예를 살펴보자.

```
>>> def say_nick(nick):
...     if nick == "바보":
...         return
...     print("나의 별명은 %s입니다." % nick)
```

위는 매개변수 nick으로 별명을 입력받아 출력하는 함수이다. 이 함수 역시 리턴값은 없다. 이때 문자열을 출력한다는 것과 리턴값이 있다는 것은 전혀 다른 말이므로 혼동하지 말자. 함수의 리턴값은 오로지 return 문에 의해서만 생성된다.
만약 입력값으로 '바보'라는 값이 들어오면 문자열을 출력하지 않고 함수를 즉시 빠져나간다.

```
>>> say_nick('야호')
나의 별명은 야호입니다.    ← return 문이 실행되지 않고 print 문이 실행

>>> say_nick('바보')
>>>    ← return 문이 실행되어 함수를 빠져나왔다.
```

이처럼 리턴값이 없는 함수에서 return으로 함수를 빠져나가는 방법은 실제 프로그래밍에서 자주 사용한다.

매개변수에 초깃값 미리 설정하기

이번에는 조금 다른 형태로 함수의 인수를 전달하는 방법에 대해서 알아보자. 다음은 매개변수에 초깃값을 미리 설정해 주는 경우이다.

default1.py

```python
def say_myself(name, age, man=True):
    print("나의 이름은 %s입니다." % name)
    print("나이는 %d살입니다." % age)
    if man:
        print("남자입니다.")
    else:
        print("여자입니다.")
```

> 프롬프트(>>>) 표시가 없으므로 IDLE 에디터에서 작성하자!

위 함수를 보면 매개변수가 name, age, man=True이다. 그런데 낯선 것이 나왔다. man=True처럼 매개변수에 미리 값을 넣어 준 것이다. 이것이 바로 함수의 매개변수에 초깃값을 설정하는 방법이다.

say_myself 함수는 다음처럼 2가지 방법으로 사용할 수 있다.

```python
say_myself("박응용", 27)
```

```python
say_myself("박응용", 27, True)
```

입력값으로 ("박응용", 27)처럼 2개를 주면 name에는 "박응용", age에는 27이 대입된다. 그리고 man이라는 변수에는 입력값을 주지 않았지만, man은 초깃값 True를 갖게 된다.

따라서 위 예에서 say_myself 함수를 사용한 2가지 방법은 모두 다음처럼 동일한 결과를 출력한다.

> ◈ IDLE 에디터에서 작성한 함수를 실행해 보려면 함수 정의 부분 밑에 함수를 사용하는 소스 코드까지 추가로 작성한 후 F5를 눌러 실행하면 된다.

실행 결과

```
나의 이름은 박응용입니다.
나이는 27살입니다.
남자입니다.
```

이제 초깃값이 설정된 부분을 False로 바꿔 호출해 보자.

```
say_myself("박응선", 27, False)
```

man 변수에 False 값이 대입되어 다음과 같은 결과가 출력된다.

```
나의 이름은 박응선입니다.
나이는 27살입니다.
여자입니다.
```

함수의 매개변수에 초깃값을 설정할 때 주의할 것이 하나 있다. 만약 위에서 살펴본 say_myself 함수를 다음과 같이 만들면 어떻게 될까?

default2.py
```python
def say_myself(name, man=True, age):
    print("나의 이름은 %s입니다." % name)
    print("나이는 %d살입니다." % age)
    if man:
        print("남자입니다.")
    else:
        print("여자입니다.")
```

이전 함수와 바뀐 부분은 초깃값을 설정한 매개변수의 위치이다. 결론을 미리 말하면 이것은 함수를 실행할 때 오류가 발생한다.

얼핏 생각하기에 위 함수를 호출하려면 다음과 같이 하면 될 것 같다.

```
say_myself("박응용", 27)
```

위와 같이 함수를 호출한다면 name 변수에는 "박응용"이 들어갈 것이다. 하지만 파이썬 인터프리터는 27을 man 매개변수와 age 매개변수 중 어느 곳에 대입해야 할지 판단하기 어려우므로 이러한 상황에서는 오류가 발생한다.

오류 메시지는 다음과 같다.

```
SyntaxError: non-default argument follows default argument
```

위 오류 메시지는 '초깃값이 없는 매개변수(age)는 초깃값이 있는 매개변수(man) 뒤에 사용할 수 없다'라는 뜻이다. 즉, 매개변수로 (name, age, man=True)는 되지만, (name, man=True, age)는 안 된다는 것이다. 초기화하고 싶은 매개변수는 항상 뒤쪽에 놓아야 한다는 것을 잊지 말자.

함수 안에서 선언한 변수의 효력 범위

함수 안에서 사용할 변수의 이름을 함수 밖에서도 동일하게 사용한다면 어떻게 될까? 이런 궁금증이 생겼던 독자라면 이번에 확실하게 답을 찾을 수 있을 것이다.

다음 예를 살펴보자.

vartest.py

```
a = 1              # 함수 밖의 변수 a
def vartest(a):    # vartest 함수 선언
    a = a + 1

vartest(a)         # vartest 함수의 입력값으로 a를 대입
print(a)           # a 값 출력
```

먼저 a라는 변수를 생성하고 1을 대입했다. 그리고 입력으로 들어온 값에 1을 더해 주고 결괏값은 리턴하지 않는 vartest 함수를 선언했다. 그리고 vartest 함수에 입력값으로 a를 주었다. 마지막으로 a의 값을 print(a)로 출력했다. 과연 어떤 값이 출력될까?

vartest 함수에서 매개변수 a의 값에 1을 더했으므로 2가 출력될 것 같지만, 프로그램 소스를 작성해서 실행해 보면 결괏값은 1이 나온다. 그 이유는 함수 안에서 사용하는 매개변수는 함수 안에서만 사용하는 '함수만의 변수'이기 때문이다. 즉, def vartest(a)에서 입력값을 전달받는 매개변수 a는 함수 안에서만 사용하는 변수일 뿐, 함수 밖의 변수 a와는 전혀 상관없다는 뜻이다.

따라서 vartest 함수는 다음처럼 매개변수 이름을 hello로 바꾸어도 이전의 vartest 함수와 완전히 동일하게 동작한다.

```
def vartest(hello):
    hello = hello + 1
```

즉, 함수 안에서 사용하는 매개변수는 함수 밖의 변수 이름과는 전혀 상관없다는 뜻이다.

다음 예를 보면 더욱 분명하게 이해할 수 있을 것이다.

vartest_error.py

```
def vartest(a):
    a = a + 1

vartest(3)
print(a)
```

왜 오류가 발생할까?

위 프로그램 소스를 에디터로 작성해서 실행하면 어떻게 될까? 오류가 발생할 것이라고 생각한 독자는 모든 것을 이해한 독자이다. vartest(3)을 수행하면 vartest 함수 안에서 a는 4가 되지만, 함수를 호출하고 난 후 print(a) 문장은 오류가 발생하게 된다. 그 이유는 print(a)에서 사용한 a 변수는 어디에도 선언되지 않았기 때문이다. 다시 한번 말하지만, 함수 안에서 선언한 매개변수는 함수 안에서만 사용될 뿐, 함수 밖에서는 사용되지 않는다. 이것을 이해하는 것은 매우 중요하다.

함수 안에서 함수 밖의 변수를 변경하는 방법

그렇다면 vartest라는 함수를 사용해서 함수 밖의 변수 a를 1만큼 증가할 수 있는 방법은 없을까? 이 질문에는 2가지 해결 방법이 있다.

1. return 사용하기

```
a = 1
def vartest(a):
    a = a + 1
    return a

a = vartest(a)    # vartest(a)의 리턴값을 함수 밖의 변수 a에 대입
print(a)
```

첫 번째 방법은 return을 사용하는 방법이다. vartest 함수는 입력으로 들어온 값에 1을 더한 값을 리턴하도록 변경했다. 따라서 a = vartest(a)라고 작성하면 a에는 vartest 함수의 리턴 값이 대입된다.

여기에서도 물론 vartest 함수 안의 a 매개변수는 함수 밖의 a와는 다른 것이다.

2. global 명령어 사용하기

```
a = 1
def vartest():
    global a
    a = a + 1

vartest()
print(a)
```

두 번째 방법은 global 명령어를 사용하는 방법이다. 위 예에서 볼 수 있듯이 vartest 함수 안의 global a 문장은 함수 안에서 함수 밖의 a 변수를 직접 사용하겠다는 뜻이다. 하지만 프로그래밍을 할 때 global 명령어는 사용하지 않는 것이 좋다. 함수는 독립적으로 존재하는 것이 좋기 때문이다. 외부 변수에 종속적인 함수는 그다지 좋은 함수가 아니다. 따라서 되도록 global 명령어를 사용하는 이 방법은 피하고 첫 번째 방법을 사용하기를 권한다.

lambda 예약어

lambda는 함수를 생성할 때 사용하는 예약어로, def와 동일한 역할을 한다. 보통 함수를 한 줄로 간결하게 만들 때 사용한다. 우리말로는 '람다'라고 읽고 def를 사용해야 할 정도로 복잡하지 않거나 def를 사용할 수 없는 곳에 주로 쓰인다.

사용법은 다음과 같다.

```
함수_이름 = lambda 매개변수1, 매개변수2, ... : 매개변수를_이용한_표현식
```

한번 직접 만들어 보자.

```
>>> add = lambda a, b: a + b
>>> result = add(3, 4)
>>> print(result)
7
```

◈ lambda로 만든 함수는 return 명령어가 없어도 표현식의 결괏값을 리턴한다.

add는 2개의 인수를 받아 서로 더한 값을 리턴하는 lambda 함수이다. 위 예제는 def를 사용한 다음 함수와 하는 일이 완전히 동일하다.

```
>>> def add(a, b):
...     return a + b
...
>>> result = add(3, 4)
>>> print(result)
7
```

04-2
사용자 입출력

우리들이 사용하는 대부분의 완성된 프로그램은 사용자 입력에 따라 그에 맞는 출력을 내보낸다. 대표적인 예로 게시판에 글을 작성한 후 [확인] 버튼을 눌러야만(입력) 우리가 작성한 글이 게시판에 올라가는(출력) 것을 들 수 있다.

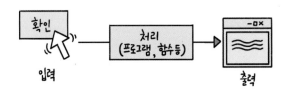

우리는 이미 함수 부분에서 입출력이 어떤 의미를 가지는지 알아보았다. 지금부터는 좀 더 다양한 입출력 방법에 대해서 알아보자.

사용자 입력 활용하기

사용자가 입력한 값을 어떤 변수에 대입하고 싶을 때는 어떻게 해야 할까?

input 사용하기

먼저 input 함수에 대해 알아보자. 다음 예를 따라 해 보자.

```
>>> a = input()
Life is too short, you need python    ← 사용자가 문장을 입력
>>> a
'Life is too short, you need python'
```

input은 사용자가 키보드로 입력한 모든 것을 문자열로 저장한다.

04장 · 파이썬의 입출력

프롬프트를 띄워 사용자 입력받기

사용자에게 입력받을 때 '숫자를 입력하세요'나 '이름을 입력하세요'라는 안내 문구 또는 질문을 보여 주고 싶을 때가 있다. 그럴 때는 input()의 괄호 안에 안내 문구를 입력하여 프롬프트를 띄워 주면 된다.

```
input("안내_문구")
```

다음 예를 직접 입력해 보자.

```
>>> number = input("숫자를 입력하세요: ")
숫자를 입력하세요:
```

괄호 안에 입력한 문구가 프롬프트로 나타난다.

'숫자를 입력하세요'라는 프롬프트에 3을 입력하면 변수 number에 값 3이 대입된다. print(number)로 출력해서 제대로 입력되었는지 확인해 보자.

```
>>> number = input("숫자를 입력하세요: ")
숫자를 입력하세요: 3  ← 3 입력
>>> print(number)
3
```

input은 입력되는 모든 것을 문자열로 취급하기 때문에 number는 숫자가 아닌 문자열이라는 것에 주의하자.

```
>>> type(number)
<class 'str'>
```

print 자세히 알기

지금까지 우리가 사용한 print 문의 용도는 데이터를 출력하는 것이었다. 데이터를 출력하는 print 문의 사용 예는 다음과 같다.

```
>>> a = 123
>>> print(a)  ← 숫자 출력하기
123
>>> a = "Python"
>>> print(a)  ← 문자열 출력하기
Python
>>> a = [1, 2, 3]
>>> print(a)  ← 리스트 출력하기
[1, 2, 3]
```

이제 print 문으로 할 수 있는 일에 대해서 좀 더 자세하게 알아보자.

큰따옴표로 둘러싸인 문자열은 + 연산과 동일하다

```
>>> print("life" "is" "too short")  ← ①
lifeistoo short
>>> print("life"+"is"+"too short")  ← ②
lifeistoo short
```

위 예에서 ①과 ②는 완전히 동일한 결괏값을 출력한다. 즉, 따옴표로 둘러싸인 문자열을 연속해서 쓰면 + 연산을 한 것과 같다.

문자열 띄어쓰기는 쉼표로 한다

```
>>> print("life", "is", "too short")
life is too short
```

쉼표(,)를 사용하면 문자열을 띄어 쓸 수 있다.

한 줄에 결괏값 출력하기

03-3에서 for 문을 공부할 때 만들었던 구구단 프로그램에서 보았듯이 한 줄에 결괏값을 계속 이어서 출력하려면 매개변수 end를 사용해 끝 문자를 지정해야 한다.

```
>>> for i in range(10):
...     print(i, end=' ')
...
0 1 2 3 4 5 6 7 8 9 >>>
```

◈ end 매개변수의 초깃값은 줄바꿈(\n) 문자이다.

04-3
파일 읽고 쓰기

우리는 이 책에서 이제까지 값을 '입력'받을 때는 사용자가 직접 입력하는 방식을 사용했고 '출력'할 때는 모니터 화면에 결괏값을 출력하는 방식을 사용했다. 하지만 입출력 방법이 꼭 이것만 있는 것은 아니다. 이번에는 파일을 통한 입출력 방법에 대해 알아보자. 여기에서는 파일을 새로 만든 다음 프로그램이 만든 결괏값을 새 파일에 적어 본다. 또 파일에 적은 내용을 읽고 새로운 내용을 추가하는 방법도 알아본다.

파일 생성하기

다음 코드를 IDLE 에디터로 작성하여 실행해 보자.

newfile.py

```
f = open("새파일.txt", 'w')
f.close()
```

프로그램을 실행한 디렉터리에 새로운 파일이 하나 생성된 것을 확인할 수 있을 것이다. 파일을 생성하기 위해 파이썬 내장 함수 open을 사용했다. open 함수는 다음과 같이 '파일 이름'과 '파일 열기 모드'를 입력값으로 받고 결괏값으로 파일 객체를 리턴한다.

```
파일_객체 = open(파일_이름, 파일_열기_모드)
```

파일 열기 모드에는 다음과 같은 것들이 있다.

파일 열기 모드	설명
r	읽기 모드: 파일을 읽기만 할 때 사용한다.
w	쓰기 모드: 파일에 내용을 쓸 때 사용한다.
a	추가 모드: 파일의 마지막에 새로운 내용을 추가할 때 사용한다.

파일을 쓰기 모드로 열면 해당 파일이 이미 존재할 경우 원래 있던 내용이 모두 사라지고 해당 파일이 존재하지 않으면 새로운 파일이 생성된다. 위 예에서는 디렉터리에 파일이 없는 상태에서 '새파일.txt' 파일을 쓰기 모드인 'w'로 열었기 때문에 '새파일.txt'라는 이름의 새로운 파일이 현재 디렉터리에 생성되었다.

만약 '새파일.txt' 파일을 C:/doit 디렉터리에 생성하고 싶다면 다음과 같이 작성해야 한다.

newfile2.py

```
f = open("C:/doit/새파일.txt", 'w')
f.close()
```

위 예에서 f.close()는 열려 있는 파일 객체를 닫아 주는 역할을 한다. 사실 이 문장은 생략해도 된다. 프로그램을 종료할 때 파이썬 프로그램이 열려 있는 파일의 객체를 자동으로 닫아 주기 때문이다. 하지만 close()를 사용해서 열려 있는 파일을 직접 닫아 주는 것이 좋다. 쓰기 모드로 열었던 파일을 닫지 않고 다시 사용하려고 하면 오류가 발생하기 때문이다.

 1분 코딩 복습.txt 파일을 C:/doit 디렉터리에 만들어 보자.

정답 402쪽

 점프 투 파이썬 **파일 경로와 슬래시(/)**

파이썬 코드에서 파일 경로를 표시할 때 "C:/doit/새파일.txt"처럼 슬래시(/)를 사용할 수 있다. 만약 역슬래시(\)를 사용한다면 "C:\\doit\\새파일.txt"처럼 역슬래시를 2개 사용하거나 r"C:\doit\새파일.txt"와 같이 문자열 앞에 r 문자_{raw string}를 덧붙여 사용해야 한다. 왜냐하면 "C:\note\test.txt"처럼 파일 경로에 \n과 같은 이스케이프 문자가 있을 경우, 줄바꿈 문자로 해석되어 의도했던 파일 경로와 달라지기 때문이다.

파일을 쓰기 모드로 열어 내용 쓰기

위 예에서는 파일을 쓰기 모드로 열기만 했을 뿐, 정작 아무것도 쓰지는 않았다. 이번에는 문자열 데이터를 파일에 직접 써 보자.

write_data.py

```
f = open("C:/doit/새파일.txt", 'w')
for i in range(1, 11):
    data = "%d번째 줄입니다.\n" % i
    f.write(data)     # data를 파일 객체 f에 써라.
f.close()
```

위 프로그램을 다음과 비교해 보자.

```
for i in range(1, 11):
    data = "%d번째 줄입니다.\n" % i
    print(data)
```

두 프로그램의 다른 점은 data를 출력하는 방법이다. 첫 번째는 모니터 화면 대신 파일에 데이터를 적는 방법, 두 번째는 우리가 계속 사용해 왔던 모니터 화면에 데이터를 출력하는 방법이다. 두 방법의 차이점은 print 함수 대신 파일 객체 f의 write 함수를 사용한 것 말고는 없으므로 바로 눈에 들어올 것이다.

이제 명령 프롬프트 창에서 첫 번째 예제를 실행해 보자.

```
C:\Users> cd C:\doit
C:\doit> python write_data.py
C:\doit>
```

이 프로그램을 실행한 C:/doit 디렉터리를 살펴보면 '새파일.txt' 파일이 생성된 것을 볼 수 있다. 파일 안에는 어떤 내용이 담겨 있는지 확인해 보자.

모니터 화면에 출력될 내용이 고스란히 파일에 들어 있는 것을 볼 수 있다.

파일을 읽는 여러 가지 방법

파이썬에는 파일을 읽는 방법이 여러 가지 있다. 이번에는 그 방법을 자세히 알아보자.

readline 함수 이용하기

첫 번째는 readline 함수를 사용하는 것이다. 다음 예를 살펴보자.

```python
readline_test.py

f = open("C:/doit/새파일.txt", 'r')
line = f.readline()
print(line)
f.close()
```

위는 '새파일.txt' 파일을 읽기 모드로 연 후 readline()을 사용해서 파일의 첫 번째 줄을 읽어 출력하는 예제이다. 앞에서 만든 새파일.txt 파일을 수정하거나 지우지 않았다면 위 프로그램을 실행했을 때 새파일.txt 파일의 가장 첫 번째 줄이 화면에 출력될 것이다.

```
1번째 줄입니다.
```

만약 모든 줄을 읽어 화면에 출력하고 싶다면 다음과 같이 작성하면 된다.

```python
readline_all.py

f = open("C:/doit/새파일.txt", 'r')
while True:
    line = f.readline()
    if not line: break
    print(line)
f.close()
```

while True: 무한 루프 안에서 f.readline()을 사용해 파일을 계속 한 줄씩 읽어 들인다. 만약 더 이상 읽을 줄이 없으면 break를 수행한다(readline()은 더 이상 읽을 줄이 없을 경우, 빈 문자열("")을 리턴한다).

◈ 한 줄씩 읽어 출력할 때 줄 끝에 \n 문자가 있으므로 빈 줄도 같이 출력된다.

앞의 프로그램을 다음과 비교해 보자.

```
while True:
    data = input()
    if not data: break
    print(data)
```

위 예는 사용자의 입력을 받아 그 내용을 출력하는 경우이다. 파일을 읽어서 출력하는 예제와 비교해 보자. 입력을 받는 방식만 다르다는 것을 바로 알 수 있을 것이다. 두 번째 예는 키보드를 사용한 입력 방법, 첫 번째 예는 파일을 사용한 입력 방법이다.

readlines 함수 사용하기

두 번째 방법은 readlines 함수를 사용하는 것이다. 다음 예를 살펴보자.

readlines.py

```
f = open("C:/doit/새파일.txt", 'r')
lines = f.readlines()
for line in lines:
    print(line)
f.close()
```

readlines 함수는 파일의 모든 줄을 읽어서 각각의 줄을 요소로 가지는 리스트를 리턴한다. 따라서 위 예에서 lines는 리스트 ["1번째 줄입니다.\n", "2번째 줄입니다.\n", ..., "10번째 줄입니다.\n"]가 된다. f.readlines()는 f.readline()와 달리 s가 하나 더 붙어 있다는 것에 유의하자.

점프투 파이썬

줄 바꿈(\n) 문자 제거하기

파일을 읽을 때 줄 끝의 줄 바꿈(\n) 문자를 제거하고 사용해야 할 경우가 많다. 다음처럼 strip 함수를 사용하면 줄 바꿈 문자를 제거할 수 있다.

```
f = open("C:/doit/새파일.txt", 'r')
lines = f.readlines()
for line in lines:
    line = line.strip()   ← 줄 끝의 줄 바꿈 문자를 제거한다.
    print(line)
f.close()
```

read 함수 사용하기

세 번째는 read 함수를 사용하는 방법이다. 다음 예를 살펴보자.

```
read.py

f = open("C:/doit/새파일.txt", 'r')
data = f.read()
print(data)
f.close()
```

f.read()는 파일의 내용 전체를 문자열로 리턴한다. 따라서 위 예의 data는 파일의 전체 내용이다.

파일 객체를 for 문과 함께 사용하기

네 번째는 파일 객체를 for 문과 함께 사용하는 방법이다.

```
read_for.py

f = open("C:/doit/새파일.txt", 'r')
for line in f:
    print(line)
f.close()
```

파일 객체(f)는 기본적으로 위와 같이 for 문과 함께 사용하여 파일을 줄 단위로 읽을 수 있다.

파일에 새로운 내용 추가하기

쓰기 모드('w')로 파일을 열 때 이미 존재하는 파일을 열면 그 파일의 내용이 모두 사라지게 된다. 하지만 원래 있던 값을 유지하면서 단지 새로운 값만 추가해야 할 경우도 있다. 이런 경우에는 파일을 추가 모드('a')로 열면 된다. IDLE 에디터로 다음 소스 코드를 작성해 보자.

```
add_data.py

f = open("C:/doit/새파일.txt", 'a')
for i in range(11, 20):
    data = "%d번째 줄입니다.\n" % i
    f.write(data)
f.close()
```

위는 새파일.txt 파일을 추가 모드('a')로 열고 write를 사용해서 결괏값을 기존 파일에 추가해 적는 예이다. 여기에서 추가 모드로 파일을 열었기 때문에 새파일.txt 파일이 원래 가지고 있던 내용 바로 다음부터 결괏값을 적기 시작한다.

다음과 같이 작성한 코드를 실행해 보자.

```
C:\Users> cd C:\doit
C:\doit> python add_data.py
C:\doit>
```

새파일.txt 파일을 열어 보면 원래 있던 내용 뒤에 새로운 내용이 추가된 것을 확인할 수 있다.

with 문과 함께 사용하기

지금까지 살펴본 예제를 보면 항상 다음과 같은 방식으로 파일을 열고 닫은 것을 알 수 있다.

```
f = open("foo.txt", 'w')  ←── 파일 열기
f.write("Life is too short, you need python")
f.close()  ←── 파일 닫기
```

파일을 열면(open) 항상 닫아(close) 주어야 한다. 이렇게 파일을 열고 닫는 것을 자동으로 처리할 수 있다면 편리하지 않을까? 파이썬의 with 문이 바로 이런 역할을 해 준다. 다음 예는 with 문을 사용해서 위 예제를 다시 작성한 모습이다.

`file_with.py`

```python
with open("foo.txt", "w") as f:
    f.write("Life is too short, you need python")
```

위와 같이 with 문을 사용하면 with 블록(with 문에 속해 있는 문장)을 벗어나는 순간, 열린 파일 객체 f가 자동으로 닫힌다.

04-4
프로그램의 입출력

명령 프롬프트를 사용해 본 독자라면 다음과 같은 명령어를 사용해 봤을 것이다.

```
C:\> type a.txt
```

type은 바로 뒤에 적힌 파일 이름을 인수로 받아 해당 파일의 내용을 출력해 주는 명령어이다. 대부분의 명령 프롬프트에서 사용하는 명령어는 다음과 같이 인수를 전달하여 프로그램을 실행하는 방식을 따른다.

```
명령어 [인수1 인수2 ...]
```

이러한 기능을 파이썬 프로그램에도 적용할 수 있다.

sys 모듈 사용하기

파이썬에서는 sys 모듈을 사용하여 프로그램에 인수를 전달할 수 있다. sys 모듈을 사용하려면 다음 예의 import sys처럼 import 명령어를 사용해야 한다.

◈ 모듈을 사용하고 만드는 방법에 대해서는 05장에서 자세히 알아본다.

sys1.py
```python
import sys

args = sys.argv[1:]
for i in args:
    print(i)
```

위는 프로그램 실행 시 전달받은 인수를 for 문을 사용해 차례대로 하나씩 출력하는 예이다. sys 모듈의 argv는 프로그램 실행 시 전달된 인수를 의미한다. 즉, 다음과 같이 입력했다면 argv[0]은 파일 이름 sys1.py가 되고 argv[1] 부터는 뒤에 따라오는 인수가 차례대로 argv 의 요소가 된다.

이 프로그램을 C:\doit 디렉터리에 저장한 후 인수를 전달하여 실행하면 다음과 같은 결과를 볼 수 있다.

◈ 명령 프롬프트를 열고 cd C:\doit 명령을 실행하여 C:\doit 디렉터리로 이동한 후 다음 명령을 실행해 보자.

```
C:\doit>python sys1.py aaa bbb ccc
aaa
bbb
ccc
```

위 예를 응용하여 다음과 같은 간단한 프로그램을 만들어 보자.

sys2.py
```
import sys
args = sys.argv[1:]
for i in args:
    print(i.upper(), end=' ')
```

문자열 관련 함수인 upper()를 사용하여 프로그램 실행 시 전달된 인수를 모두 대문자로 바꾸어 주는 간단한 프로그램이다. 명령 프롬프트 창에서 다음과 같이 실행해 보자. ◈ sys2.py 파일이 C:\doit 디렉터리 안에 있어야 만 한다.

```
C:\doit>python sys2.py life is too short, you need python
```

출력 결과는 다음과 같다.

```
LIFE IS TOO SHORT, YOU NEED PYTHON
```

되/새/김/문/제

긴 호흡으로 공부하신 여러분!
포기하지 말고 되새김 문제를 통해
실력을 점프해 보세요!

04장

■ 04장의 정답 및 풀이는 409~412쪽에 있습니다.

Q1 홀수, 짝수 판별하기

주어진 자연수가 홀수인지, 짝수인지 판별해 주는 함수 is_odd를 작성해 보자. is_odd 함수는 홀수이면 True, 짝수이면 False를 리턴해야 한다.

```python
def is_odd(number):
    if
        return True
    else:
        return False
```

2로 나누었을 때
나머지가 1이면 홀수야

Q2 모든 입력의 평균값 구하기

입력으로 들어오는 모든 수의 평균값을 계산해 주는 함수를 작성해 보자. 단, 입력으로 들어오는 수의 개수는 정해져 있지 않다.

```python
def avg_numbers(                    ):
    result = 0
    for i in args:
        result += i
    return

avg_numbers(1, 2)    ← 1.5 출력
avg_numbers(1,2,3,4,5)    ← 3.0 출력
```

평균값을 구할 때
len 함수를 써 보자!

Q3 프로그램 오류 수정하기 1

다음은 2개의 숫자를 입력받아 더한 후에 리턴하는 프로그램이다.

```
input1 = input("첫 번째 숫자를 입력하세요: ")
input2 = input("두 번째 숫자를 입력하세요: ")

total = input1 + input2
print("두 수의 합은 %s입니다" % total)
```

int 함수를
써 보자!

이 프로그램을 실행해 보자.

```
첫 번째 숫자를 입력하세요: 3
두 번째 숫자를 입력하세요: 6
두 수의 합은 36입니다
```

3과 6을 입력했을 때 9가 아닌 36이라는 결괏값이 출력되었다. 이 프로그램의 오류를 수정해 보자.

Q4 출력 결과가 다른 것은?

다음 중 출력 결과가 다른 하나를 골라 보자.

① print("you" "need" "python")
② print("you" + "need" + "python")
③ print("you", "need", "python")
④ print("".join(["you", "need", "python"]))

Q5 프로그램 오류 수정하기 2

다음은 파일(test.txt)에 "Life is too short" 문자열을 저장한 후 다시 그 파일을 읽어 출력하는 프로그램이다.

```
f1 = open("test.txt", 'w')
f1.write("Life is too short")

f2 = open("test.txt", 'r')
print(f2.read())
```

이 프로그램은 우리가 예상한 'Life is too short'라는 문장을 출력하지 않는다. 우리가 예상한 값을 출력할 수 있도록 프로그램을 수정해 보자.

Q6 사용자 입력 저장하기

사용자의 입력을 파일(test.txt)에 저장하는 프로그램을 작성해 보자. 단, 프로그램을 다시 실행하더라도 기존에 작성한 내용을 유지하고 새로 입력한 내용을 추가해야 한다.

```
user_input = input("저장할 내용을 입력하세요:")
f = open('test.txt',                    ) ← 내용을 추가하기 위해 'a'를 사용
f.write(user_input)
f.write(                    ) ← 입력한 내용을 줄 단위로 구분하기 위해 줄 바꿈 문자 삽입
f.close()
```

Q7 파일의 문자열 바꾸기

다음과 같은 내용을 지닌 test.txt가 있다. 이 파일의 내용 중 "java"라는 문자열을 "python"으로 바꾸어
저장해 보자.

```
Life is too short
you need java
```

```
f = open('test.txt', 'r')
body =                        ←─ test.txt의 내용을 body 변수에 저장
f.close()
body =                        ←─ body 문자열에서 "java"를 "python"으로 변경
f = open('test.txt',          ) ←─ 파일을 쓰기 모드로 다시 실행
f.write(body)
f.close()
```

> replace 함수를
> 써 볼까?

Q8 입력값을 모두 더해 출력하기

다음과 같이 실행할 때 입력값을 모두 더해 출력하는 스크립트(C:\doit\myargv.py)를 작성해 보자.

```
C:\> cd doit
C:\doit> python myargv.py 1 2 3 4 5 6 7 8 9 10
55
```

> sys.argv를 쓰면
> 되겠네~

05

파이썬 날개 달기

05장에서는 프로그래밍의 꽃이라 할 수 있는 클래스와 함께 모듈, 예외 처리 및 파
이썬 라이브러리에 대해서 알아보자. 05장을 끝으로 여러분은 파이썬 프로그램을
작성하기 위해 알아야 할 대부분의 내용을 배우게 된다.

클래스

초보 개발자들에게 클래스^{class}는 넘기 힘든 장벽과도 같은 존재이다. 독자들 중에도 클래스라는 단어를 처음 접하는 이들이 있을 것이다. 그러면 도대체 클래스가 무엇인지, 클래스가 왜 필요한지 매우 기초적인 것부터 차근차근 함께 알아보자.

클래스는 왜 필요한가?

프로그래머들이 가장 많이 사용하는 프로그래밍 언어 중 하나인 C 언어에는 클래스가 없다. 이 말은 굳이 클래스가 없어도 프로그램을 충분히 만들 수 있다는 뜻이다. 파이썬으로 잘 만든 프로그램을 살펴봐도 클래스를 사용하지 않고 작성한 것이 매우 많다. 즉, 클래스는 지금까지 공부한 함수나 자료형처럼 프로그램 작성을 위해 꼭 필요한 요소는 아니다.

하지만 프로그램을 작성할 때 클래스를 적재적소에 사용하면 프로그래머가 얻을 수 있는 이익은 많다. 예제를 통해 한번 생각해 보자.

계산기 프로그램을 만들며 클래스 알아보기

여러분 모두 계산기를 사용해 보았을 것이다. 계산기에 숫자 3을 입력하고 +를 입력한 후 4를 입력하면 결괏값으로 7을 보여 준다. 다시 한번 +를 입력한 후 3을 입력하면 기존 결괏값 7에 3을 더해 10을 보여 준다. 즉, 계산기는 이전에 계산한 결괏값을 항상 메모리 어딘가에 저장하고 있어야 한다.

이런 내용을 우리가 앞에서 익힌 함수를 이용해 구현해 보자. 계산기의 '더하기' 기능을 구현한 파이썬 코드는 다음과 같다.

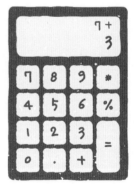

계산기는 이전에 계산한 결괏값을 기억하고 있어야 한다.

```
result = 0

def add(num):
    global result
    result += num    # 결괏값(result)에 입력값(num) 더하기
    return result    # 결괏값 리턴

print(add(3))
print(add(4))
```

입력값을 이전에 계산한 결괏값에 더한 후 리턴하는 add 함수를 위와 같이 작성했다. 이전에 계산한 결괏값을 유지하기 위해서 result 전역 변수(global)를 사용했다. 프로그램을 실행하면 예상한 대로 다음과 같은 결괏값이 출력된다.

실행 결과

```
3
7
```

그런데 만일 한 프로그램에서 2대의 계산기가 필요한 상황이 발생하면 어떻게 해야 할까? 각 계산기는 각각의 결괏값을 유지해야 하므로 위와 같이 add 함수 하나만으로는 결괏값을 따로 유지할 수 없다.

이런 상황을 해결하려면 다음과 같이 함수를 각각 따로 만들어야 한다.

calculator2.py

```
result1 = 0
result2 = 0

def add1(num):    # 계산기 1
    global result1
    result1 += num
    return result1

def add2(num):    # 계산기 2
    global result2
    result2 += num
    return result2
```

```
print(add1(3))
print(add1(4))
print(add2(3))
print(add2(7))
```

똑같은 일을 하는 add1과 add2 함수를 만들고 각 함수에서 계산한 결괏값을 유지하면서 저장하는 전역 변수 result1과 result2를 정의했다.

결괏값은 다음과 같이 의도한 대로 출력된다.

```
3
7
3
10
```

계산기 1의 결괏값이 계산기 2에 아무런 영향을 끼치지 않는다는 것을 확인할 수 있다. 하지만 계산기가 3개, 5개, 10개로 점점 더 많이 필요해진다면 어떻게 해야 할까? 그때마다 전역변수와 함수를 추가할 것인가? 여기에 계산기마다 빼기나 곱하기와 같은 기능을 추가해야한다면 상황은 점점 더 어려워질 것이다.

아직 클래스에 대해 배우지 않았지만, 위와 같은 경우에 클래스를 사용하면 다음과 같이 간단하게 해결할 수 있다.

◈ 다음 예시 클래스를 아직은 이해하지 못해도 좋다. 곧 자세하게 배울 것이다. 여기에서는 클래스 개념만 어렴풋이 이해하면 된다.

calculator3.py
```python
class Calculator:
    def __init__(self):
        self.result = 0

    def add(self, num):
        self.result += num
        return self.result

cal1 = Calculator()
cal2 = Calculator()

print(cal1.add(3))
print(cal1.add(4))
print(cal2.add(3))
print(cal2.add(7))
```

프로그램을 실행하면 함수 2개를 사용했을 때와 동일한 결과가 출력된다.

```
3
7
3
10
```

Calculator 클래스로 만든 별개의 계산기 cal1, cal2(파이썬에서는 이것을 '객체'라고 부른다)가 각각의 역할을 수행한다. 그리고 계산기의 결괏값 역시 다른 계산기의 결괏값과 상관없이 독립적인 값을 유지한다. 이렇게 클래스를 사용하면 계산기 대수가 늘어나도 객체를 생성하면 되므로 함수만 사용할 때보다 간단하게 프로그램을 작성할 수 있다. 빼기 기능을 더하고 싶다면 Calculator 클래스에 다음과 같이 빼기 기능을 가진 함수를 추가하면 된다.

```python
class Calculator:
    def __init__(self):
        self.result = 0

    def add(self, num):
        self.result += num
        return self.result

    def sub(self, num):
        self.result -= num
        return self.result
```

클래스의 이점은 이것만이 아니다. 하지만 이 예시 하나만으로도 '도대체 왜 클래스가 필요한 것일까?'라는 근본적인 물음에 답이 되었을 것이다.

클래스와 객체

클래스를 가장 잘 설명해 주는 오른쪽 그림을 살펴보자, 과자를 만드는 과자 틀과 이를 사용해 만든 과자이다.

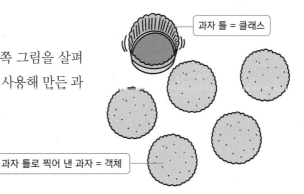

과자 틀 = 클래스

과자 틀로 찍어 낸 과자 = 객체

여기에서 설명할 클래스는 과자 틀과 비슷하다. 클래스class란 똑같은 무언가를 계속 만들어 낼 수 있는 설계 도면(과자 틀), 객체object란 클래스로 만든 피조물(과자 틀로 찍어 낸 과자)을 뜻한다.

클래스로 만든 객체에는 중요한 특징이 있다. 바로 객체마다 고유한 성격을 가진다는 것이다. 과자 틀로 만든 과자에 구멍을 뚫거나 조금 베어 먹더라도 다른 과자에는 아무런 영향이 없는 것과 마찬가지로 동일한 클래스로 만든 객체들은 서로 전혀 영향을 주지 않는다.

다음은 파이썬 클래스의 가장 간단한 예이다.

```
>>> class Cookie:
...     pass
```

위에서 작성한 Cookie 클래스는 아무런 기능도 가지고 있지 않은 껍질뿐인 클래스이다. 하지만 이렇게 껍질뿐인 클래스도 객체를 생성하는 기능이 있다. '과자 틀'로 '과자'를 만드는 것처럼 말이다.

객체는 클래스로 만들고 1개의 클래스는 무수히 많은 객체를 만들어 낼 수 있다. 위에서 만든 Cookie 클래스의 객체를 만드는 방법은 다음과 같다.

```
>>> a = Cookie()
>>> b = Cookie()
```

Cookie()의 결괏값을 리턴받은 a와 b가 바로 객체이다. 마치 함수를 사용해서 그 결괏값을 리턴받는 모습과 비슷하다.

객체와 인스턴스의 차이

클래스로 만든 객체를 '인스턴스'라고도 한다. 그렇다면 객체와 인스턴스의 차이는 무엇일까? 이렇게 생각해 보자. a = Cookie()로 만든 a는 객체이다. 그리고 a 객체는 Cookie의 인스턴스이다. 즉, 인스턴스라는 말은 특정 객체(a)가 어떤 클래스(Cookie)의 객체인지를 관계 위주로 설명할 때 사용한다. 'a는 인스턴스'보다 'a는 객체'라는 표현이 어울리며 'a는 Cookie의 객체'보다 'a는 Cookie의 인스턴스'라는 표현이 훨씬 잘 어울린다.

사칙 연산 클래스 만들기

'백견(百見)이 불여일타(一打)'라고 했다. 클래스를 직접 만들며 배워 보자. 여기에서는 사칙 연산을 하는 클래스를 만들어 볼 것이다. 사칙 연산은 더하기, 빼기, 곱하기, 나누기를 말한다.

클래스를 어떻게 만들지 먼저 구상하기

클래스는 무작정 만드는 것보다 클래스로 만든 객체를 중심으로 어떤 식으로 동작하게 할지 미리 구상한 후 생각한 것을 하나씩 만들면서 완성해 나가는 것이 좋다.

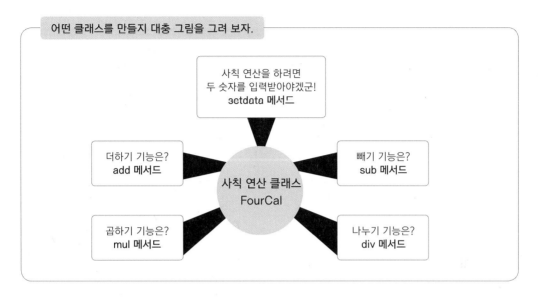

사칙 연산 기능을 가진 FourCal 클래스가 다음처럼 동작한다고 가정해 보자.

먼저 a = FourCal()를 입력해서 a라는 객체를 만든다.

```
>>> a = FourCal()
```

그런 다음 a.setdata(4, 2)처럼 입력해서 숫자 4와 2를 a에 지정해 준다.

```
>>> a.setdata(4, 2)
```

a.add()를 수행하면 두 수를 합한 결과(4 + 2)를 리턴한다.

```
>>> a.add()
6
```

a.mul()을 수행하면 두 수를 곱한 결과(4 * 2)를 리턴한다.

```
>>> a.mul()
8
```

a.sub()를 수행하면 두 수를 뺄 결과(4 – 2)를 리턴한다.

```
>>> a.sub()
2
```

a.div()를 수행하면 두 수를 나눈 결과(4 / 2)를 리턴한다.

```
>>> a.div()
2
```

이렇게 동작하는 FourCal 클래스를 만드는 것이 바로 우리의 목표이다.

클래스 구조 만들기

그러면 지금부터 앞에서 구상한 것처럼 동작하는 클래스를 만들어 보자. 제일 먼저 할 일은 a = FourCal()처럼 객체를 만들 수 있게 하는 것이다. 일단은 아무런 기능이 없어도 되기 때문에 매우 간단하게 만들 수 있다. 다음을 따라 해 보자.

```
>>> class FourCal:
...       pass
```

먼저 대화형 인터프리터에서 pass라는 문장만을 포함한 FourCal 클래스를 만든다. 현재 상태에서 FourCal 클래스는 아무 변수나 함수도 포함하지 않지만, 우리가 원하는 객체 a를 만들 수 있는 기능은 가지고 있다. 한번 확인해 보자.

◈ pass는 아무것도 수행하지 않는 문법으로, 임시로 코드를 작성할 때 주로 사용한다.

```
>>> a = FourCal()
>>> type(a)
<class '__main__.FourCal'>  ← 객체 a의 타입은 FourCal 클래스이다.
```

위와 같이 a = FourCal()로 a 객체를 먼저 만든 후 type(a)로 a 객체가 어떤 타입인지 알아보았다. 역시 객체 a가 FourCal 클래스의 인스턴스라는 것을 알 수 있다.

◆ type은 파이썬이 자체로 가지고 있는 내장 함수로, 객체의 타입을 출력한다.

객체에 연산할 숫자 지정하기

하지만 생성된 객체 a는 아직 아무런 기능도 하지 못한다. 이제 더하기, 빼기, 곱하기, 나누기 등의 기능을 하는 객체를 만들어야 한다. 그런데 이러한 기능을 갖춘 객체를 만들려면 먼저 사칙 연산을 할 때 사용할 2개의 숫자를 a 객체에게 알려 주어야 한다. 다음과 같이 연산을 수행할 대상(4, 2)을 객체에 지정할 수 있게 만들어 보자.

```
>>> a.setdata(4, 2)
```

위 문장이 동작하려면 다음과 같이 FourCal 클래스를 다시 정의해야 한다.

```
>>> class FourCal:
...     def setdata(self, first, second):
...         self.first = first
...         self.second = second
```

앞에서 만든 FourCal 클래스에서 pass 문장을 삭제하고 그 대신 setdata 함수를 정의했다. 클래스 안에 구현된 함수는 다른 말로 메서드method라고 부른다. 앞으로 클래스 내부의 함수는 항상 메서드라고 표현할 테니 메서드라는 용어를 기억해 두자.

일반적인 함수를 만들 때는 다음과 같이 소스 코드를 작성한다.

```
def 함수_이름(매개변수):
    수행할_문장
    ...
```

메서드도 클래스에 포함되어 있다는 점만 제외하면 일반 함수와 다를 것이 없다.

setdata 메서드를 다시 보면 다음과 같다.

```
def setdata(self, first, second):  ← ① 메서드의 매개변수
    self.first = first  ┐
    self.second = second  ┘── ② 메서드의 수행문
```

① setdata 메서드의 매개변수

setdata 메서드를 좀 더 자세히 살펴보자. setdata 메서드는 매개변수로 self, first, second 3 개의 입력값을 받는다. 그런데 일반 함수와 달리, 메서드의 첫 번째 매개변수 self는 특별한 의 미를 가진다.

다음과 같이 a 객체를 만들고 a 객체를 통해 setdata 메서드를 호출해 보자.

```
>>> a = FourCal()
>>> a.setdata(4, 2)
```

◆ 객체를 이용해 클래스의 메서드를 호출하려면 a.setdata(4, 2)와 같이 도트(.) 연산자를 사용하면 된다.

그런데 뭔가 좀 이상하지 않은가? setdata 메서드에는 self, first, second 총 3개의 매개변수 가 필요한데 실제로는 a.setdata(4, 2)처럼 2개의 값만 전달했다. 왜 그럴까? a.setdata(4, 2) 처럼 호출하면 setdata 메서드의 첫 번째 매개변수 self에는 setdata 메서드를 호출한 객체 a 가 자동으로 전달되기 때문이다. 다음 그림을 보면 객체를 호출할 때 입력한 값이 메서드에 어떻게 전달되는지 쉽게 이해할 수 있을 것이다.

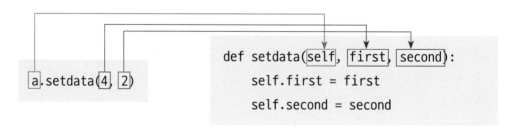

파이썬 메서드의 첫 번째 매개변수 이름은 관례적으로 self를 사용한다. 객체를 호출할 때 호 출한 객체 자신이 전달되기 때문에 self라는 이름을 사용한 것이다. 물론 self말고 다른 이름 을 사용해도 상관없다.

◆ 메서드의 첫 번째 매개변수 self를 명시적으로 구현하는 것은 파이썬만의 독특한 특징이다. 예를 들어 자바와 같은 언어는 첫 번째 매 개변수 self가 필요없다.

메서드를 호출하는 또 다른 방법

잘 사용하지는 않지만, 다음과 같이 클래스를 이용해 메서드를 호출할 수도 있다.

```
>>> a = FourCal()
>>> FourCal.setdata(a, 4, 2)
```

위와 같이 '클래스명.메서드' 형태로 호출할 때는 객체 a를 첫 번째 매개변수 self에 꼭 전달해야 한다. 반면 다음처럼 '객체.메서드' 형태로 호출할 때는 self를 반드시 생략해서 호출해야 한다.

```
>>> a = FourCal()
>>> a.setdata(4, 2)
```

② setdata 메서드의 수행문

이제 setdata 메서드의 수행문에 대해 알아보자.

```
def setdata(self, first, second):  ← ① 메서드의 매개변수
    self.first = first ┐
    self.second = second ┘ ── ② 메서드의 수행문
```

a.setdata(4, 2)처럼 호출하면 setdata 메서드의 매개변수 first, second에는 각각 값 4와 2가 전달되어 setdata 메서드의 수행문이 다음과 같이 해석된다.

```
self.first = 4   ← first는 4
self.second = 2  ← second는 2
```

self는 전달된 객체 a이므로 다시 다음과 같이 해석된다.

```
a.first = 4   ← self는 a 객체
a.second = 2
```

a.first = 4라는 문장이 수행되면 a 객체에 객체변수 first가 생성되고 4라는 값이 저장된다. 이와 마찬가지로 a.second = 2라는 문장이 수행되면 a 객체에 객체변수 second가 생성되고 2라는 값이 저장된다. ◆ 객체에 생성되는 객체만의 변수를 '객체변수' 또는 '속성'이라고 부른다.

다음과 같이 확인해 보자.

```
>>> a = FourCal()
>>> a.setdata(4, 2)
>>> a.first   ← a 객체의 first 변숫값 출력
4
>>> a.second   ← a 객체의 second 변숫값 출력
2
```

a 객체에 객체변수 first와 second가 생성된 것을 확인할 수 있다.

이번에는 다음과 같이 a, b 객체를 만들어 보자.

```
>>> a = FourCal()
>>> b = FourCal()
```

그리고 a 객체의 객체변수 first를 다음과 같이 생성한다.

```
>>> a.setdata(4, 2)   ← a 객체에 객체변수 first와 second가 생성되고 값 4와 2 대입
>>> a.first   ← a 객체의 first 값 출력
4
```

이번에는 b 객체의 객체변수 first를 다음과 같이 생성한다.

```
>>> b.setdata(3, 7)   ← b 객체에 객체변수 first와 second가 생성되고 값 3과 7 대입
>>> b.first   ← b 객체의 first 값 출력
3
```

자, 이제 여러분에게 매우 중요한 질문을 1가지 하겠다. 위와 같이 진행하면 b 객체의 객체변수 first에는 값 3이 저장된다는 것을 확인할 수 있었다. 그렇다면 a 객체의 first에 저장된 값도 3으로 변할까, 아니면 원래대로 값 4를 유지할까?

다음과 같이 그 결과를 확인해 보자.

```
>>> a.first
4
```

a 객체의 first 값은 b 객체의 first 값에 영향받지 않고 원래 값을 유지하고 있다는 것을 확인할 수 있다. 이 예제를 통해 여러분에게 강조하고 싶은 점이 바로 이것이다. 클래스로 만든 객체의 객체변수는 다른 객체의 객체변수에 상관없이 독립적인 값을 유지한다. 클래스에서는 이 부분을 이해하는 것이 가장 중요하다.

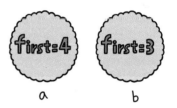

다음은 현재까지 완성된 FourCal 클래스이다.

```
class FourCal:
    def setdata(self, first, second):
        self.first = first
        self.second = second
```

지금까지 살펴본 내용이 바로 이 4줄의 소스 코드를 설명하기 위한 것이었다. 앞에서 설명한 것들이 이해되지 않는다면 다시 한번 읽어 보기 바란다. 이 부분을 이해하지 못하면 다음으로 넘어갈 수 없기 때문이다.

더하기 기능 만들기

자! 2개의 숫자 값을 설정해 주었으므로 2개의 숫자를 더하는 기능을 방금 만든 클래스에 추가해 보자. 우리는 다음과 같이 더하기 기능을 갖춘 클래스를 만들어야 한다.

```
>>> a = FourCal()
>>> a.setdata(4, 2)
>>> a.add()
6
```

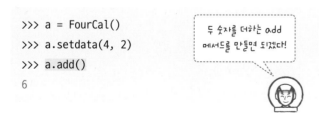

이 연산이 가능하도록 FourCal 클래스를 다시 작성해 보자.

```
>>> class FourCal:
...     def setdata(self, first, second):
...         self.first = first
...         self.second = second
...     def add(self):
...         result = self.first + self.second
...         return result
```

◆ 05장에서는 대화형 인터프리터에서 FourCal 클래스를 계속 수정할 것이다. 그러나 클래스를 수정하는 데 있어 코드가 많아 조금 불편할 수 있다. 이 불편함은 IDLE 에디터를 사용해 FourCal 클래스를 작성하고 IDLE 에디터에서 작성한 코드를 복사한 후 대화형 인터프리터에 붙여넣기하여 해결할 수 있다.

add 메서드를 새롭게 추가했다. 이제 클래스를 사용해 보자.

```
>>> a = FourCal()
>>> a.setdata(4, 2)
```

위와 같이 호출하면 앞에서 살펴보았듯이 a 객체의 first, second 객체변수에는 각각 값 4와 2가 저장될 것이다.

이제 add 메서드를 호출해 보자.

```
>>> a.add()
6
```

a.add()라고 호출하면 add 메서드가 호출되어 값 6이 출력될 것이다. 어떤 과정을 거쳐 값 6이 출력되는지 add 메서드를 따로 떼어 내 자세히 살펴보자.

```
def add(self):
    result = self.first + self.second
    return result
```

add 메서드의 매개변수는 self, 리턴값은 result이다. 리턴값인 result를 계산하는 부분은 다음과 같다.

```
result = self.first + self.second
```

a.add()와 같이 a 객체에 의해 add 메서드가 수행되면 add 메서드의 self에는 객체 a가 자동으로 입력되므로 이 내용은 다음과 같이 해석된다.

```
result = a.first + a.second
```

a.first와 a.second는 add 메서드가 호출되기 전에 a.setdata(4, 2) 문장에서 a.first = 4, a.second = 2로 설정된다. 따라서 위 문장은 다시 다음과 같이 해석된다.

```
result = 4 + 2
```

따라서 다음과 같이 a.add()를 호출하면 6을 리턴한다.

```
>>> a.add()
6
```

여기까지 모두 이해한 독자라면 클래스에 대해 80% 이상을 안 것이다. 파이썬의 클래스는 그다지 어렵지 않다.

곱하기, 빼기, 나누기 기능 만들기

이번에는 곱하기, 빼기, 나누기 등을 할 수 있도록 프로그램을 개선해 보자.

```
>>> class FourCal:
...     def setdata(self, first, second):
...         self.first = first
...         self.second = second
```

```
...     def add(self):
...         result = self.first + self.second
...         return result
...     def mul(self):
...         result = self.first * self.second
...         return result
...     def sub(self):
...         result = self.first - self.second
...         return result
...     def div(self):
...         result = self.first / self.second
...         return result
```

mul, sub, div 모두 add 메서드에서 배운 것과 동일한 방법이므로 따로 설명하지는 않겠다.

정말 모든 것이 제대로 동작하는지 확인해 보자.

```
>>> a = FourCal()
>>> b = FourCal()
>>> a.setdata(4, 2)
>>> b.setdata(3, 8)
>>> a.add()
6
>>> a.mul()
8
>>> a.sub()
2
>>> a.div()
2.0
>>> b.add()
11
>>> b.mul()
24
>>> b.sub()
-5
>>> b.div()
0.375
```

> 나눗셈의 결괏값은 2.0, 0.375처럼 실수로 표시되는군!

지금까지 우리가 목표로 한 사칙 연산 기능을 가진 클래스를 만들어 보았다.

생성자

이번에는 우리가 만든 FourCal 클래스를 다음과 같이 사용해 보자.

```
>>> a = FourCal()
>>> a.add()
Traceback (most recent call last):
  File "<stdin>", line 1, in <module>
  File "<stdin>", line 6, in add
AttributeError: 'FourCal' object has no attribute 'first'
```

FourCal 클래스의 인스턴스 a에 setdata 메서드를 수행하지 않고 add 메서드를 먼저 수행하면 'AttributeError: 'FourCal' object has no attribute 'first'' 오류가 발생한다. setdata 메서드를 수행해야 객체 a의 객체변수 first와 second가 생성되기 때문이다. 이렇게 객체에 first, second와 같은 초깃값을 설정해야 할 필요가 있을 때는 setdata와 같은 메서드를 호출하여 초깃값을 설정하기보다 생성자를 구현하는 것이 안전한 방법이다.

생성자constructor란 객체가 생성될 때 자동으로 호출되는 메서드를 의미한다. 파이썬 메서드명으로 __init__를 사용하면 이 메서드는 생성자가 된다.

다음과 같이 FourCal 클래스에 생성자를 추가해 보자.

◈ __init__ 메서드의 init 앞뒤로 붙은 __는 밑줄(_) 2개를 붙여 쓴 것이다.

```
>>> class FourCal:
...     def __init__(self, first, second):
...         self.first = first
...         self.second = second
...     def setdata(self, first, second):
...         self.first = first
...         self.second = second
...     def add(self):
...         result = self.first + self.second
...         return result
...     def mul(self):
...         result = self.first * self.second
```

```
...             return result
...         def sub(self):
...             result = self.first - self.second
...             return result
...         def div(self):
...             result = self.first / self.second
...             return result
```

새롭게 추가된 생성자 __init__ 메서드만 따로 떼어 내서 살펴보자.

```
def __init__(self, first, second):
    self.first = first
    self.second = second
```

__init__ 메서드는 setdata 메서드와 이름만 다르고 모든 게 동일하다. 단, 메서드 이름을 __init__로 했기 때문에 생성자로 인식되어 객체가 생성되는 시점에 자동으로 호출된다는 차이가 있다.

이제 다음처럼 a 객체를 생성해 보자.

```
>>> a = FourCal()
Traceback (most recent call last):
  File "<stdin>", line 1, in <module>
TypeError: __init__() missing 2 required positional arguments: 'first' and 'second'
```

a = FourCal()을 수행할 때 생성자 __init__가 호출되어 위와 같은 오류가 발생했다. 오류가 발생한 이유는 생성자의 매개변수 first와 second에 해당하는 값이 전달되지 않았기 때문이다.

이 오류를 해결하려면 다음처럼 first와 second에 해당하는 값을 전달하여 객체를 생성해야 한다.

```
>>> a = FourCal(4, 2)
```

위와 같이 수행하면 __init__ 메서드의 매개변수에는 각
각 오른쪽과 같은 값이 전달된다.

◆ __init__ 메서드도 다른 메서드와 마찬가지로 첫 번째 매개변수 self에 생성되
는 객체가 자동으로 전달된다는 점을 기억하자.

매개변수	값
self	생성되는 객체
first	4
second	2

따라서 __init__ 메서드가 호출되면 setdata 메서드를 호출했을 때와 마찬가지로 first와
second라는 객체변수가 생성될 것이다.

다음과 같이 객체변수의 값을 확인해 보자.

```
>>> a = FourCal(4, 2)
>>> a.first
4
>>> a.second
2
```

add나 div 등과 같은 메서드도 잘 동작하는지 확인해 보자.

```
>>> a.add()
6
>>> a.div()
2.0
```

이상 없이 잘 동작하는 것을 확인할 수 있다.

클래스의 상속

상속Inheritance이란 '물려받다'라는 뜻으로, '재산을 상속받다'라고 할 때의 상속과 같은 의미
이다. 클래스에도 이 개념을 적용할 수 있다. 어떤 클래스를 만들 때 다른 클래스의 기능을 물
려받을 수 있게 만드는 것이다. 이번에는 상속 개념을 사용하여 우리가 만든 FourCal 클래스
에 a^b 값을 구할 수 있는 기능을 추가해 보자.

앞에서 FourCal 클래스는 이미 만들어 놓았으므로 FourCal 클래스를 상속하는 More
FourCal 클래스는 다음과 같이 간단하게 만들 수 있다.

```
>>> class MoreFourCal(FourCal):
...     pass
```

클래스를 상속하기 위해서는 다음처럼 클래스 이름 뒤 괄호 안에 상속할 클래스 이름을 넣어 주면 된다.

```
class 클래스_이름(상속할_클래스_이름)
```

MoreFourCal 클래스는 FourCal 클래스를 상속했으므로 FourCal 클래스의 모든 기능을 사용할 수 있다.

다음과 같이 확인해 보자.

```
>>> a = MoreFourCal(4, 2)
>>> a.add()
6
>>> a.mul()
8
>>> a.sub()
2
>>> a.div()
2.0
```

상속받은 FourCal 클래스의 기능을 모두 사용할 수 있다는 것을 확인할 수 있다.

점프 투 파이썬

상속 기능은 왜 쓰는 걸까?

보통 상속은 기존 클래스를 변경하지 않고 기능을 추가하거나 기존 기능을 변경하려고 할 때 사용한다. '클래스에 기능을 추가하고 싶으면 기존 클래스를 수정하면 되는데 왜 굳이 상속을 받아서 처리해야 하지?'라는 의문이 들 수도 있다. 하지만 기존 클래스가 라이브러리 형태로 제공되거나 수정이 허용되지 않는 상황이라면 상속을 사용해야 한다.

이제 원래 목적인 a^b을 계산하는 MoreFourCal 클래스를 만들어 보자.

```
>>> class MoreFourCal(FourCal):
...     def pow(self):
...         result = self.first ** self.second
...         return result
```

> a^b는 a**b로 표현했지!

pass 문장은 삭제하고 위와 같이 두 수의 거듭제곱을 구할 수 있는 pow 메서드를 추가했다. 그리고 다음과 같이 pow 메서드를 수행해 보자.

```
>>> a = MoreFourCal(4, 2)
>>> a.pow()
16
>>> a.add()
6
```

MoreFourCal 클래스로 만든 a 객체에 값 4와 2를 지정한 후 pow 메서드를 호출하면 4의 2제곱(4^2)인 16을 리턴하는 것을 확인할 수 있다. 상속받은 기능인 add 메서드도 잘 동작한다.

상속은 MoreFourCal 클래스처럼 기존 클래스(FourCal)는 그대로 놔둔 채 클래스의 기능을 확장할 때 주로 사용한다.

메서드 오버라이딩

이번에는 FourCal 클래스를 다음과 같이 실행해 보자.

```
>>> a = FourCal(4, 0)
>>> a.div()
Traceback (most recent call last):
  File "<stdin>", line 1, in <module>
    result = self.first / self.second
ZeroDivisionError: division by zero
```

FourCal 클래스의 객체 a에 값 4와 0을 지정하고 div 메서드를 호출하면 4를 0으로 나누려고 하므로 ZeroDivisionError 오류가 발생한다. 0으로 나눌 때 오류가 아닌 값 0을 리턴받고 싶다면 어떻게 해야 할까?

다음과 같이 FourCal 클래스를 상속하는 SafeFourCal 클래스를 만들어 보자.

```
>>> class SafeFourCal(FourCal):
...     def div(self):
...         if self.second == 0:    ← 나누는 값이 0인 경우, 값 0을 리턴하도록 수정
...             return 0
...         else:
...             return self.first / self.second
```

FourCal 클래스에 있는 div 메서드를 동일한 이름으로 다시 작성했다. 이렇게 부모 클래스 (상속한 클래스)에 있는 메서드를 동일한 이름으로 다시 만드는 것을 메서드 오버라이딩method overriding이라고 한다. 이렇게 메서드를 오버라이딩하면 부모 클래스의 메서드 대신 오버라이딩한 메서드가 호출된다.

SafeFourCal 클래스에 오버라이딩한 div 메서드는 나누는 값이 0인 경우에는 0을 리턴하도록 수정했다. 이제 다시 앞에서 수행한 예제를 FourCal 클래스 대신 SafeFourCal 클래스를 사용하여 수행해 보자.

```
>>> a = SafeFourCal(4, 0)
>>> a.div()
0
```

FourCal 클래스와 달리 ZeroDivisionError가 발생하지 않고 의도한 대로 0이 리턴되는 것을 확인할 수 있다.

클래스변수

객체변수는 다른 객체들의 영향을 받지 않고 독립적으로 그 값을 유지한다는 점을 이미 알아보았다. 이번에는 객체변수와는 성격이 다른 클래스변수에 대해 알아보자.

다음 클래스를 작성해 보자.

```
>>> class Family:
...     lastname = "김"
```

Family 클래스에 선언한 lastname이 바로 클래스변수이다. 클래스변수는 클래스 안에 함수를 선언하는 것과 마찬가지로 클래스 안에 변수를 선언하여 생성한다.

이제 Family 클래스를 다음과 같이 사용해 보자.

```
>>> Family.lastname
김
```

클래스변수는 위 예와 같이 **클래스_이름.클래스변수**로 사용할 수 있다.

또는 다음과 같이 Family 클래스로 만든 객체를 이용해도 클래스변수를 사용할 수 있다.

```
>>> a = Family()
>>> b = Family()
>>> a.lastname
김
>>> b.lastname
김
```

만약 Family 클래스의 lastname을 "박"이라는 문자열로 바꾸면 어떻게 될까? 다음과 같이 확인해 보자.

```
>>> Family.lastname = "박"
>>> a.lastname
박
>>> b.lastname
박
```

클래스변수의 값을 변경했더니 클래스로 만든 객체의 lastname 값도 모두 변경된다는 것을 확인할 수 있다. 즉, 클래스변수는 객체변수와 달리 클래스로 만든 모든 객체에 공유된다는 특징이 있다.

클래스변수를 가장 늦게 설명하는 이유는 클래스에서 객체변수가 클래스변수보다 훨씬 중요하기 때문이다. 실무에서 프로그래밍할 때도 클래스변수보다 객체변수를 사용하는 비율이 훨씬 높다.

클래스변수와 동일한 이름의 객체변수를 생성하면?

위의 예제에서 a.lastname을 다음처럼 변경하면 어떻게 될까?

```
>>> a.lastname = "최"   ← a 객체에 lastname 객체변수 생성
>>> a.lastname
최
```

이렇게 하면 Family 클래스의 lastname이 바뀌는 것이 아니라 a 객체에 lastname이라는 객체변수가 새롭게 생성된다. 즉, 객체변수는 클래스변수와 동일한 이름으로 생성할 수 있다.

a.lastname 객체변수를 생성하더라도 Family 클래스의 lastname과는 상관없다는 것을 다음과 같이 확인할 수 있다.

```
>>> Family.lastname
박
>>> b.lastname
박
```

Family 클래스의 lastname 값은 변하지 않았다.

05-2
모듈

모듈이란 함수나 변수 또는 클래스를 모아 놓은 파이썬 파일이다. 모듈은 다른 파이썬 프로그램에서 불러와 사용할 수 있도록 만든 파이썬 파일이라고도 할 수 있다. 우리는 파이썬으로 프로그래밍을 할 때 매우 많은 모듈을 사용한다. 다른 사람들이 이미 만들어 놓은 모듈을 사용할 수도 있고 우리가 직접 만들어 사용할 수도 있다. 여기에서는 모듈을 어떻게 만들고 사용할 수 있는지 알아본다.

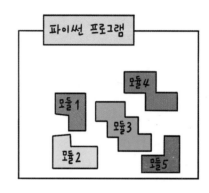

모듈 만들기

모듈에 대해 자세히 살펴보기 전에 간단한 모듈을 한번 만들어 보자.

mod1.py

```python
def add(a, b):
    return a + b


def sub(a, b):
    return a - b
```

위와 같이 add와 sub 함수만 있는 파일 mod1.py를 만들고 C:\doit 디렉터리에 저장하자. 이 mod1.py 파일이 바로 모듈이다. 지금까지 에디터로 만든 파이썬 파일과 다르지 않다.

◆ 파이썬 확장자 .py로 만든 파이썬 파일은 모두 모듈이다.

모듈 불러오기

우리가 만든 mod1.py 파일, 즉 모듈을 파이썬에서 불러와 사용하려면 어떻게 해야 할까?

먼저 다음과 같이 명령 프롬프트 창을 열고 mod1.py를 저장한 디렉터리(이 책에서는 C:\doit)로 이동한 후 대화형 인터프리터를 실행해 보자.

```
C:\Users\pahkey>cd C:\doit  ← 모듈을 저장한 디렉터리로 이동
C:\doit>dir  ← 디렉터리 안에 mod1.py 파일이 있는지 확인
...
2014-09-23 오후 01:53 49 mod1.py
...
C:\doit>python  ← 파이썬 인터프리터 실행
>>>
```

> dir은 디렉터리 (directory)의 줄임말이겠구나~

반드시 mod1.py 파일을 저장한 C:\doit 디렉터리로 이동한 후 예제를 진행해야 한다. 그래야만 대화형 인터프리터에서 mod1.py 모듈을 읽을 수 있다.

그리고 다음과 같이 따라 해 보자.

```
>>> import mod1
>>> print(mod1.add(3, 4))
7
>>> print(mod1.sub(4, 2))
2
```

mod1.py 모듈을 불러오기 위해 'import mod1'이라고 입력했다. 실수로 import mod1.py 라고 입력하지 않도록 주의하자. import는 이미 만들어 놓은 파이썬 모듈을 사용할 수 있게 해 주는 명령어이다. mod1. py 파일에 있는 add 함수를 사용하기 위해서는 mod1.add처럼 모듈 이름 뒤에 도트 연산자(.)를 붙이고 함수 이름을 쓰면 된다.

◈ import는 현재 디렉터리에 있는 파일이나 파이썬 라이브러리가 저장된 디렉터리에 있는 모듈만 불러올 수 있다.

◈ 파이썬 라이브러리는 파이썬을 설치할 때 자동으로 설치되는 파이썬 모듈을 말한다.

import의 사용 방법은 다음과 같다.

```
import 모듈_이름
```

여기에서 모듈 이름은 mod1.py에서 .py 확장자를 제거한 mod1만을 가리킨다.

때로는 mod1.add, mod1.sub처럼 쓰지 않고 add, sub처럼 모듈 이름 없이 함수 이름만 쓰고 싶은 경우도 있을 것이다. 이럴 때는 다음과 같이 사용하면 된다.

```
from 모듈_이름 import 모듈_함수
```

위와 같이 함수를 직접 import하면 모듈 이름을 붙이지 않고 바로 해당 모듈의 함수를 쓸 수 있다.

다음과 같이 따라 해 보자.

```
>>> from mod1 import add
>>> add(3, 4)
7
```

그런데 이렇게 하면 mod1.py 파일의 add 함수 하나만 사용할 수 있다. add 함수와 sub 함수 둘 다 모듈 이름을 붙이지 않고 사용하려면 어떻게 해야 할까?

2가지 방법이 있다.

```
from mod1 import add, sub
```

첫 번째 방법은 위와 같이 from 모듈_이름 import 모듈_함수1, 모듈_함수2처럼 사용하는 것이다. 쉼표(,)로 구분하여 필요한 함수를 불러올 수 있다.

```
from mod1 import *
```

두 번째 방법은 * 문자를 사용하는 것이다. 08장에서 공부할 정규 표현식에서 * 문자는 '모든 것'이라는 뜻인데, 파이썬에서도 같은 의미로 사용한다. 따라서 from mod1 import *은 mod1 모듈의 모든 함수를 불러와 사용하겠다는 뜻이다.

mod1.py 파일에는 함수가 2개밖에 없으므로 위 2가지 방법은 동일하게 적용된다.

if __name__ == "__main__":의 의미

이번에는 mod1.py 파일을 다음과 같이 수정해 보자.

```
mod1.py

def add(a, b):
    return a + b


def sub(a, b):
    return a - b


print(add(1, 4))
print(sub(4, 2))
```

add(1, 4)와 sub(4, 2)의 결과를 출력하는 문장을 추가했다. 그리고 출력한 결괏값을 확인하기 위해 mod1.py 파일을 다음과 같이 실행해 보자.

```
C:\doit>python mod1.py
5   ← 1 + 4
2   ← 4 - 2
```

예상한 대로 결괏값이 잘 출력된다. 그런데 이 mod1.py 파일의 add와 sub 함수를 사용하기 위해 mod1 모듈을 import할 때는 조금 이상한 문제가 생긴다. 명령 프롬프트 창에서 다음을 따라 해 보자.

```
C:\Users\pahkey> cd C:\doit
C:\doit> python
>>> import mod1
5
2
```

엉뚱하게도 import mod1을 수행하는 순간 mod1.py 파일이 실행되어 결괏값을 출력한다. 우리는 단지 mod1.py 파일의 add와 sub 함수만 사용하려고 했는데 말이다.

이러한 문제를 방지하려면 mod1.py 파일을 다음처럼 수정해야 한다.

```
mod1.py
```

```python
def add(a, b):
    return a + b

def sub(a, b):
    return a - b

if __name__ == "__main__":
    print(add(1, 4))
    print(sub(4, 2))
```

if __name__ == "__main__"을 사용하면 C:\doit>python mod1.py처럼 직접 이 파일을
실행했을 때는__name__ == "__main__"이 참이 되어 if 문 다음 문장이 수행된다. 이와 반
대로 대화형 인터프리터나 다른 파일에서 이 모듈을 불러 사용할 때는 __name__ == "__
main__"이 거짓이 되어 if 문 다음 문장이 수행되지 않는다.

위와 같이 수정한 후 다시 대화형 인터프리터를 열고 실행해 보자.

```
>>> import mod1
>>>
```

아무런 결괏값도 출력되지 않는 것을 확인할 수 있다.

__name__ 변수란?

파이썬의 __name__ 변수는 파이썬이 내부적으로 사용하는 특별한 변수 이름이다. 만약
C:\doit>python mod1.py처럼 직접 mod1.py 파일을 실행할 경우, mod1.py의 __name__ 변
수에는 __main__ 값이 저장된다. 하지만 파이썬 셸이나 다른 파이썬 모듈에서 mod1을 import할
경우에는 mod1.py의 __name__ 변수에 mod1.py의 모듈 이름인 mod1이 저장된다.

```
>>> import mod1
>>> mod1.__name__
'mod1'
```

클래스나 변수 등을 포함한 모듈

지금까지 살펴본 모듈은 함수만 포함했지만, 클래스나 변수 등을 포함할 수도 있다. 다음과 같은 프로그램을 작성해 보자.

```
mod2.py
PI = 3.141592

class Math:
    def solv(self, r):
        return PI * (r ** 2)


def add(a, b):
    return a + b
```

이 파일은 원의 넓이를 계산하는 Math 클래스와 두 값을 더하는 add 함수 그리고 원주율 값에 해당하는 PI 변수처럼 클래스, 함수, 변수 등을 모두 포함하고 있다.

파일 이름을 mod2.py로 하고 C:\doit 디렉터리에 저장하자. 그리고 대화형 인터프리터를 열어 다음과 같이 따라 해 보자.

```
C:\Users\pahkey> cd C:\doit
C:\doit> python
>>> import mod2
>>> print(mod2.PI)  ← PI 변수 사용
3.141592
```

위 예에서 볼 수 있듯이 mod2.PI를 입력해서 mod2.py 파일에 있는 PI 변수의 값을 사용할 수 있다.

```
>>> a = mod2.Math()  ← Math 클래스 사용
>>> print(a.solv(2))
12.566368
```

위 예는 mod2.py에 있는 Math 클래스를 사용하는 방법을 보여 준다.

```
>>> print(mod2.add(mod2.PI, 4.4))  ←── add 함수 사용
7.541592
```

mod2.py에 있는 add 함수 역시 당연히 사용할 수 있다.

 mod2.py 모듈을 사용해 반지름이 5인 원의 넓이를 계산해 보자.

정답 403쪽

다른 파일에서 모듈 불러오기

지금까지는 만들어 놓은 모듈 파일을 사용하기 위해 대화형 인터프리터만 사용했다. 이번에는 다른 파이썬 파일에서 이전에 만들어 놓은 모듈을 불러와서 사용하는 방법에 대해 알아보자. 여기에서는 조금 전에 만든 모듈인 mod2.py 파일을 불러올 것이다.

먼저 에디터로 C:\doit\modtest.py 파일을 생성하고 다음과 같이 작성하자.

modtest.py
```
import mod2
result = mod2.add(3, 4)
print(result)
```

위에서 볼 수 있듯이 다른 파이썬 파일에서도 import mod2로 mod2 모듈을 불러와서 사용할 수 있다. 대화형 인터프리터에서 한 것과 동일한 방법이다. 위 예제가 정상적으로 실행되기 위해서는 modtest.py 파일과 mod2.py 파일이 동일한 디렉터리(C:\doit)에 있어야 한다.

다른 디렉터리에 있는 모듈을 불러오는 방법

우리는 지금까지 해당 모듈이 있는 디렉터리로 이동한 후에야 그 모듈을 사용할 수 있었다. 이번에는 모듈을 저장한 디렉터리로 이동하지 않고 모듈을 불러와서 사용하는 방법에 대해 알아보자.

먼저 다음과 같이 이전에 만든 mod2.py 파일을 C:\doit\mymod로 이동시킨다.

```
C:\Users\pahkey>cd C:\doit
C:\doit>mkdir mymod  ←── mymod 디렉터리 생성
C:\doit>move mod2.py mymod  ←── 지정한 디렉터리로 파일 이동
        1개 파일을 이동했습니다.
```

그리고 다음 예를 따라 해 보자.

sys.path.append 사용하기

먼저 파이썬 셸을 실행한 후 sys 모듈을 불러온다.

```
C:\doit>python
>>> import sys
```

sys 모듈은 파이썬을 설치할 때 함께 설치되는 라이브러리 모듈이다. 이 sys 모듈을 사용하면 파이썬 라이브러리가 설치되어 있는 디렉터리를 확인할 수 있다.

다음과 같이 입력해 보자.

```
>>> sys.path
['', 'C:\\Windows\\SYSTEM32\\python311.zip', 'c:\\Python311\\DLLs',
 'c:\\Python311\\lib', 'c:\\Python311', 'c:\\Python311\\lib\\site-packages']
```

sys.path는 파이썬 라이브러리가 설치되어 있는 디렉터리 목록을 보여 준다. 이 디렉터리 안에 저장된 파이썬 모듈은 모듈이 저장된 디렉터리로 이동할 필요 없이 바로 불러 사용할 수 있다.

그렇다면 sys.path에 C:\doit\mymod 디렉터리를 추가하면 mymod 디렉터리에 저장된 파이썬 모듈은 아무 곳에서나 불러 사용할 수 있지 않을까? 당연하다. sys.path는 리스트이므로 우리는 다음과 같이 할 수 있다.

```
>>> sys.path.append("C:/doit/mymod")
>>> sys.path
['', 'C:\\Windows\\SYSTEM32\\python311.zip', 'c:\\Python311\\DLLs',
 'c:\\Python311\\lib', 'c:\\Python311', 'c:\\Python311\\lib\\site-packages',
 'C:/doit/mymod']
```

sys.path.append를 사용해서 C:/doit/mymod라는 디렉터리를 sys.path에 추가했다. 그리고 다시 sys.path를 출력해 보니 가상 마시막에 C:/doit/mymod 니렉터리가 추가되있다.

실제로 디렉터리 이동 없이 바로 모듈을 불러와서 사용할 수 있는지 확인해 보자.

```
>>> import mod2
>>> print(mod2.add(3, 4))
7
```

이상 없이 불러와서 사용할 수 있다.

PYTHONPATH 환경 변수 사용하기

모듈을 불러와서 사용하는 또 다른 방법으로는 PYTHONPATH 환경 변수를 사용하는 것이 있다.

다음과 같이 따라 해 보자.

```
C:\doit>set PYTHONPATH=C:\doit\mymod
C:\doit>python
>>> import mod2
>>> print(mod2.add(3, 4))
7
```

set 명령어를 사용해 PYTHONPATH 환경 변수에 mod2.py 파일이 있는 C:\doit\mymod 디렉터리를 설정한다. 그러면 디렉터리 이동이나 별도의 모듈 추가 작업 없이 mymod 디렉터리에 저장된 mod2 모듈을 불러와서 사용할 수 있다.

◈ 맥이나 유닉스 환경에서는 set 대신 export 명령을 사용해야 한다.

05-3
패키지

파이썬에서 패키지^{packages}란 관련 있는 모듈의 집합을 말한다. 패키지는 파이썬 모듈을 계층적
(디렉터리 구조)으로 관리할 수 있게 해 준다.

◆ 파이썬에서 모듈은 하나의 .py 파일이다.

파이썬 패키지는 디렉터리와 파이썬 모듈로
이루어진다. 오른쪽은 필자가 임의로 그려 본
game이라는 파이썬 패키지의 구조이다.

game, sound, graphic, play는 디렉터리, 확
장자가 .py인 파일은 파이썬 모듈이다. game
디렉터리가 이 패키지의 루트 디렉터리,
sound, graphic, play는 서브 디렉터리이다.

간단한 파이썬 프로그램이 아니라면 이렇게
패키지 구조로 파이썬 프로그램을 만드는 것
이 공동 작업이나 유지 보수 등 여러 면에서
유리하다. 또한 패키지 구조로 모듈을 만들면
다른 모듈과 이름이 겹치더라도 더 안전하게
사용할 수 있다.

```
game/
    __init__.py
    sound/
        __init__.py
        echo.py
        wav.py
    graphic/
        __init__.py
        screen.py
        render.py
    play/
        __init__.py
        run.py
        test.py
```

가상의 game 패키지 예

◆ __init__.py 파일은 조금 특이한 용도로 사용하는데, 뒤에서
자세하게 다룬다.

패키지 만들기

이제 위 예와 비슷한 game 패키지를 직접 만들어 보면서 패키지에 대해서 알아보자.

1. C:/doit 디렉터리 밑에 game 및 기타 서브 디렉터리를 생성하고 .py 파일들을 다음과 같이 만들어 보자(만약 C:/doit 디렉터리가 없다면 먼저 생성하고 진행하자).

```
C:/doit/game/__init__.py
C:/doit/game/sound/__init__.py
C:/doit/game/sound/echo.py
C:/doit/game/graphic/__init__.py
C:/doit/game/graphic/render.py
```

2. 각 디렉터리에 __init__.py 파일을 만들어 놓기만 하고 내용은 일단 비워 둔다.

3. echo.py 파일의 내용은 다음과 같이 작성한다.

echo.py
```
def echo_test():
    print("echo")
```

4. render.py 파일의 내용은 다음과 같이 작성한다.

render.py
```
def render_test():
    print("render")
```

5. 다음 예제를 수행하기 전에 우리가 만든 game 패키지를 참조할 수 있도록 명령 프롬프트 창에서 set 명령어로 PYTHONPATH 환경 변수에 C:/doit 디렉터리를 추가한다. 그리고 파이썬 인터프리터를 실행한다.

```
C:\>set PYTHONPATH=C:/doit
C:\>python
>>>
```

여기까지 준비가 되었다면 다음을 따라 해 보자.

 다음에 나올 실습은 반드시 명령 프롬프트에서 파이썬 인터프리터를 실행하여 진행해야 한다. 많은 독자가 IDLE 셸 또는 비주얼 스튜디오의 파이썬 셸에서 다음 예제를 실행하다가 오류를 만난다.

패키지 안의 함수 실행하기

이제 패키지를 사용하여 echo.py 파일의 echo_test 함수를 실행해 보자. 패키지 안의 함수를 실행하는 방법에는 3가지가 있다. 다음은 import 예제이므로 하나의 예제를 실행하고 나서 다음 예제를 실행할 때는 반드시 인터프리터를 종료하고 다시 실행해야 한다. 인터프리터를 다시 시작하지 않을 경우, 이전에 import한 것들이 메모리에 남아 있어 엉뚱한 결과가 나올 수 있다.

첫 번째는 echo 모듈을 import하여 실행하는 방법으로, 다음과 같이 실행한다.

◆ echo 모듈은 echo.py 파일이다.

```
>>> import game.sound.echo
>>> game.sound.echo.echo_test()
echo
```

두 번째는 echo 모듈이 있는 디렉터리까지를 from ... import하여 실행하는 방법이다. 앞에서 import한 모듈 때문에 오류가 발생할 수 있으므로 인터프리터를 다시 시작한 후 다음 소스를 입력하자.

```
>>> exit()     ← 인터프리터 종료
C:\>python     ← 인터프리터 재시작
>>> from game.sound import echo
>>> echo.echo_test()
echo
```

세 번째는 echo 모듈의 echo_test 함수를 직접 import하여 실행하는 방법이다.

```
>>> from game.sound.echo import echo_test
>>> echo_test()
echo
```

하지만 다음과 같이 echo_test 함수를 사용하는 것은 불가능하다.

◈ 다음 예제도 반드시 파이썬 인터프리터를 재시작하고 진행해야 한다.

```
>>> import game
>>> game.sound.echo.echo_test()
Traceback (most recent call last):
    File "<stdin>", line 1, in <module>
AttributeError: 'module' object has no attribute 'sound'
```

import game을 수행하면 game 디렉터리의 __init__.py에 정의한 것만 참조할 수 있다.

또 다음처럼 echo_test 함수를 사용하는 것도 불가능하다.

```
>>> import game.sound.echo.echo_test
Traceback (most recent call last):
    File "<stdin>", line 1, in <module>
 ModuleNotFoundError: No module named 'game.sound.echo.echo_test'; 'game.sound.
echo' is not a package
```

도트 연산자(.)를 사용해서 import a.b.c처럼 import할 때 가장 마지막 항목인 c는 반드시 모듈 또는 패키지여야만 한다.

__init__.py의 용도

__init__.py 파일은 해당 디렉터리가 패키지의 일부임을 알려 주는 역할을 한다. 만약 game, sound, graphic 등 패키지에 포함된 디렉터리에 __init__.py 파일이 없다면 패키지로 인식되지 않는다.

◈ python 3.3 버전부터는 __init__.py 파일이 없어도 패키지로 인식한다(PEP 420). 하지만 하위 버전 호환을 위해 __init__.py 파일을 생성하는 것이 안전한 방법이다.

또한, __init__.py 파일은 패키지와 관련된 설정이나 초기화 코드를 포함할 수 있다. 다양한 방법으로 활용할 수 있는데, 몇 가지 예를 들어 살펴보자.

◆ 다음에 나오는 예제는 __init__.py 파일을 수정한 후 반드시 파이썬 인터프리터를 종료하고 다시 실행해야 한다.

패키지 변수 및 함수 정의

패키지 수준에서 변수와 함수를 정의할 수 있다. 예를 들어, game 패키지의 __init__.py 파일에 공통 변수나 함수를 정의할 수 있다.

C:/doit/game/__init__.py

```
VERSION = 3.5


def print_version_info():
    print(f"The version of this game is {VERSION}.")
```

이렇게 패키지의 __init__.py 파일에 정의된 변수와 함수는 다음과 같이 사용할 수 있다.

```
>>> import game
>>> print(game.VERSION)
3.5
>>> game.print_version_info()
The version of this game is 3.5.
```

패키지 내 모듈을 미리 import

__init__.py 파일에 패키지 내의 다른 모듈을 미리 import하여 패키지를 사용하는 코드에서 간편하게 접근할 수 있게 한다.

C:/doit/game/__init__.py

```
from .graphic.render import render_test


VERSION = 3.5


def print_version_info():
    print(f"The version of this game is {VERSION}.")
```

◆ from .graphic.render import render_test 문장에서 .graphic.render에 사용한 맨 앞의 .은 현재 디렉터리를 의미한다. 이에 대해서는 뒤에서 자세히 알아본다.

이제 패키지를 사용하는 코드에서는 다음과 같이 간편하게 game 패키지를 통해 render_test 함수를 사용할 수 있다.

```
>>> import game
>>> game.render_test()
render
```

패키지 초기화

__ini__.py 파일에 패키지를 처음 불러올 때 실행되어야 하는 코드를 작성할 수 있다. 예를 들어 데이터베이스 연결이나 설정 파일 로드와 같은 작업을 수행할 수 있다.

C:/doit/game/__init__.py

```
from .graphic.render import render_test

VERSION = 3.5

def print_version_info():
    print(f"The version of this game is {VERSION}.")

# 여기에 패키지 초기화 코드를 작성한다.
print("Initializing game ...")
```

이렇게 하면 패키지를 처음 import할 때 초기화 코드가 실행된다.

```
>>> import game
Initializing game ...
>>>
```

game 패키지의 초기화 코드는 game 패키지의 하위 모듈의 함수를 import할 경우에도 실행된다.

```
>>> from game.graphic.render import render_test
Initializing game ...
>>>
```

단, 초기화 코드는 한 번 실행된 후에는 다시 import를 수행하더라도 실행되지 않는다. 예를 들어 다음과 같이 game 패키지를 import한 후에 하위 모듈을 다시 import 하더라도 초기화 코드는 처음 한 번만 실행된다.

```
>>> import game
Initializing game ...
>>> from game.graphic.render import render_test
>>>
```

__all__

이번에는 다음을 따라 해 보자.

```
>>> from game.sound import *
Initializing game ...
>>> echo.echo_test()
Traceback (most recent call last):
    File "<stdin>", line 1, in <module>
NameError: name 'echo' is not defined
```

뭔가 이상하지 않은가? 분명 game.sound 패키지에서 모든 것(*)을 import했으므로 echo 모듈을 사용할 수 있어야 할 것 같은데, echo라는 이름이 정의되지 않았다는 오류가 발생했다.

이렇게 특정 디렉터리의 모듈을 *를 사용하여 import할 때는 다음과 같이 해당 디렉터리의 __init__.py 파일에 __all__ 변수를 설정하고 import할 수 있는 모듈을 정의해 주어야 한다.

C:/doit/game/sound/__init__.py

```
__all__ = ['echo']
```

여기에서 __all__이 의미하는 것은 sound 디렉터리에서 *를 사용하여 import할 경우, 이곳에 정의된 echo 모듈만 import된다는 의미이다.

◆ 착각하기 쉬운데 from game.sound.echo import *은 __all__과 상관없이 import된다. 이렇게 __all__과 상관없이 무조건 import되는 경우는 from a.b.c import *에서 from의 마지막 항목인 c가 모듈인 때이다.

위와 같이 __init__.py 파일을 변경한 후 예제를 수행하면 원하는 결과가 출력되는 것을 확인할 수 있다.

```
>>> from game.sound import *
Initializing game ...
>>> echo.echo_test()
echo
```

relative 패키지

만약 graphic 디렉터리의 render.py 모듈에서 sound 디렉터리의 echo.py 모듈을 사용하고 싶다면 어떻게 해야 할까? 다음과 같이 render.py를 수정하면 가능하다.

render.py

```
from game.sound.echo import echo_test
def render_test():
    print("render")
    echo_test()
```

from game.sound.echo import echo_test 문장을 추가하여 echo_test 함수를 사용할 수 있도록 수정했다.

이렇게 수정한 후 다음과 같이 실행해 보자.

```
>>> from game.graphic.render import render_test
Initializing game ...
>>> render_test()
render
echo
```

이상 없이 잘 수행된다.

위 예제처럼 from game.sound.echo import echo_test를 입력해 전체 경로를 사용하여 import할 수도 있지만, 다음과 같이 relative하게 import하는 것도 가능하다.

```
from ..sound.echo import echo_test
def render_test():
    print("render")
    echo_test()
```

from game.sound.echo import echo_test를 from ..sound.echo import echo_test로 수정했다. 여기에서 ..은 render.py 파일의 부모 디렉터리를 의미한다. 따라서 render.py 파일의 부모 디렉터리는 game이므로 위와 같은 import가 가능한 것이다.

◈ render.py 파일의 현재 디렉터리는 graphic, 부모 디렉터리는 game이다.

relative한 접근자에는 다음과 같은 것이 있다.

접근자	설명
..	부모 디렉터리를 의미한다.
.	현재 디렉터리를 의미한다.

05-4

예외 처리

프로그램을 만들다 보면 수없이 많은 오류를 만나게 된다. 물론 오류가 발생하는 이유는 프로그램이 잘못 동작하는 것을 막기 위한 파이썬의 배려이다. 이번에는 파이썬에서 오류를 처리하는 방법에 대해서 알아보자.

오류는 언제 발생하는가?

오류를 처리하는 방법을 공부하기 전에 어떤 상황에서 오류가 발생하는지 한번 알아보자. 오타를 입력했을 때 발생하는 구문 오류 같은 것이 아닌 실제 프로그램에서 자주 발생하는 오류를 중심으로 살펴보자.

먼저 존재하지 않는 파일을 사용하려고 시도했을 때 발생하는 오류이다.

```
>>> f = open("나없는파일", 'r')
Traceback (most recent call last):
  File "<stdin>", line 1, in <module>
FileNotFoundError: [Errno 2] No such file or directory: '나없는파일'
```

위 예에서 볼 수 있듯이 없는 파일을 열려고 시도하면 FileNotFoundError 오류가 발생한다.

이번에는 0으로 다른 숫자를 나누는 경우를 생각해 보자. 이 역시 자주 발생하는 오류이다.

```
>>> 4 / 0
Traceback (most recent call last):
  File "<stdin>", line 1, in <module>
ZeroDivisionError: division by zero
```

4를 0으로 나누려고 하니 ZeroDivisionError 오류가 발생한다.

마지막으로 1가지 예를 더 들어 보자. 다음 오류는 정말 빈번하게 일어난다.

```
>>> a = [1, 2, 3]
>>> a[3]
Traceback (most recent call last):
  File "<stdin>", line 1, in <module>
IndexError: list index out of range
```

a[3]은 a의 네 번째 요솟값을 가리키는데, a 리스트에는 값이 3개밖에 없으므로([1, 2, 3]) 값을 얻을 수 없다. 따라서 IndexError 오류가 발생한다. 파이썬은 이런 오류가 발생하면 프로그램을 중단하고 오류 메시지를 보여 준다.

오류 예외 처리 기법

이제 유연한 프로그래밍을 위한 오류 처리 방법에 대해 알아보자.

try-except 문

다음은 오류를 처리하기 위한 try-except 문의 기본 구조이다.

```
try:
    ...
except [발생_오류 [as 오류_변수]]:
    ...
```

try 블록 수행 중 오류가 발생하면 except 블록이 수행된다. 하지만 try 블록에서 오류가 발생하지 않는다면 except 블록은 수행되지 않는다.

except 구문을 자세히 살펴보자.

```
except [발생_오류 [as 오류_변수]]:
```

위 구문을 보면 []를 사용하는데, 이 기호는 괄호 안의 내용을 생략할 수 있다는 관례적인 표기법이다. 즉, except 구문은 다음 3가지 방법으로 사용할 수 있다.

1. try-except만 쓰는 방법

```
try:
    ...
except:
    ...
```

이 경우에는 오류의 종류에 상관없이 오류가 발생하면 except 블록을 수행한다.

2. 발생 오류만 포함한 except 문

```
try:
    ...
except 발생_오류:
    ...
```

이 경우는 오류가 발생했을 때 except 문에 미리 정해 놓은 오류와 동일한 오류일 경우에만 except 블록을 수행한다는 뜻이다.

3. 발생 오류와 오류 변수까지 포함한 except 문

```
try:
    ...
except 발생_오류 as 오류_변수:
    ...
```

이 경우는 두 번째 경우에서 오류의 내용까지 알고 싶을 때 사용하는 방법이다.

이 방법의 예를 들어 보면 다음과 같다.

`try_except.py`

```
try:
    4 / 0
except ZeroDivisionError as e:
    print(e)
```

위처럼 4를 0으로 나누려고 하면 ZeroDivisionError가 발생하여 except 블록이 실행되고 오류 변수 e에 담기는 오류 메시지를 출력할 수 있다. 출력되는 오류 메시지는 다음과 같다.

```
division by zero
```

try-finally 문

try 문에는 finally 절을 사용할 수 있다. finally 절은 try 문 수행 도중 예외 발생 여부에 상관 없이 항상 수행된다. 보통 finally 절은 사용한 리소스를 close해야 할 때 많이 사용한다.

다음 예를 살펴보자.

try_finally.py

```python
try:
    f = open('foo.txt', 'w')
    # 무언가를 수행

    (...생략...)

finally:
    f.close()    # 중간에 오류가 발생하더라도 무조건 실행
```

foo.txt 파일을 쓰기 모드로 연 후 예외 발생 여부에 상관없이 항상 파일을 닫아 주려면 try-finally 문을 사용하면 된다.

여러 개의 오류 처리하기

try 문 안에서 여러 개의 오류를 처리하려면 다음과 같이 사용해야 한다.

```python
try:
    ...
except 발생_오류1:
    ...
except 발생_오류2:
    ...
```

234 첫째마당 · 파이썬 기초 익히기

즉, 0으로 나누는 오류와 인덱싱 오류를 다음과 같이 처리할 수 있다.

```
many_error.py
try:
    a = [1, 2]
    print(a[3])
    4 / 0
except ZeroDivisionError:
    print("0으로 나눌 수 없습니다.")
except IndexError:
    print("인덱싱할 수 없습니다.")
```

a는 2개의 요솟값을 가지고 있으므로 a[3]이 IndexError를 발생시켜 "인덱싱할 수 없습니다."라는 문자열을 출력할 것이다. 인덱싱 오류가 먼저 발생했으므로 4 / 0에 따른 Zero
DivisionError 오류는 발생하지 않는다.

앞에서 알아본 것과 마찬가지로 오류 메시지도 다음과 같이 확인할 수 있다.

```
try:
    a = [1, 2]
    print(a[3])
    4 / 0
except ZeroDivisionError as e:
    print(e)
except IndexError as e:
    print(e)
```

프로그램을 실행하면 'list index out of range'라는 오류 메시지가 출력될 것이다.

다음과 같이 ZerroDivisionError와 IndexError를 함께 처리할 수도 있다.

```
try:
    a = [1, 2]
    print(a[3])
    4 / 0
except (ZeroDivisionError, IndexError) as e:
    print(e)
```

2개 이상의 오류를 동일하게 처리하기 위해서는 위와 같이 괄호를 사용하여 함께 묶어 처리하면 된다.

try-else 문

try 문에는 다음처럼 else 절을 사용할 수도 있다.

```
try:
    ...
except [발생_오류 [as 오류_변수]]:
    ...
else:      ← 오류가 없을 경우에만 수행
    ...
```

try 문 수행 중 오류가 발생하면 except 절, 오류가 발생하지 않으면 else 절이 수행된다.

다음은 try 문에 else 절을 사용한 간단한 예제이다.

```
try_else.py
try:
    age = int(input('나이를 입력하세요: '))
except:
    print('입력이 정확하지 않습니다.')
else:
    if age <= 18:
        print('미성년자는 출입금지입니다.')
    else:
        print('환영합니다.')
```

만약 '나이를 입력하세요: '라는 질문에 숫자가 아닌 다른 값을 입력하면 오류가 발생하여 '입력이 정확하지 않습니다.'라는 문장을 출력한다. 오류가 없을 경우에만 else 절이 수행된다.

오류 회피하기

코드를 작성하다 보면 특정 오류가 발생할 경우 그냥 통과시켜야 할 때가 있다. 다음 예를 살펴보자.

```python
# error_pass.py
try:
    f = open("나없는파일", 'r')
exccpt FilcNotFoundError:    # 파일이 없더라도 오류가 발생하지 않고 통과
    pass
```

try 문 안에서 FileNotFoundError가 발생할 경우, pass를 사용하여 오류를 그냥 회피하도록 작성한 예제이다.

오류 일부러 발생시키기

이상하게 들리겠지만, 프로그래밍을 하다 보면 종종 오류를 일부러 발생시켜야 할 경우도 생긴다. 파이썬은 raise 명령어를 사용해 오류를 강제로 발생시킬 수 있다.

예를 들어 Bird 클래스를 상속받는 자식 클래스는 반드시 fly라는 함수를 구현하도록 만들고 싶은 경우(강제로 그렇게 하고 싶은 경우)가 있을 수 있다. 다음 예를 살펴보자.

```python
# error_raise.py
class Bird:
    def fly(self):
        raise NotImplementedError
```

Bird 클래스를 상속받는 자식 클래스는 반드시 fly 함수를 구현해야 한다는 의지를 보여 준다. 만약 자식 클래스가 fly 함수를 구현하지 않은 상태로 fly 함수를 호출한다면 어떻게 될까?

◈ NotImplementedError는 파이썬에 이미 정의되어 있는 오류로, 꼭 작성해야 하는 부분이 구현되지 않았을 경우 일부러 오류를 발생시키기 위해 사용한다.

```python
class Eagle(Bird):
    pass


eagle = Eagle()
eagle.fly()
```

Eagle 클래스는 Bird 클래스를 상속받았다. 그런데 Eagle 클래스는 fly 메서드를 오버라이딩하여 구현하지 않았다. 따라서 eagle 객체의 fly 메서드를 수행하는 순간, Bird 클래스의 fly 메서드가 수행되어 NotImplementedError가 발생한다.

```
Traceback (most recent call last):
  File "...", line 33, in <module>
    eagle.fly()
  File "...", line 26, in fly
    raise NotImplementedError
NotImplementedError
```

◈ 상속받는 클래스에서 메서드를 재구현하는 것을 '메서드 오버라이딩'이라고 한다.

NotImplementedError가 발생하지 않게 하려면 다음과 같이 Eagle 클래스에 fly 함수를 구현해야 한다.

```
class Eagle(Bird):
    def fly(self):
        print("very fast")


eagle = Eagle()
eagle.fly()
```

```
very fast
```

위 예처럼 fly 함수를 구현한 후 프로그램을 실행하면 오류 없이 다음 문장이 출력된다.

예외 만들기

프로그램을 수행하다가 특수한 경우에만 예외 처리를 하려고 종종 예외를 만들어서 사용한다. 이번에는 직접 예외를 만들어 보자.

예외는 다음과 같이 파이썬 내장 클래스인 Exception 클래스를 상속하여 만들 수 있다.

error_make.py

```
class MyError(Exception):
    pass
```

그리고 별명을 출력하는 함수를 다음과 같이 작성해 보자.

```python
def say_nick(nick):
    if nick == '바보':
        raise MyError()
    print(nick)
```

그리고 다음과 같이 say_nick 함수를 호출해 보사.

```python
say_nick("천사")
say_nick("바보")
```

저장한 후 프로그램을 실행해 보면 다음과 같이 "천사"가 한 번 출력된 후 MyError가 발생한다.

```
실행 결과
천사
Traceback (most recent call last):
  File "...", line 11, in <module>
    say_nick("바보")
  File "...", line 7, in say_nick
    raise MyError()
__main__.MyError
```

이번에는 예외 처리 기법을 사용하여 MyError 발생을 예외 처리해 보자. 프로그램을 실행하면 다음과 같이 출력된다.

```python
try:
    say_nick("천사")
    say_nick("바보")
except MyError:
    print("허용되지 않는 별명입니다.")
```

```
실행 결과
천사
허용되지 않는 별명입니다.
```

만약 오류 메시지를 사용하고 싶다면 다음처럼 예외 처리를 하면 된다.

```
try:
    say_nick("천사")
    say_nick("바보")
except MyError as e:
    print(e)
```

하지만 프로그램을 실행해 보면 print(e)로 오류 메시지가 출력되지 않는 것을 확인할 수 있다. 오류 메시지를 출력했을 때 오류 메시지가 보이게 하려면 오류 클래스에 다음과 같은 __str__ 메서드를 구현해야 한다. __str__ 메서드는 print(e)처럼 오류 메시지를 print 문으로 출력할 경우에 호출되는 메서드이다.

```
class MyError(Exception):
    def __str__(self):
        return "허용되지 않는 별명입니다."
```

프로그램을 다시 실행해 보면 "허용되지 않는 별명입니다."라는 오류 메시지가 출력되는 것을 확인할 수 있을 것이다.

05-5

내장 함수

지금까지 파이썬으로 프로그래밍하기 위해 알아야 하는 것들을 대부분 공부했다. 이제 여러분은 원하는 프로그램을 직접 만들 수 있을 것이다. 하지만 그 전에 먼저 여러분이 만들려는 프로그램이 이미 만들어져 있는지 살펴보기 바란다.

물론 공부를 위해서라면 누군가 만들어 놓은 프로그램을 또 만들 수도 있다. 하지만 그런 목적이 아니라면 이미 만들어진 것을 다시 만드는 것은 불필요한 행동이다. 그리고 이미 만들어진 프로그램은 테스트 과정을 수없이 거쳤기 때문에 충분히 검증되어 있다. 따라서 무엇인가 새로운 프로그램을 만들기 전에는 이미 만들어진 것들, 그중에서도 특히 파이썬 배포본에 함께 들어 있는 파이썬 라이브러리를 살펴보는 것이 매우 중요하다.

Don't Reinvent
the Wheel!

이미 있는 것을 다시 만드느라 시간을 낭비하지 말라.

라이브러리를 살펴보기 전에 파이썬 내장^{built-in} 함수를 먼저 살펴보자. 우리는 이미 몇 가지 내장 함수를 배웠다. print, del, type 등이 바로 그것이다. 이러한 파이썬 내장 함수는 파이썬 모듈과 달리 import가 필요하지 않기 때문에 아무런 설정 없이 바로 사용할 수 있다.

이 책에서는 활용 빈도가 높고 중요한 함수를 중심으로 알파벳 순서대로 간략히 정리했다. 파이썬으로 프로그래밍을 하기 위해 이들 함수를 지금 당장 모두 알아야 하는 것은 아니므로 가벼운 마음으로 천천히 살펴보자.

abs

abs(x)는 어떤 숫자를 입력받았을 때 그 숫자의 절댓값을 리턴하는 함수이다.

```
>>> abs(3)
3
>>> abs(-3)
3
>>> abs(-1.2)
1.2
```

all

all(x)는 반복 가능한 데이터 x를 입력값으로 받으며 이 x의 요소가 모두 참이면 True, 거짓이 하나라도 있으면 False를 리턴한다.

◆ 반복 가능한 데이터란 for 문에서 사용할 수 있는 자료형을 의미한다. 리스트, 튜플, 문자열, 딕셔너리, 집합 등이 있다.

다음 예를 살펴보자.

```
>>> all([1, 2, 3])
True
```

리스트 [1, 2, 3]은 모든 요소가 참이므로 True를 리턴한다.

```
>>> all([1, 2, 3, 0])
False
```

리스트 [1, 2, 3, 0] 중에서 요소 0은 거짓이므로 False를 리턴한다.

```
>>> all([])
True
```

만약 all의 입력 인수가 빈 값인 경우에는 True를 리턴한다.

◆ 자료형의 참과 거짓은 02-7을 참고하기 바란다.

any

any(x)는 반복 가능한 데이터 x를 입력으로 받아 x의 요소 중 하나라도 참이 있으면 True를 리턴하고 x가 모두 거짓일 때만 False를 리턴한다. 즉, all(x)의 반대로 작동한다.

다음 예를 살펴보자.

```
>>> any([1, 2, 3, 0])
True
```

리스트 [1, 2, 3, 0] 중에서 1, 2, 3이 참이므로 True를 리턴한다.

```
>>> any([0, ""])
False
```

리스트 [0, ""]의 요소 0과 ""은 모두 거짓이므로 False를 리턴한다.

```
>>> any([])
False
```

만약 any의 입력 인수가 빈 값인 경우에는 False를 리턴한다.

chr

chr(i)는 유니코드 숫자 값을 입력받아 그 코드에 해당하는 문자를 리턴하는 함수이다.

◆ 유니코드는 전 세계의 모든 문자를 컴퓨터에서 일관되게 표현하고 다룰 수 있도록 설계된 산업 표준 코드이다.

```
>>> chr(97)
'a'
>>> chr(44032)
'가'
```

dir

dir은 객체가 지닌 변수나 함수를 보여 주는 함수이다. 다음 예는 리스트와 딕셔너리가 지닌 함수(메서드)를 보여 주는 예이다. 우리가 02장에서 살펴본 함수들을 구경할 수 있다.

```
>>> dir([1, 2, 3])
['append', 'count', 'extend', 'index', 'insert', 'pop',...]
>>> dir({'1':'a'})
['clear', 'copy', 'get', 'has_key', 'items', 'keys',...]
```

잘 기억나지 않는다면 리스트 관련 함수는 84쪽, 딕셔너리 관련 함수는 98쪽을 참고해!

divmod

divmod(a, b)는 2개의 숫자 a, b를 입력으로 받는다. 그리고 a를 b로 나눈 몫과 나머지를 튜플로 리턴한다.

```
>>> divmod(7, 3)
(2, 1)
```

몫을 구하는 연산자 //와 나머지를 구하는 연산자 %를 각각 사용한 결과와 비교해 보자.

```
>>> 7 // 3
2
>>> 7 % 3
1
```

enumerate

enumerate는 '열거하다'라는 뜻이다. 이 함수는 순서가 있는 데이터(리스트, 튜플, 문자열)를 입력으로 받아 인덱스 값을 포함하는 enumerate 객체를 리턴한다.

◈ 보통 enumerate 함수는 for 문과 함께 사용한다.

다음 예를 살펴보자.

```
>>> for i, name in enumerate(['body', 'foo', 'bar']):
...     print(i, name)
...
0 body
1 foo
2 bar
```

> 리스트의 요소가 위치한 순서대로 번호를 매겨 주는구나!

인덱스 값과 함께 body, foo, bar가 순서대로 출력되었다. 즉, enumerate를 for 문과 함께 사용하면 자료형의 현재 순서^{index}와 그 값을 쉽게 알 수 있다.

for 문처럼 반복되는 구간에서 객체가 현재 어느 위치에 있는지 알려 주는 인덱스 값이 필요할 때 enumerate 함수를 사용하면 매우 유용하다.

eval

eval(expression)은 문자열로 구성된 표현식을 입력으로 받아 해당 문자열을 실행한 결괏값을 리턴하는 함수이다.

```
>>> eval('1 + 2')
3
>>> eval("'hi' + 'a'")
'hia'
>>> eval('divmod(4, 3)')
(1, 1)
```

filter

filter란 '무엇인가를 걸러 낸다'라는 뜻으로, filter 함수도 이와 비슷한 기능을 한다.

```
filter(함수, 반복_가능한_데이터)
```

filter 함수는 첫 번째 인수로 함수, 두 번째 인수로 그 함수에 차례로 들어갈 반복 가능한 데이터를 받는다. 그리고 반복 가능한 데이터의 요소 순서대로 함수를 호출했을 때 리턴값이 참인 것만 묶어서(걸러 내서) 리턴한다.

다음 예를 살펴보자.

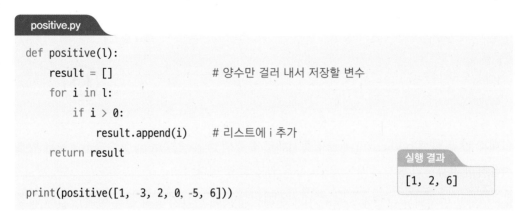

```python
def positive(l):
    result = []                  # 양수만 걸러 내서 저장할 변수
    for i in l:
        if i > 0:
            result.append(i)     # 리스트에 i 추가
    return result

print(positive([1, 3, 2, 0, -5, 6]))
```

positive.py

실행 결과
```
[1, 2, 6]
```

위에서 만든 positive는 리스트를 입력으로 받아 각각의 요소를 판별해서 양수 값만 리턴하는 함수이다.

filter 함수를 사용하면 위 내용을 다음과 같이 간단하게 작성할 수 있다.

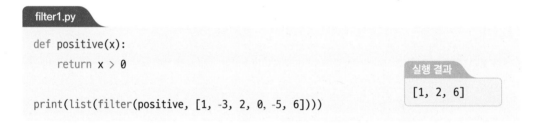

filter1.py

```python
def positive(x):
    return x > 0

print(list(filter(positive, [1, -3, 2, 0, -5, 6])))
```

실행 결과
```
[1, 2, 6]
```

filter(positive, [1, −3, 2, 0, −5, 6])은 [1, −3, 2, 0, −5, 6]의 각 요솟값을 순서대로 positive 함수에 적용하여 리턴값이 참인 것만 묶어서 리턴한다. 즉, 1, 2, 6 요소만 x 〉 0 문장에 참이 되므로 [1, 2, 6]이 라는 결괏값이 출력된다.

◆ list 함수는 filter 함수의 리턴값을 리스트로 출력하기 위해 사용했다.

이 예제는 lambda를 사용하면 더욱 간단해진다.

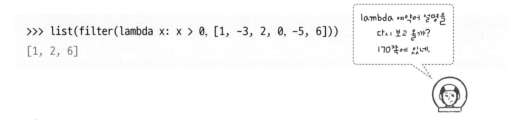

```python
>>> list(filter(lambda x: x > 0, [1, -3, 2, 0, -5, 6]))
[1, 2, 6]
```

lambda 예약어 설명을 다시 보고 올까? 170쪽에 있네.

hex

hex(x)는 정수를 입력받아 16진수 ^{hexadecimal} 문자열로 변환하여 리턴하는 함수이다.

```
>>> hex(234)
'0xea'
>>> hex(3)
'0x3'
```

id

id(object)는 객체를 입력받아 객체의 고유 주솟값(레퍼런스)을 리턴하는 함수이다.

```
>>> a = 3
>>> id(3)
135072304
>>> id(a)
135072304
>>> b = a
>>> id(b)
135072304
```

위 예의 3, a, b는 고유 주솟값이 모두 135072304이다. 즉, 3, a, b가 모두 같은 객체를 가리키고 있다.

만약 id(4)라고 입력하면 4는 3, a, b와 다른 객체이므로 당연히 다른 고유 주솟값이 출력된다.

```
>>> id(4)
135072292
```

input

input([prompt])는 사용자 입력을 받는 함수이다. 입력 인수로 문자열을 전달하면 그 문자열은 프롬프트가 된다.

◈ []는 괄호 안의 내용을 생략할 수 있다는 관례 표기법이라는 것을 기억하자.

```
>>> a = input()   ← 사용자가 입력한 정보를 변수 a에 저장
hi   ← hi 입력
>>> a
'hi'   ← 사용자 입력으로 받은 'hi' 출력
>>> b = input("Enter: ")   ←  입력 인수로 "Enter: " 문자열 전달
Enter: hi   ← Enter: 프롬프트를 띄우고 사용자 입력을 받음.
>>> b
'hi'   ← 사용자 입력으로 받은 'hi' 출력
```

int

int(x)는 문자열 형태의 숫자나 소수점이 있는 숫자를 정수로 리턴하는 함수이다. 만약 정수가 입력되면 그대로 리턴한다.

```
>>> int('3')   ←  문자열 '3'
3
>>> int(3.4)   ←  소수점이 있는 숫자 3.4
3
```

int(x, radix)는 radix 진수로 표현된 문자열 x를 10진수로 변환하여 리턴한다. 예를 들어 2진수로 표현된 '11'의 10진수 값은 다음과 같이 구할 수 있다.

```
>>> int('11', 2)
3
```

16진수로 표현된 '1A'의 10진수 값은 다음과 같이 구할 수 있다.

```
>>> int('1A', 16)
26
```

isinstance

isinstance(object, class) 함수는 첫 번째 인수로 객체, 두 번째 인수로 클래스를 받는다. 입력으로 받은 객체가 그 클래스의 인스턴스인지를 판단하여 참이면 True, 거짓이면 False를 리턴한다.

```
>>> class Person: pass      ← 아무런 기능이 없는 Person 클래스 생성
...
>>> a = Person()      ← Person 클래스의 인스턴스 a 생성
>>> isinstance(a, Person)      ← a가 Person 클래스의 인스턴스인지 확인
True
```

위 예는 a 객체가 Person 클래스에 의해 생성된 인스턴스라는 것을 확인시켜 준다.

```
>>> b = 3
>>> isinstance(b, Person)      ← b가 Person 클래스의 인스턴스인지 확인
False
```

b는 Person 클래스로 만든 인스턴스가 아니므로 False를 리턴한다.

len

len(s)는 입력값 s의 길이(요소의 전체 개수)를 리턴하는 함수이다.

```
>>> len("python")
6
>>> len([1, 2, 3])
3
>>> len((1, 'a'))
2
```

list

list(iterable)은 반복 가능한 데이터를 입력받아 리스트로 만들어 리턴하는 함수이다.

```
>>> list("python")
['p', 'y', 't', 'h', 'o', 'n']
>>> list((1, 2, 3))
[1, 2, 3]
```

list 함수에 리스트를 입력하면 똑같은 리스트를 복사하여 리턴한다.

```
>>> a = [1, 2, 3]
>>> b = list(a)
>>> b
[1, 2, 3]
```

map

map(f, iterable)은 함수(f)와 반복 가능한 데이터를 입력으로 받는다. map은 입력받은 데이터의 각 요소에 함수 f를 적용한 결과를 리턴하는 함수이다.

다음 예를 살펴보자.

two_times.py

```
def two_times(numberList):
    result = []
    for number in numberList:
        result.append(number * 2)
    return result

result = two_times([1, 2, 3, 4])
print(result)
```

two_times는 리스트를 입력받아 리스트의 각 요소에 2를 곱해 리턴하는 함수이다. 실행 결과는 다음과 같다.

실행 결과

```
[2, 4, 6, 8]
```

위 예제는 map 함수를 사용하여 다음처럼 바꿀 수 있다.

```
>>> def two_times(x):
...     return x * 2
...
>>> list(map(two_times, [1, 2, 3, 4]))
[2, 4, 6, 8]
```

이 예제를 해석해 보자. 먼저 리스트의 첫 번째 요소인 1이 two_times 함수의 입력값으로 들어가고 1 * 2의 과정을 거쳐서 2가 된다. 다음으로 리스트의 두 번째 요소인 2가 2 * 2의 과정을 거쳐 4가 된다. 따라서 결괏값은 이제 [2, 4]가 된다. 총 4개의 요솟값이 모두 수행되면 [2, 4, 6, 8]이 된다. 이것이 map 함수가 하는 일이다.

◈ map 함수의 결과를 리스트로 출력하기 위해 list 함수를 사용했다. map 함수는 map 객체를 리턴한다.

앞의 예는 lambda를 사용하여 다음처럼 간략하게 만들 수 있다.

```
>>> list(map(lambda a: a*2, [1, 2, 3, 4]))
[2, 4, 6, 8]
```

max

max(iterable)은 인수로 반복 가능한 데이터를 입력받아 그 최댓값을 리턴하는 함수이다.

```
>>> max([1, 2, 3])
3
>>> max("python")   ← 문자열의 경우, 유니코드 값이 가장 큰 문자를 리턴
'y'
```

min

min(iterable)은 max 함수와 반대로, 인수로 반복 가능한 데이터를 입력받아 그 최솟값을 리턴하는 함수이다.

```
>>> min([1, 2, 3])
1
>>> min("python")
'h'
```

oct

oct(x)는 정수를 8진수 문자열로 바꾸어 리턴하는 함수이다.

```
>>> oct(34)
'0o42'
>>> oct(12345)
'0o30071'
```

open

open(filename, [mode])은 '파일 이름'과 '읽기 방법'을 입력받아 파일 객체를 리턴하는 함수이다. 읽기 방법(mode)을 생략하면 기본 값인 읽기 모드(r)로 파일 객체를 만들어 리턴한다.

mode	설명
w	쓰기 모드로 파일 열기
r	읽기 모드로 파일 열기
a	추가 모드로 파일 열기
b	바이너리 모드로 파일 열기

b는 w, r, a와 함께 사용한다. 예를 들어 rb는 '바이너리 읽기 모드'를 의미한다.

```
>>> f = open("binary_file", "rb")
```

ord

ord(c)는 문자의 유니코드 숫자 값을 리턴하는 함수이다.

```
>>> ord('a')
97
>>> ord('가')
44032
```

ord 함수는 앞에서 배운 chr 함수와 반대로 동작하는구나!

pow

pow(x, y)는 x를 y제곱한 결괏값을 리턴하는 함수이다.

```
>>> pow(2, 4)
16
>>> pow(3, 3)
27
```

range

range([start,] stop [,step])은 for 문과 함께 자주 사용하는 함수이다. 이 함수는 입력받은 숫자에 해당하는 범위 값을 반복 가능한 객체로 만들어 리턴한다.

인수가 하나일 경우
시작 숫자를 지정해 주지 않으면 range 함수는 0부터 시작한다.

```
>>> list(range(5))
[0, 1, 2, 3, 4]
```

인수가 2개일 경우
입력으로 주어지는 2개의 인수는 시작 숫자와 끝 숫자를 나타낸다. 단, 끝 숫자는 해당 범위에 포함되지 않는다는 것에 주의하자.

```
>>> list(range(5, 10))
[5, 6, 7, 8, 9]   ← 끝 숫자 10은 포함되지 않음.
```

인수가 3개일 경우
세 번째 인수는 숫자 사이의 거리를 말한다.

```
>>> list(range(1, 10, 2))
[1, 3, 5, 7, 9]   ← 1부터 9까지, 숫자 사이의 거리는 2
>>> list(range(0, -10, -1))
[0, -1, -2, -3, -4, -5, -6, -7, -8, -9]   ← 0부터 -9까지, 숫자 사이의 거리는 -1
```

round

round(number [,ndigits])는 숫자를 입력받아 반올림해 리턴하는 함수이다.

🔔 [,ndigits]는 ndigits가 있을 수도 있고 없을 수도 있다는 의미이다.

```
>>> round(4.6)
5
>>> round(4.2)
4
```

다음과 같이 실수 5.678을 소수점 2자리까지만 반올림하여 표시할 수 있다.

```
>>> round(5.678, 2)
5.68
```

round 함수의 두 번째 인수는 반올림하여 표시하고 싶은 소수점의 자릿수[ndigits]를 의미한다.

sorted

sorted(iterable)는 입력 데이터를 정렬한 후 그 결과를 리스트로 리턴하는 함수이다.

```
>>> sorted([3, 1, 2])
[1, 2, 3]
>>> sorted(['a', 'c', 'b'])
['a', 'b', 'c']
>>> sorted("zero")
['e', 'o', 'r', 'z']
>>> sorted((3, 2, 1))
[1, 2, 3]
```

리스트 자료형에도 sort 함수가 있다. 하지만 리스트 자료형의 sort 함수는 리스트 객체 그 자체를 정렬만 할 뿐, 정렬된 결과를 리턴하지는 않는다.

str

str(object)는 문자열 형태로 객체를 변환하여 리턴하는 함수이다.

```
>>> str(3)
'3'
>>> str('hi')
'hi'
```

sum

sum(iterable)은 입력 데이터의 합을 리턴하는 함수이다.

```
>>> sum([1, 2, 3])
6
>>> sum((4, 5, 6))
15
```

tuple

tuple(iterable)은 반복 가능한 데이터를 튜플로 바꾸어 리턴하는 함수이다. 만약 입력이 튜플인 경우에는 그대로 리턴한다.

```
>>> tuple("abc")
('a', 'b', 'c')
>>> tuple([1, 2, 3])
(1, 2, 3)
>>> tuple((1, 2, 3))
(1, 2, 3)
```

type

type(object)는 입력값의 자료형이 무엇인지 알려 주는 함수이다.

```
>>> type("abc")
<class 'str'>   ← "abc"는 문자열 자료형
>>> type([])
<class 'list'>   ← [ ]는 리스트 자료형
>>> type(open("test", 'w'))
<class '_io.TextIOWrapper'>   ← 파일 자료형
```

zip

zip(*iterable)은 동일한 개수로 이루어진 데이터들을 묶어서 리턴하는 함수이다.

◈ 여기서 사용한 *iterable은 반복 가능한 데이터를 여러 개 입력할 수 있다는 의미이다.

다음 예제로 사용법을 확인해 보자.

```
>>> list(zip([1, 2, 3], [4, 5, 6]))
[(1, 4), (2, 5), (3, 6)]
>>> list(zip([1, 2, 3], [4, 5, 6], [7, 8, 9]))
[(1, 4, 7), (2, 5, 8), (3, 6, 9)]
>>> list(zip("abc", "def"))
[('a', 'd'), ('b', 'e'), ('c', 'f')]
```

05-6
표준 라이브러리

이제 파이썬 프로그래밍 능력을 높여 줄 더 큰 날개를 달아 보자. 전 세계의 파이썬 고수들이 만든 유용한 프로그램을 모아 놓은 것이 바로 파이썬 표준 라이브러리이다. '라이브러리'는 '도서관'이라는 뜻 그대로 원하는 정보를 찾아보는 곳이다. 모든 라이브러리를 다 알 필요는 없고 어떤 일을 할 때 어떤 라이브러리를 사용해야 한다는 정도만 알면 된다. 이를 위해 어떤 라이브러리가 존재하고 어떻게 사용하는지 알아야 한다. 자주 사용되고 꼭 알아 두면 좋은 라이브러리를 중심으로 하나씩 살펴보자.

◈ 파이썬 표준 라이브러리는 파이썬을 설치할 때 자동으로 컴퓨터에 설치된다.

◈ sys, re 모듈은 파이썬의 중요한 표준 라이브러리이다. sys 모듈은 04-4, re 모듈은 08장 전체에 걸쳐 다루고 있으므로 이곳에서는 설명하지 않는다.

datetime.date

datetime.date는 연, 월, 일로 날짜를 표현할 때 사용하는 함수이다.

만약 A 군과 B 양이 2021년 12월 14일부터 만나기 시작했다면 2023년 4월 5일은 둘이 사귄 지 며칠째 되는 날일까? 아울러 사귀기 시작한 2021년 12월 14일은 무슨 요일이었을까? datetime.date 함수를 사용하면 이 문제를 쉽게 해결할 수 있다.

연, 월, 일로 다음과 같이 datetime.date 객체를 만들 수 있다.

```
>>> import datetime
>>> day1 = datetime.date(2021, 12, 14)
>>> day2 = datetime.date(2023, 4, 5)
```

함수를 사용하기 전에 해당 라이브러리를 import하는 것을 잊지 말자!

이처럼 연, 월, 일을 인수로 하여 2021년 12월 14일에 해당하는 날짜 객체는 day1, 2023년 4월 5일에 해당하는 날짜 객체는 day2로 생성하였다. 이렇게 날짜 객체를 만들었다면 두 날짜의 차이는 다음과 같이 뺄셈으로 쉽게 구할 수 있다.

```
>>> diff = day2 - day1
>>> diff.days
477    ← 둘이 만난 지 477일째
```

day2에서 day1을 빼면 datetime 모듈의 timedelta 객체가 리턴된다. 이 객체를 diff 변수에 대입하고 이 diff 변수를 이용하여 두 날짜의 차이를 쉽게 확인해 봤다.

요일은 datetime.date 객체의 weekday 함수를 사용하면 쉽게 구할 수 있다.

```
>>> day = datetime.date(2021, 12, 14)
>>> day.weekday()
1    ← 2021년 12월 14일은 화요일
```

0은 월요일을 의미하며 순서대로 1은 화요일, 2는 수요일, …, 6은 일요일이 된다. 이와 달리 월요일은 1, 화요일은 2, …, 일요일은 7을 리턴하려면 다음처럼 isoweekday 함수를 사용하면 된다.

```
>>> day.isoweekday()
2
```

2021년 12월 14일은 화요일이므로 isoweekday()를 사용하면 화요일을 뜻하는 2가 리턴된다. weekday()를 사용하면 1이 리턴된다.

time

시간과 관련된 time 모듈에는 함수가 매우 많다. 그중 가장 유용한 몇 가지만 알아보자.

time.time

time.time()은 UTC^{universal time coordinated, 협정 세계 표준시}를 사용하여 현재 시간을 실수 형태로 리턴하는 함수이다. 1970년 1월 1일 0시 0분 0초를 기준으로 지난 시간을 초 단위로 리턴해 준다.

```
>>> import time
>>> time.time()
1684983953.5221913
```

time.localtime

time.localtime은 time.time()이 리턴한 실숫값을 사용해서 연, 월, 일, 시, 분, 초, … 의 형태로 바꾸어 주는 함수이다.

```
>>> time.localtime(time.time())
time.struct_time(tm_year=2023, tm_mon=5, tm_mday=21, tm_hour=16,
    tm_min=48, tm_sec=42, tm_wday=1, tm_yday=141, tm_isdst=0)
```

time.asctime

time.asctime은 time.localtime가 리턴된 튜플 형태의 값을 인수로 받아서 날짜와 시간을 알아보기 쉬운 형태로 리턴하는 함수이다.

```
>>> time.asctime(time.localtime(time.time()))
'Fri Apr 28 20:50:20 2023'
```

time.ctime

time.asctime(time.localtime(time.time()))은 간단하게 time.ctime()으로 표시할 수 있다. ctime이 asctime과 다른 점은 항상 현재 시간만을 리턴한다는 점이다.

```
>>> time.ctime()
'Fri Apr 28 20:56:31 2023'
```

time.strftime

strftime 함수는 시간에 관계된 것을 세밀하게 표현하는 여러 가지 포맷 코드를 제공한다.

```
time.strftime('출력할_형식_포맷_코드', time.localtime(time.time()))
```

시간에 관계된 것을 표현하는 포맷 코드

포맷 코드	설명	예
%a	요일의 줄임말	Mon
%A	요일	Monday
%b	달의 줄임말	Jan
%B	달	January
%c	날짜와 시간을 출력함.	Thu May 25 10:13:52 2023
%d	일(day)	[01-31]
%H	시간(hour): 24시간 출력 형태	[00-23]
%I	시간(hour): 12시간 출력 형태	[01-12]
%j	1년 중 누적 날짜	[001-366]
%m	달	[01-12]
%M	분	[01-59]
%p	AM or PM	AM
%S	초	[00-59]
%U	1년 중 누적 주(일요일 시작)	[00-53]
%w	숫자로 된 요일	[0(일)-6(토)]
%W	1년 중 누적 주(월요일 시작)	[00-53]
%x	현재 설정된 지역에 기반한 날짜 출력	05/25/23
%X	현재 설정된 지역에 기반한 시간 출력	17:22:21
%Y	연도 출력	2023
%Z	시간대 출력	대한민국 표준시
%%	문자 %	%
%y	세기 부분을 제외한 연도 출력	01

다음은 time.strftime을 사용하는 예이다.

```
>>> import time
>>> time.strftime('%x', time.localtime(time.time()))
'05/25/23'    ← 현재 설정된 지역의 날짜 출력
>>> time.strftime('%c', time.localtime(time.time()))
'Thu May 25 10:13:52 2023'    ← 날짜와 시간 출력
```

time.sleep

time.sleep 함수는 주로 루프 안에서 많이 사용한다. 이 함수를 사용하면 일정한 시간 간격을 두고 루프를 실행할 수 있다. 다음 예를 살펴보자.

```
sleep1.py
```

```python
import time
for i in range(10):
    print(i)
    time.sleep(1)
```

위 예는 1초 간격으로 0부터 9까지의 숫자를 출력한다. time.sleep 함수의 인수는 실수 형태를 쓸 수 있다. 즉 1이면 1초, 0.5면 0.5초가 되는 것이다.

인수 없이 time 함수 사용하기

time.localtime, time.asctime, time.strftime 함수는 입력 인수 없이 사용할 수 있다. 이럴 경우 현재 시각을 기준으로 함수가 수행된다.

```python
>>> time.localtime()
time.struct_time(tm_year=2023, tm_mon=6, tm_mday=18, tm_hour=17, tm_
min=1, tm_sec=4, tm_wday=6, tm_yday=169, tm_isdst=0)
>>> time.asctime()
'Sun Jun 18 17:01:09 2023'
>>> time.strftime('%c')
'Sun Jun 18 17:01:30 2023'
```

math.gcd

math.gcd 함수를 이용하면 최대 공약수gcd, greatest common divisor를 쉽게 구할 수 있다.

어린이집에서 사탕 60개, 초콜릿 100개, 젤리 80개를 준비했다. 아이들이 서로 싸우지 않도록 똑같이 나누어 봉지에 담는다면 최대 몇 봉지까지 만들 수 있을까? 단, 사탕, 초콜릿, 젤리는 남기지 않고 모두 담도록 한다.

이 문제는 60, 100, 80의 최대 공약수를 구하면 바로 해결된다. 즉, 똑같이 나눌 수 있는 봉지 개수가 최대가 되는 수를 구하면 된다.

◆ math.gcd 함수는 파이썬 3.5 버전부터 사용할 수 있다.

◆ 공약수란 두 수 이상의 여러 수의 공통된 약수를 말하며 공약수 중 가장 큰 수를 최대 공약수라고 말한다. 예를 들어 30과 15의 약수는 1, 3, 5, 15, 최대 공약수는 15이다.

```
>>> import math
>>> math.gcd(60, 100, 80)
20
```

◈ 파이썬 3.9 버전부터는 math.gcd에 여러 개의 인수를 입력할 수 있지만, 3.9 미만 버전에서는 2개까지만 허용된다.

math.gcd() 함수로 최대 공약수를 구했더니 20이었다. 따라서 최대 20봉지를 만들 수 있다. 각 봉지에 들어가는 사탕, 초콜릿, 젤리의 개수는 다음과 같이 전체 개수를 최대 공약수 20으로 나누면 구할 수 있다.

```
>>> 60/20, 100/20, 80/20
(3.0, 5.0, 4.0)
```

따라서 한 봉지당 사탕 3개씩, 초콜릿 5개씩, 젤리 4개씩 담으면 된다.

math.lcm

math.lcm은 최소 공배수lcm, least common multiple를 구할 때 사용하는 함수이다.

◈ math.lcm() 함수는 파이썬 3.9 버전부터 사용할 수 있다.

◈ 최소 공배수란 두 수의 공통 배수 중 가장 작은 수를 말한다. 예를 들어 3과 5의 최소 공배수는 15이다.

어느 버스 정류장에 시내버스는 15분, 마을버스는 25분마다 도착한다고 한다. 오후 1시에 두 버스가 동시에 도착했다고 할 때 두 버스가 동시에 도착할 다음 시각을 알려면 어떻게 해야 할까?

이 문제는 15와 25의 공통 배수 중 가장 작은 수, 즉 최소 공배수를 구하면 바로 해결된다.

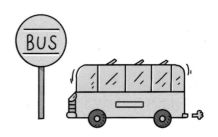

```
>>> import math
>>> math.lcm(15, 25)
75
```

math.lcm 함수를 사용하여 최소 공배수 75를 구했다. 따라서 두 버스가 동시에 도착할 다음 시각은 75분 후인 오후 2시 15분이다.

random

random은 난수(규칙이 없는 임의의 수)를 발생시키는 모듈이다. 먼저 random과 randint 함수에 대해 알아보자. 다음은 0.0에서 1.0 사이의 실수 중에서 난수 값을 리턴하는 예를 보여 준다.

```
>>> import random
>>> random.random()
0.53840103305098674
```

다음 예는 1에서 10 사이의 정수 중에서 난수 값을 리턴해 준다.

```
>>> random.randint(1, 10)
6
```

다음 예는 1에서 55 사이의 정수 중에서 난수 값을 리턴해 준다.

```
>>> random.randint(1, 55)
43
```

random 모듈을 사용해서 재미있는 함수를 하나 만들어 보자.

```
random_pop.py

import random
def random_pop(data):
    number = random.randint(0, len(data) - 1)
    return data.pop(number)

if __name__ == "__main__":
    data = [1, 2, 3, 4, 5]
    while data:
        print(random_pop(data))
```

실행 결과
```
2
3
1
5
4
```

앞에서 만든 random_pop 함수는 리스트의 요소 중에서 무작위로 하나를 선택하여 꺼낸 다음 그 값을 리턴한다. 물론 꺼낸 요소는 pop 메서드에 의해 사라진다.

random_pop 함수는 random 모듈의 choice 함수를 사용해 좀 더 직관적으로 만들 수 있다.

```
def random_pop(data):
    number = random.choice(data)
    data.remove(number)
    return number
```

random.choice 함수는 입력으로 받은 리스트에서 무작위로 하나를 선택하여 리턴한다.

리스트의 항목을 무작위로 섞고 싶을 때는 random.sample 함수를 사용하면 된다.

```
>>> import random
>>> data = [1, 2, 3, 4, 5]
>>> random.sample(data, len(data))
[5, 1, 3, 4, 2]
```

random.sample 함수에서 두 번째 인수인 len(data)는 무작위로 추출할 원소의 개수를 의미한다. 만약 random.sample(data, 3)과 같이 사용한다면 data 리스트에서 무작위로 3개를 추출하여 리턴할 것이다.

itertools.zip_longest

itertools.zip_longest(*iterables, fillvalue=None) 함수는 같은 개수의 자료형을 묶는 파이썬 내장 함수인 zip 함수와 똑같이 동작한다. 하지만 itertools.zip_longest() 함수는 전달한 반복 가능 객체(*iterables)의 길이가 서로 다르다면 긴 객체의 길이에 맞춰 fillvalue에 설정한 값을 짧은 객체에 채울 수 있다.

예시로 유치원생 5명에게 간식을 나누어 주고자 다음과 같은 파이썬 코드를 작성해 보자.

`intertools_zip.py`

```
students = ['한민서', '황지민', '이영철', '이광수', '김승민']
snacks = ['사탕', '초콜릿', '젤리']

result = zip(students, snacks)
print(list(result))
```

실행 결과

```
[('한민서', '사탕'), ('황지민', '초콜릿'), ('이영철', '젤리')]
```

간식의 개수가 유치원생보다 적으므로 이 파이썬 코드를 실행하면 위와 같은 결과가 나온다.

students와 snacks의 요소 개수가 다르므로 더 적은 snacks의 개수만큼 zip()으로 묶게 된다.

students의 요소 개수가 snacks보다 많을 때 그만큼을 '새우깡'으로 채우려면 어떻게 해야 할까? 이럴 때 요소 개수가 많은 것을 기준으로 자료형을 묶는 itertools.zip_longest()를 사용하면 된다. 부족한 항목은 None으로 채우는데, 다음처럼 fillvalue로 값을 지정하면 None 대신 다른 값으로 채울 수 있다.

```
import itertools

students = ['한민서', '황지민', '이영철', '이광수', '김승민']
snacks = ['사탕', '초콜릿', '젤리']

result = itertools.zip_longest(students, snacks, fillvalue='새우깡')
print(list(result))
```

실행 결과

```
[('한민서', '사탕'), ('황지민', '초콜릿'), ('이영철', '젤리'), ('이광수', '새우깡'), ('김
승민', '새우깡')]
```

itertools.permutation

itertools.permutations(iterable, r)은 반복 가능 객체 중에서 r개를 선택한 순열을 이터레이터로 리턴하는 함수이다. ◆ 이터레이터란 반복 가능한 객체를 의미한다.

1, 2, 3이라는 숫자가 적힌 3장의 카드에서 2장의 카드를 꺼내 만들 수 있는 2자리 숫자를 모두 구하려면 어떻게 해야 할까?

[1, 2, 3]이라는 3장의 카드 중 순서에 상관없이 2장을 뽑는 경우의 수는 모두 3가지이다(조합).

- 1, 2
- 2, 3
- 1, 3

하지만 이 문제에서는 2자리 숫자이므로 이 3가지에 순서를 더해 다음처럼 6가지가 된다(순열).

- 1, 2
- 2, 1
- 2, 3
- 3, 2
- 1, 3
- 3, 1

이 순열은 itertools.permutations()를 사용하면 간단히 구할 수 있다.

```
>>> import itertools
>>> list(itertools.permutations(['1', '2', '3'], 2))
[('1', '2'), ('1', '3'), ('2', '1'), ('2', '3'), ('3', '1'), ('3', '2')]
```

따라서 만들 수 있는 2자리 숫자는 다음과 같이 모두 6가지이다.

```
>>> for a, b in itertools.permutations(['1', '2', '3'], 2):
...     print(a + b)
...
12
13
21
23
31
32
```

점프 투
파이썬

조합을 사용하는 함수

3장의 카드에서 순서에 상관없이 2장을 고르는 조합은 itertools.combinations()를 사용하면 된다.

```
>>> import itertools
>>> list(itertools.combinations(['1', '2', '3'], 2))
[('1', '2'), ('1', '3'), ('2', '3')]
```

itertools.combination

itertools.combinations(iterable, r)은 반복 가능 객체 중에서 r개를 선택한 조합을 이터레이터로 리턴하는 함수이다.

1~45 중 서로 다른 숫자 6개를 뽑는 로또 번호의 모든 경우의 수(조합)를 구하고 그 개수를 출력하려면 어떻게 해야 할까?

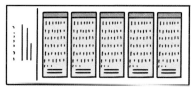

다음과 같이 itertools.combinations()를 사용하면 45개의 숫자 중 6개를 선택하는 경우의 수를 구할 수 있다.

```
>>> import itertools
>>> it = itertools.combinations(range(1, 46), 6)
```

itertools.combinations(range(1, 46), 6)은 1~45의 숫자 중에서 6개를 뽑는 경우의 수를 이터레이터로 리턴한다.

이터레이터 객체를 루프를 이용하여 출력하면 아마 끝도 없이 출력될 것이다. 궁금하다면 직접 실행해 봐도 좋다.

```
>>> for num in it:
...     print(num)
...
(1, 2, 3, 4, 5, 6)
(1, 2, 3, 4, 5, 7)
(1, 2, 3, 4, 5, 8)
(1, 2, 3, 4, 5, 9)
(1, 2, 3, 4, 5, 10)
(1, 2, 3, 4, 5, 11)
(1, 2, 3, 4, 5, 12)
(1, 2, 3, 4, 5, 13)
...
```

하지만 순환하여 출력하지 않고 이터레이터의 개수만 세려면 다음과 같이 하면 된다.

```
>>> len(list(itertools.combinations(range(1, 46), 6)))
8145060
```

선택할 수 있는 로또 번호의 가짓수는 8,145,060이다.

◈ 여러분이 반드시 로또에 당첨되길 희망한다면 서로 다른 번호로 구성한 8,145,060장의 로또를 사면 된다. 게임 1번에 1,000원이라고 할 때 그 금액은 무려 81억 4,506만 원이다.

중복 조합을 사용하는 함수

만약 로또 복권이 숫자 중복을 허용하도록 규칙이 변경된다면 경우의 수는 몇 개가 될까?

◈ 중복이 허용된다는 것은 당첨 번호가 [1, 2, 3, 4, 5, 5]처럼 5가 2번 이상 나와도 되고 [1, 1, 1, 1, 1, 1]처럼 1이 6번 나와도 된다는 의미이다.

같은 숫자를 허용하는 중복 조합은 itertools.combinations_with_replacement()를 사용하면 된다.

```
>>> len(list(itertools.combinations_with_replacement(range(1, 46), 6)))
15890700
```

당연히 중복을 허용하지 않을 때보다 훨씬 많은 경우의 수가 리턴되는 것을 확인할 수 있다.

functools.reduce

functools.reduce(function, iterable)은 함수(function)를 반복 가능한 객체(iterable)의 요소에 차례대로(왼쪽에서 오른쪽으로) 누적 적용하여 이 객체를 하나의 값으로 줄이는 함수이다.

다음은 입력 인수 data의 요소를 모두 더하여 리턴하는 add 함수이다.

```
def add(data):
    result = 0
    for i in data:
        result += i
    return result


data = [1, 2, 3, 4, 5]
result = add(data)
print(result)  ← 15 출력
```

functools.reduce()를 사용하여 마찬가지로 동작하는 코드를 작성하려면 어떻게 해야 할까? functools.reduce()를 사용한 코드는 다음과 같다.

```
reduce_test.py
import functools

data = [1, 2, 3, 4, 5]
result = functools.reduce(lambda x, y: x + y, data)
print(result)
```

실행 결과

15

functools.reduce()를 사용하면 reduce()에 선언한 람다 함수를 data 요소에 차례대로 누적 적용하여 다음과 같이 계산한다.

```
(((((1 + 2) + 3) + 4) + 5)
```

따라서 앞서 본 add 함수와 동일한 역할을 하게 된다.

점프 투 파이썬

functools.reduce()로 최댓값 구하기
functools.reduce 함수로 최댓값도 구할 수 있다.

```
num_list = [3, 2, 8, 1, 6, 7]
max_num = functools.reduce(lambda x, y: x if x > y else y, num_list)
print(max_num)   ← 8 출력
```

[3, 2, 8, 1, 6, 7] 요소를 차례대로 reduce()의 람다 함수로 전달하여 두 값 중 큰 값을 선택하고 마지막에 남은 최댓값을 리턴한다.

◈ 최솟값은 functools.reduce(lambda x, y: x if x < y else y, num_list)로 구할수 있다.

operator.itemgetter

operator.itemgetter는 주로 sorted와 같은 함수의 key 매개변수에 적용하여 다양한 기준으로 정렬할 수 있도록 도와주는 모듈이다.

예를 들어 학생의 이름, 나이, 성적 등의 정보를 저장한, 다음과 같은 students 리스트가 있다고 가정해 보자.

```
students = [
    ("jane", 22, 'A'),
    ("dave", 32, 'B'),
    ("sally", 17, 'B'),
]
```

students 리스트에는 3개의 튜플이 있으며 각 튜플은 순서대
로 이름, 나이, 성적에 해당하는 데이터로 이루어졌다. 이 리스
트를 나이순으로 정렬하려면 어떻게 해야 할까?

이 문제는 다음처럼 sorted 함수의 key 매개변수에 itemgetter()
를 적용하면 쉽게 해결할 수 있다.

itemgetter1.py

```
from operator import itemgetter

students = [
    ("jane", 22, 'A'),
    ("dave", 32, 'B'),
    ("sally", 17, 'B'),
]

result = sorted(students, key=itemgetter(1))
print(result)
```

이 파일을 실행하여 출력해 보면 다음과 같이 나이 순서대로 정렬한 것을 확인할 수 있다.

실행 결과

```
[('sally', 17, 'B'), ('jane', 22, 'A'), ('dave', 32, 'B')]
```

itemgetter(1)은 students의 아이템인 튜플의 두 번째 요소를 기준으로 정렬하겠다는 의미
이다. 만약 itemgetter(2)와 같이 사용한다면 성적순으로 정렬한다.

이번에는 students의 요소가 다음처럼 딕셔너리일 때를 생각해 보자.

```
students = [
    {"name": "jane", "age": 22, "grade": 'A'},
    {"name": "dave", "age": 32, "grade": 'B'},
    {"name": "sally", "age": 17, "grade": 'B'},
]
```

딕셔너리일 때도 마찬가지로 age를 기준으로 정렬해 보자. 이때도 마찬가지로 itemgetter()를 적용하면 된다. 단, 이번에는 itemgetter('age')처럼 딕셔너리의 키를 사용해야 한다. itemgetter('age')는 딕셔너리의 키인 age를 기준으로 정렬하겠다는 의미이다.

itemgetter2.py

```python
from operator import itemgetter

students = [
    {"name": "jane", "age": 22, "grade": 'A'},
    {"name": "dave", "age": 32, "grade": 'B'},
    {"name": "sally", "age": 17, "grade": 'B'},
]

result = sorted(students, key=itemgetter('age'))
print(result)
```

출력 결과는 다음과 같이 age 순으로 정렬된 것을 확인할 수 있다.

실행 결과

```
[{'name': 'sally', 'age': 17, 'grade': 'B'}, {'name': 'jane', 'age': 22, 'grade':
'A'}, {'name': 'dave', 'age': 32, 'grade': 'B'}]
```

operator.attrgetter()

students 리스트의 요소가 튜플이 아닌 Student 클래스의 객체라면 다음처럼 attrgetter()를 적용하여 정렬해야 한다.

attrgetter1.py

```python
from operator import attrgetter

class Student:
    def __init__(self, name, age, grade):
        self.name = name
        self.age = age
        self.grade = grade

students = [
    Student('jane', 22, 'A'),
    Student('dave', 32, 'B'),
    Student('sally', 17, 'B'),
]

result = sorted(students, key=attrgetter('age'))
```

attrgetter('age')는 Student 객체의 age 속성으로 정렬하겠다는 의미이다. 이와 마찬가지로 attrgetter('grade')와 같이 사용하면 성적순으로 정렬한다.

shutil

shutil은 파일을 복사copy하거나 이동move할 때 사용하는 모듈이다.

작업 중인 파일을 자동으로 백업하는 기능을 구현하고자 c:\doit\a.txt를 c:\temp\a.txt.bak이라는 이름으로 복사하는 프로그램을 만들고자 한다. 어떻게 만들어야 할까? c:\doit 디렉터리에 a.txt를 만드는 중이며 백업용 c:\temp 디렉터리는 이미 만들었다고 가정한다.

다음은 shutil을 사용한 방법이다.

shutil_copy.py

```python
import shutil

shutil.copy("c:/doit/a.txt", "c:/temp/a.txt.bak")
```

점프 투 파이썬

shutil.move로 삭제 기능 만들기

휴지통으로 삭제하는 기능을 구현하고자 c:\doit\a.txt 파일을 c:\temp\a.txt로 이동하려면 다음 과 같이 코드를 작성해야 한다.

shutil_move.py

```python
import shutil

shutil.move("c:/doit/a.txt", "c:/temp/a.txt")
```

glob

가끔 파일을 읽고 쓰는 기능이 있는 프로그램을 만들다 보면 특정 디렉터리에 있는 파일 이름 모두를 알아야 할 때가 있다. 이럴 때 사용하는 모듈이 바로 glob이다.

디렉터리에 있는 파일들을 리스트로 만들기 — glob(pathname)

glob 모듈은 디렉터리 안의 파일들을 읽어서 리턴한다. *, ? 등 메타 문자를 써서 원하는 파일만 읽어 들일 수도 있다. 다음은 C:/doit 디렉터리에 있는 파일 중 이름이 mark로 시작하는 파일을 모두 찾아서 읽어들이는 예이다.

◆ ?는 1자리 문자열, *은 임의의 길이의 문자열을 의미한다.

```python
>>> import glob
>>> glob.glob("c:/doit/mark*")
['c:/doit\\marks1.py', 'c:/doit\\marks2.py', 'c:/doit\\marks3.py']
```

pickle

pickle은 객체의 형태를 그대로 유지하면서 파일에 저장하고 불러올 수 있게 하는 모듈이다. 다음 예는 pickle 모듈의 dump 함수를 사용하여 딕셔너리 객체인 data를 그대로 파일에 저장하는 방법을 보여 준다.

```python
>>> import pickle
>>> f = open("test.txt", 'wb')
>>> data = {1: 'python', 2: 'you need'}
>>> pickle.dump(data, f)
>>> f.close()
```

다음은 pickle.dump로 저장한 파일을 pickle.load를 사용해서 원래 있던 딕셔너리 객체 (data) 상태 그대로 불러오는 예이다.

```
>>> import pickle
>>> f = open("test.txt", 'rb')
>>> data = pickle.load(f)
>>> print(data)
{2:'you need', 1:'python'}
```

위 예에서는 딕셔너리 객체를 사용했지만, 어떤 자료형이든 저장하고 불러올 수 있다.

OS

os 모듈은 환경 변수나 디렉터리, 파일 등의 OS 자원을 제어할 수 있게 해 주는 모듈이다.

내 시스템의 환경 변숫값을 알고 싶을 때 — os.environ

시스템은 제각기 다른 환경 변숫값을 가지고 있는데, os.environ은 현재 시스템의 환경 변숫값을 리턴한다. 다음을 따라 해 보자.

```
>>> import os
>>> os.environ
environ({'PROGRAMFILES': 'C:\\Program Files', 'APPDATA': ...생략...})
```

이 결괏값은 필자의 시스템 정보이다. os.environ은 환경 변수에 대한 정보를 딕셔너리 형태로 구성된 environ 객체로 리턴한다. 자세히 보면 여러 가지 유용한 정보를 찾을 수 있다.

리턴받은 객체는 다음과 같이 호출하여 사용할 수 있다. 다음은 필자 시스템의 PATH 환경 변수 내용이다.

```
>>> os.environ['PATH']
'C:\\ProgramData\\Oracle\\Java\\javapath;(...생략...)'
```

디렉터리 위치 변경하기 — os.chdir

os.chdir를 사용하면 다음과 같이 현재 디렉터리의 위치를 변경할 수 있다.

```
>>> os.chdir("C:\WINDOWS")
```

디렉터리 위치 돌려받기 — os.getcwd

os.getcwd는 현재 자신의 디렉터리 위치를 리턴한다.

```
>>> os.getcwd()
'C:\WINDOWS'
```

시스템 명령어 호출하기 — os.system

시스템 자체의 프로그램이나 기타 명령어를 파이썬에서 호출할 수도 있다. os.system("명령어")처럼 사용한다. 다음은 현재 디렉터리에서 시스템 명령어 dir을 실행하는 예이다.

```
>>> os.system("dir")
```

실행한 시스템 명령어의 결괏값 돌려받기 — os.popen

os.popen은 시스템 명령어를 실행한 결괏값을 읽기 모드 형태의 파일 객체로 리턴한다.

```
>>> f = os.popen("dir")
```

읽어 들인 파일 객체의 내용을 보기 위해서는 다음과 같이 하면 된다.

```
>>> print(f.read())
```

이 밖에 유용한 os 관련 함수는 다음과 같다.

유용한 os 관련 함수

함수	설명
os.mkdir(디렉터리)	디렉터리를 생성한다.
os.rmdir(디렉터리)	디렉터리를 삭제한다. 단, 디렉터리가 비어 있어야 삭제할 수 있다.
os.remove(파일)	파일을 지운다.
os.rename(src, dst)	src라는 이름의 파일을 dst라는 이름으로 바꾼다.

zipfile

zipfile은 여러 개의 파일을 zip 형식으로 합치거나 이를 해제할 때 사용하는 모듈이다.

다음과 같은 3개의 텍스트 파일이 있다고 가정해 보자.

```
a.txt
b.txt
c.txt
```

이 3개의 텍스트 파일을 하나로 합쳐 'mytext.zip'이라는 파일을 만들고 이 파일을 원래의 텍스트 파일 3개로 해제하는 프로그램을 만들려면 어떻게 해야 할까?

zipfile.ZipFile()을 사용하여 해결해 보자.

zipfile_test.py

```python
import zipfile

# 파일 합치기
with zipfile.ZipFile('mytext.zip', 'w') as myzip:
    myzip.write('a.txt')
    myzip.write('b.txt')
    myzip.write('c.txt')

# 해제하기
with zipfile.ZipFile('mytext.zip') as myzip:
    myzip.extractall()
```

ZipFile 객체의 write() 함수로 개별 파일을 추가할 수 있고 extractall() 함수를 사용하면 모든 파일을 해제할 수 있다.

합친 파일에서 특정 파일만 해제하고 싶다면 다음과 같이 extract() 함수를 사용하면 된다.

```python
# 특정 파일만 해제하기
with zipfile.ZipFile('mytext.zip') as myzip:
    myzip.extract('a.txt')
```

만약 파일을 압축하여 묶고 싶은 경우에는 compression, compresslevel 옵션을 사용할 수 있다.

```
# 압축하여 묶기
with zipfile.ZipFile('mytext.zip', 'w', compression=zipfile.ZIP_LZMA, compresslev-
el=9) as myzip:
    (...생략...)
```

compression에는 4가지 종류가 있다.

- ZIP_STORED: 압축하지 않고 파일을 zip으로만 묶는다. 속도가 빠르다.
- ZIP_DEFLATED: 일반적인 zip 압축으로 속도가 빠르고 압축률은 낮다(호환성이 좋다).
- ZIP_BZIP2: bzip2 압축으로 압축률이 높고 속도가 느리다.
- ZIP_LZMA: lzma 압축으로 압축률이 높고 속도가 느리다(7zip과 동일한 알고리즘으로 알려져 있다).

compressionlevel은 압축 수준을 의미하는 숫자값으로, 1~9를 사용한다. 1은 속도가 가장 빠르지만 압축률이 낮고, 9는 속도는 가장 느리지만 압축률이 높다.

threading

스레드 프로그래밍은 초보 프로그래머가 구현하기에는 매우 어려운 기술이다. 여기에 잠시 소개했으므로 눈으로만 살펴보고 넘어가자.

컴퓨터에서 동작하고 있는 프로그램을 프로세스[process]라고 한다. 보통 1개의 프로세스는 1가지 일만 하지만, 스레드[thread]를 사용하면 한 프로세스 안에서 2가지 또는 그 이상의 일을 동시에 수행할 수 있다.

간단한 예제로 설명을 대신하겠다.

thread_test.py

```
import time

def long_task():                       # 5초의 시간이 걸리는 함수
    for i in range(5):
        time.sleep(1)                  # 1초 대기
        print("working:%s\n" % i)
```

```
print("Start")

for i in range(5):      # long_task를 5회 수행
    long_task()

print("End")
```

long_task는 수행하는 데 5초의 시간이 걸리는 함수이다. 위 프로그램은 이 함수를 총 5번 반복해서 수행하는 프로그램이다. 이 프로그램은 5초가 5번 반복되므로 총 25초의 시간이 걸린다.

하지만 앞에서 설명했듯이 스레드를 사용하면 5초의 시간이 걸리는 long_task 함수를 동시에 실행할 수 있으므로 시간을 줄일 수 있다.

다음과 같이 프로그램을 수정해 보자.

thread_test.py

```
import time
import threading   ← 스레드를 생성하기 위해서는 threading 모듈이 필요
def long_task():
    for i in range(5):
        time.sleep(1)
        print("working:%s\n" % i)

print("Start")

threads = []
for i in range(5):
    # long_task()
    t = threading.Thread(target=long_task)    # 스레드를 생성
    threads.append(t)

for t in threads:
    t.start()                                 # 스레드를 실행

print("End")
```

이와 같이 프로그램을 수정하고 실행해 보면 25초 걸리던 작업이 5초 정도에 수행되는 것을 확인할 수 있다. threading.Thread를 사용하여 만든 스레드 객체가 동시 작업을 가능하게 해 주기 때문이다.

하지만 프로그램을 실행해 보면 "Start"와 "End"가 먼저 출력되고 그 이후에 스레드의 결과가 출력되는 것을 확인할 수 있다. 그리고 프로그램이 정상 종료되지 않는다. 우리가 기대하는 것은 "Start"가 출력되고 그다음에 스레드의 결과가 출력된 후 마지막으로 "End"가 출력되는 것이다.

이 문제를 해결하기 위해서는 프로그램을 다음과 같이 수정해야 한다.

```python
thread_test.py

import time
import threading    ← 스레드를 생성하기 위해서는 threading 모듈이 필요
def long_task():
    for i in range(5):
        time.sleep(1)
        print("working:%s\n" % i)


print("Start")


threads = []
for i in range(5):
    # long_task()
    t = threading.Thread(target=long_task)    # 스레드를 생성
    threads.append(t)


for t in threads:
    t.start()                                 # 스레드를 실행


for t in threads:
    t.join()                                  # join으로 스레드가 종료될 때까지 대기


print("End")
```

스레드의 join 함수는 해당 스레드가 종료될 때까지 기다리게 한다. 따라서 위와 같이 수정하면 우리가 원하던 출력을 보게 된다.

tempfile

파일을 임시로 만들어서 사용할 때 유용한 모듈이 바로 tempfile이다. tempfile.mkstemp()는 중복되지 않는 임시 파일의 이름을 무작위로 만들어서 리턴한다.

```
>>> import tempfile
>>> filename = tempfile.mkstemp()
>>> filename
'C:\WINDOWS\TEMP\~-275151-0'
```

tempfile.TemporaryFile()은 임시 저장 공간으로 사용할 파일 객체를 리턴한다. 이 파일은 기본적으로 바이너리 쓰기 모드(wb)를 갖는다. f.close()가 호출되면 이 파일은 자동으로 삭제된다.

```
>>> import tempfile
>>> f = tempfile.TemporaryFile()
>>> f.close()  ← 임시 파일 삭제
```

traceback

traceback은 프로그램 실행 중 발생한 오류를 추적하고자 할 때 사용하는 모듈이다.

다음과 같은 코드를 작성하여 실행해 보자.

traceback_test.py

```python
def a():
    return 1 / 0

def b():
    a()

def main():
    try:
        b()
    except:
        print("오류가 발생했습니다.")

main()
```

프로그램 실행 결과는 다음과 같다.

실행 결과

오류가 발생했습니다.

main() 함수가 시작되면 b() 함수를 호출하고 b() 함수에서 다시 a() 함수를 호출하여 1을 0
으로 나누므로 오류가 발생하여 "오류가 발생했습니다."라는 메시지를 출력했다.

◈ 이렇게 간단한 프로그램이 아니라 복잡한 파이썬 코드라면 어디에서 어떤 오류가 발생하는지 알기 어렵다.

이때 이 코드에서 오류가 발생한 위치와 원인을 정확히 판단할 수 있도록 코드를 업그레이드
하려면 어떻게 해야 할까?

오류가 발생한 위치에 다음과 같이 traceback 모듈을 적용해 보자.

traceback_test.py

```python
import traceback

def a():
    return 1 / 0

def b():
    a()

def main():
    try:
        b()
    except:
        print("오류가 발생했습니다.")
        print(traceback.format_exc())

main()
```

오류가 발생한 위치에 print(traceback.format_exc()) 문장을 추가했다. traceback 모듈의
format_exc()는 오류 추적 결과를 문자열로 리턴하는 함수이다. 이렇게 코드를 수정하고 다
시 프로그램을 실행하면 다음과 같이 출력될 것이다.

```
오류가 발생했습니다.
Traceback (most recent call last):
  File "c:\doit\traceback_sample.py", line 14, in main
    b()
  File "c:\doit\traceback_sample.py", line 9, in b
    a()
  File "c:\doit\traceback_sample.py", line 5, in a
    return 1/0
ZeroDivisionError: division by zero
```

오류 추적을 통해 main() 함수에서 b() 함수를 호출하고 b() 함수에서 다시 a() 함수를 호출하여 1 / 0을 실행하려 하므로 0으로 나눌 수 없다는 ZeroDivisionError가 발생했다는 것을 로그를 통해 정확하게 확인할 수 있다.

json

json은 JSON 데이터를 쉽게 처리하고자 사용하는 모듈이다.

다음은 개인정보를 JSON 형태의 데이터로 만든 myinfo.json 파일이다.

myinfo.json

```
{
    "name": "홍길동",
    "birth": "0525",
    "age": 30
}
```

인터넷으로 얻은 이 파일을 읽어 파이썬에서 처리할 수 있도록 딕셔너리 자료형으로 만들려면 어떻게 해야 할까?

JSON 파일을 읽어 딕셔너리로 변환하려면 다음처럼 json 모듈을 사용하면 된다.

```
>>> import json
>>> with open('myinfo.json') as f:
...     data = json.load(f)
```

```
...
>>> type(data)
<class 'dict'>
>>> data
{'name': '홍길동', 'birth': '0525', 'age': 30}
```

JSON 파일을 읽을 때는 이 예처럼 json.load(파일_객체)를 사용한다. 이렇게 load() 함수는 읽은 데이터를 딕셔너리 자료형으로 리턴한다. 이와 반대로 딕셔너리 자료형을 JSON 파일로 생성할 때는 다음처럼 json.dump(딕셔너리, 파일_객체)를 사용한다.

```
>>> import json
>>> data = {'name': '홍길동', 'birth': '0525', 'age': 30}
>>> with open('myinfo.json', 'w') as f:
...     json.dump(data, f)
```

이번에는 파이썬 자료형을 JSON 문자열로 만드는 방법에 대해서 알아보자.

```
>>> import json
>>> d = {"name":"홍길동", "birth":"0525", "age": 30}
>>> json_data = json.dumps(d)
>>> json_data
'{"name": "\\ud64d\\uae38\\ub3d9", "birth": "0525", "age": 30}'
```

딕셔너리 자료형을 JSON 문자열로 만들려면 json.dumps() 함수를 사용하면 된다. 그런데 딕셔너리를 JSON 데이터로 변경하면 '홍길동'과 같은 한글 문자열이 코드 형태로 표시된다. 왜냐하면 dump(), dumps() 함수는 기본적으로 데이터를 아스키 형태로 저장하기 때문이다. 유니코드 문자열을 아스키 형태로 저장하다 보니 한글 문자열이 마치 깨진 것처럼 보인다.

그러나 JSON 문자열을 딕셔너리로 다시 역변환하여 사용하는 데는 전혀 문제가 없다. JSON 문자열을 딕셔너리로 변환할 때는 다음처럼 json.loads() 함수를 사용한다.

```
>>> json.loads(json_data)
{'name': '홍길동', 'birth': '0525', 'age': 30}
```

한글 문자열이 아스키 형태의 문자열로 변경되는 것을 방지하는 방법도 있다.

```
>>> d = {"name":"홍길동", "birth":"0525", "age": 30}
>>> json_data = json.dumps(d, ensure_ascii=False)
>>> json_data
'{"name": "홍길동", "birth": "0525", "age": 30}'
>>> json.loads(json_data)
{'name': '홍길동', 'birth': '0525', 'age': 30}
```

이처럼 ensure_ascii=False 옵션을 사용하면 된다. 이 옵션은 데이터를 저장할 때 아스키 형태로 변환하지 않겠다는 뜻이다.

출력되는 JSON 문자열을 보기 좋게 정렬하려면 다음처럼 indent 옵션을 추가하면 된다.

```
>>> d = {"name":"홍길동", "birth":"0525", "age": 30}
>>> print(json.dumps(d, indent=2, ensure_ascii=False))
{
  "name": "홍길동",
  "birth": "0525",
  "age": 30
}
```

> indent=2 로 설정하니 코드가 보기 좋게 정렬되었어!

그리고 딕셔너리 외에 리스트나 튜플처럼 다른 자료형도 JSON 문자열로 바꿀 수 있다.

```
>>> json.dumps([1, 2, 3])
'[1, 2, 3]'
>>> json.dumps((4, 5, 6))
'[4, 5, 6]'
```

urllib

urllib은 URL을 읽고 분석할 때 사용하는 모듈이다.

브라우저로 위키독스의 특정 페이지를 읽으려면 다음과 같이 요청하면 된다.

```
https://wikidocs.net/페이지_번호(예: https://wikidocs.net/12)
```

그러면 오프라인으로도 읽을 수 있도록 페이지 번호를 입력받아 위키독스의 특정 페이지를 wikidocs_페이지_번호.html 파일로 저장하는 함수는 어떻게 만들어야 할까?

URL을 호출하여 원하는 리소스를 얻으려면 urllib 모듈을 사용해야 한다.

```
urllib_test.py

import urllib.request


def get_wikidocs(page):
    resource = 'https://wikidocs.net/{}'.format(page)
    with urllib.request.urlopen(resource) as s:
        with open('wikidocs_%s.html' % page, 'wb') as f:
            f.write(s.read())
```

get_wikidocs(page)는 위키독스의 페이지 번호를 입력받아 해당 페이지의 리소스 내용을 파일로 저장하는 함수이다. 이 코드에서 보듯이 urllib.request.urlopen(resource)로 s 객체를 생성하고 s.read()로 리소스 내용 전체를 읽어 이를 저장할 수 있다. 예를 들어 get_wikidocs(12)라고 호출하면 https://wikidocs.net/12 웹 페이지를 wikidocs_12.html라는 파일로 저장한다.

webbrowser

webbrowser는 파이썬 프로그램에서 시스템 브라우저를 호출할 때 사용하는 모듈이다.

개발 중 궁금한 내용이 있어 파이썬 문서를 참고하려 한다. 이를 위해 https://python.org 사이트를 새로운 웹 브라우저 로 열려면 코드를 어떻게 작성해야 할까?

파이썬으로 웹 페이지를 새 창으로 열려면 webbrowser 모듈의 open_new() 함수를 사용해야 한다.

```
webbrowser_test.py

import webbrowser

webbrowser.open_new('http://python.org')
```

이미 열린 브라우저로 원하는 사이트를 열고 싶다면 다음처럼 open_new() 대신 open()을
사용하면 된다.

```
webbrowser.open('http://python.org')
```

◈ 파이썬 라이브러리에 대해서 보다 깊게 공부하고 싶다면 필자가 집필한 《Do it! 점프 투 파이썬 - 라이브러리 예제 편》을 읽어 보기
바란다.

05-7
외부 라이브러리

파이썬 설치 시 기본으로 설치되는 라이브러리를 '파이썬 표준 라이브러리'라고 한다. 이번에 소개하는 외부 라이브러리는 파이썬 표준 라이브러리가 아니므로 사용하려면 먼저 pip 도구를 이용하여 설치해야 한다.

◆ pip은 '핍'이라고 읽는다.

pip

pip은 파이썬 모듈이나 패키지를 쉽게 설치할 수 있도록 도와주는 도구이다. pip으로 파이썬 프로그램을 설치하면 의존성 있는 모듈이나 패키지를 함께 설치해 주기 때문에 매우 편리하다. 예를 들어 B라는 파이썬 패키지를 설치하려면 A라는 패키지가 먼저 설치되어야 하는 규칙이 있다고 가정할 때 pip을 이용하면 B 패키지를 설치할 때 A 패키지도 자동으로 함께 설치된다.

pip 사용법에 대해서 간략하게 알아보자.

pip install

PyPI^{python package index}는 파이썬 소프트웨어가 모인 저장 공간이다. 현재 이곳에는 10만 건 이상의 파이썬 패키지가 등록되어 있으며 이곳에 등록된 파이썬 패키지는 누구나 내려받아 사용할 수 있다. 이곳에서 직접 내려받아 설치해도 되지만, pip을 이용하면 다음과 같이 간편하게 설치할 수 있다.

```
pip install SomePackage
```

여기서 SomePackage는 내려받을 수 있는 특정 패키지를 뜻한다.

pip uninstall

설치한 패키지를 삭제하고 싶다면 다음 명령어로 삭제할 수 있다.

```
pip uninstall SomePackage
```

특정 버전으로 설치하기

다음과 같이 버전을 지정하여 설치할 수도 있다. 다음 명령어를 실행하면 1.0.4 버전의 SomePackage를 설치한다.

```
pip install SomePackage==1.0.4
```

다음처럼 버전을 생략하면 최신 버전을 설치한다.

```
pip install SomePackage
```

최신 버전으로 업그레이드하기

패키지를 최신 버전으로 업그레이드하려면 --upgrade 옵션과 함께 사용한다.

```
pip install --upgrade SomePackage
```

설치된 패키지 확인하기

다음 명령은 pip을 이용하여 설치한 패키지 목록을 출력한다.

```
pip list
```

다음과 같이 설치된 패키지 목록을 출력할 것이다.

```
Package               Version
--------------------- --------
amqp                  2.1.4
anyjson               0.3.3
billiard              3.3.0.23
celery                3.1.0
defusedxml            0.4.1
diff-match-patch      20121119
(...생략...)
```

Faker

이번에는 pip을 사용하여 유용한 외부 라이브러리중 하나인 Faker를 설치하고 사용해 보자. Faker는 테스트용 가짜 데이터를 생성할 때 사용하는 라이브러리이다.

Faker 라이브러리는 pip을 이용하여 설치해야 한다.

```
C:\> pip install Faker
```

Faker 사용해 보기

만약 다음과 같은 형식의 테스트 데이터 30건이 필요하다고 가정해 보자. 직접 데이터를 작성하지 말고 좀 더 편리한 방법으로 테스트 데이터를 만들려면 어떻게 해야 할까?

```
[(이름1, 주소1), (이름2, 주소2), ..., (이름30, 주소30)]
```

테스트 데이터는 Faker를 사용하면 매우 쉽게 만들 수 있다. 이름은 다음처럼 만들 수 있다.

```
>>> from faker import Faker
>>> fake = Faker()
>>> fake.name()
'Matthew Estrada'   ← 무작위로 생성한 이름을 리턴
```

한글 이름이 필요하다면 다음과 같이 한국을 의미하는 ko-KR을 전달하여 fake 객체를 생성하면 된다.

```
>>> fake = Faker('ko-KR')
>>> fake.name()
'김하은'   ← 무작위로 생성한 한글 이름을 리턴
```

주소는 다음과 같이 만들 수 있다.

```
>>> fake.address()
'충청북도 수원시 잠실6길 (경자주이읍)'   ← 무작위로 생성한 한국 주소를 리턴
```

따라서 이름과 주소를 쌍으로 하는 30건의 테스트 데이터는 다음과 같이 만들 수 있다.

```
>>> test_data = [(fake.name(), fake.address()) for i in range(30)]
```

실행 결과는 다음과 같다.

```
>>> test_data
[('이예진', '인천광역시 동대문구 언주거리 (경자김면)'), ('윤도윤', '광주광역시 서초구 삼성로
(주원최박리)'), ('서동현', '인천광역시 관악구 잠실가 (민석엄김마을)'), ('김광수', '울산광역
시 양천구 시초대로'), ...생략..., ('빅성현', '진라님도 서산시 가락27길 (준영박문읍)'), ('김
성호', '경상남도 영월군 학동거리'), ('백지우', '경기도 계룡시 서초대1로'), ('권유진', '경기
도 양주시 서초중앙313가 (춘자나리)'), ('윤서준', '경상남도 청주시 서원 구 서초대64가')]
```

Faker 활용하기

Faker는 앞서 살펴본 name, address 이외에 다른 항목도 제공한다. 대표적인 몇 가지만 알
아보자.

항목	설명
fake.name()	이름
fake.address()	주소
fake.postcode()	우편 번호
fake.country()	국가명
fake.company()	회사명
fake.job()	직업명
fake.phone_number()	휴대전화 번호
fake.email()	이메일 주소
fake.user_name()	사용자명
fake.pyint(min_value=0, max_value=100)	0부터 100 사이의 임의의 숫자
fake.ipv4_private()	IP 주소
fake.text()	임의의 문장(한글 임의의 문장은 fake.catch_phrase() 사용)
fake.color_name()	색상명

sympy

sympy는 방정식 기호symbol를 사용하게 해 주는 외부 라이브러리이다. 마찬가지로 pip을 이
용하여 sympy를 설치하자.

```
C:\>pip install sympy
```

sympy 사용해 보기

시윤이는 가진 돈의 2/5로 학용품을 샀다고 한다. 이때 학용품을 사는 데 쓴 돈이 1,760원이라면 남은 돈은 어떻게 구하면 될까?

이 분제는 연습상과 연필만 있으면 쉽게 구할 수 있는 일차방정식 문제이다. 파이썬으로는 다음처럼 sympy를 사용하면 방정식을 쉽게 풀 수 있다. 먼저 다음과 같이 fractions 모듈과 sympy 모듈이 필요하다.

```
>>> from fractions import Fraction
>>> import sympy
```

시윤이가 가진 돈을 x라고 하면 sympy 모듈을 사용하여 다음과 같이 표현할 수 있다.

```
>>> x = sympy.symbols("x")
```

sympy.symbols()는 x처럼 방정식에 사용하는 미지수를 나타내는 기호를 생성할 때 사용한다.

여러 개의 기호 사용하기

x, y 2개의 미지수가 필요하다면 다음처럼 표현할 수 있다.

```
x, y = sympy.symbols('x y')
```

시윤이가 가진 돈의 2/5는 1,760원, 즉 일차방정식 $x * (2/5) = 1760$이므로 이를 코드로 표현하면 다음과 같다.

```
>>> f = sympy.Eq(x*Fraction('2/5'), 1760)
```

sympy.Eq(a, b)는 a와 b가 같다는 방정식이다. 여기서 사용한 Fraction은 유리수를 표현할 때 사용하는 표준 라이브러리로, 2/5를 정확하게 계산하고자 사용했다.

 fractions.Fraction으로 유리수 연산하기
파이썬에서 유리수 연산을 정확하게 하려면 fractions.Fraction을 사용해야 한다.

```
>>> from fractions import Fraction
```

유리수는 다음처럼 Fraction(분자, 분모) 형태로 만들 수 있다.

```
>>> a = Fraction(1, 5)
>>> a
Fraction(1, 5)
```

또는 다음과 같이 Fraction('분자 / 분모')처럼 문자열로 만들 수도 있다.

```
>>> a = Fraction('1 / 5')
>>> a
Fraction(1, 5)
```

f라는 방정식을 세웠으므로 sympy.solve(f)로 x에 해당하는 값을 구할 수 있다.

```
>>> result = sympy.solve(f)
>>> result
[4400]
```

방정식의 해는 여러 개일 수 있으므로 solve() 함수는 결괏값으로 리스트를 리턴한다. 결과를 보면 시윤이가 원래 가진 돈이 4,400원이라는 것을 알 수 있다. 따라서 남은 돈은 다음처럼 가진 돈에서 1,760원을 빼면 된다.

```
>>> remains = result[0] - 1760
>>> remains
2640
```

지금까지 내용을 종합한 풀이는 다음과 같다.

```python
from fractions import Fraction
import sympy

# 가지고 있던 돈을 x라고 하자.
x = sympy.symbols("x")

# 가지고 있던 돈의 2/5가 1760원이므로 방정식은 x * (2/5) = 1760이다.
f = sympy.Eq(x*Fraction('2/5'), 1760)

# 방정식을 만족하는 값(result)을 구한다.
result = sympy.solve(f)      # 결괏값은 리스트

# 남은 돈은 다음과 같이 가지고 있던 돈에서 1760원을 빼면 된다.
remains = result[0] - 1760

print('남은 돈은 {}원 입니다.'.format(remains))
```

프로그램을 실행한 결과는 다음과 같다.

```
남은 돈은 2640원입니다.
```

sympy 활용하기

$x^2 = 1$과 같은 2차 방정식의 해를 구해 보자.

```python
>>> import sympy
>>> x = sympy.symbols("x")
>>> f = sympy.Eq(x**2, 1)
>>> sympy.solve(f)
[-1, 1]
```

또한 다음과 같은 연립방정식의 해도 구할 수 있다.

```
x + y = 10
x - y = 4
```

```
>>> import sympy
>>> x, y = sympy.symbols('x y')
>>> f1 = sympy.Eq(x+y, 10)
>>> f2 = sympy.Eq(x-y, 4)
>>> sympy.solve([f1, f2])
{x: 7, y: 3}
```

미지수가 2개 이상이라면 결괏값이 리스트가 아닌 딕셔너리라는 것에 주의하자.

되/새/김/문/제

긴 호흡으로 공부하신 여러분!
포기하지 말고 되새김 문제를 통해
실력을 점프해 보세요!

📖 05장의 정답 및 풀이는 413~419쪽에 있습니다.

Q1 클래스 상속받고 메서드 추가하기 1

다음은 Calculator 클래스이다.

```python
class Calculator:
    def __init__(self):
        self.value = 0

    def add(self, val):
        self.value += val
```

이 클래스를 상속하는 UpgradeCalculator를 만들고 값을 뺄 수 있는 minus 메서드를 추가해 보자. 즉,
다음과 같이 동작하는 클래스를 만들어야 한다.

```python
cal = UpgradeCalculator()
cal.add(10)
cal.minus(7)

print(cal.value)  ← 10에서 7을 뺀 3을 출력
```

클래스 상속받고 메서드 추가하기 2

객체변수 value가 100 이상의 값은 가질 수 없도록 제한하는 MaxLimitCalculator 클래스를 만들어 보자. 즉, 다음과 같이 동작해야 한다.

```
cal = MaxLimitCalculator()
cal.add(50)  ← 50 더하기
cal.add(60)  ← 60 더하기


print(cal.value)  ← 100 출력
```

단, 반드시 다음과 같은 Calculator 클래스를 상속해서 만들어야 한다.

```
class Calculator:
    def __init__(self):
        self.value = 0

    def add(self, val):
        self.value += val
```

Q3 **참과 거짓 예측하기**

다음 결과를 예측해 보자.

```
>>> all([1, 2, abs(-3)-3])
```

```
>>> chr(ord('a')) == 'a'
```

Q4 음수 제거하기

filter와 lambda를 사용하여 리스트 [1, -2, 3, -5, 8, -3]에서 음수를 모두 제거해 보자.

Q5 16진수를 10진수로 변경하기

234라는 10진수의 16진수는 다음과 같이 구할 수 있다.

```
>>> hex(234)
'0xea'
```

내장 함수 int를 활용하면 쉬울 거야!

이번에는 반대로 16진수 문자열 '0xea'를 10진수로 변경해 보자.

Q6 리스트 항목마다 3 곱하여 리턴하기

map과 lambda를 사용하여 [1, 2, 3, 4] 리스트의 각 요솟값에 3이 곱해진 리스트 [3, 6, 9, 12]를 만들어 보자.

Q7 최댓값과 최솟값의 합

다음 리스트의 최댓값과 최솟값의 합을 구해 보자.

```
[-8, 2, 7, 5, -3, 5, 0, 1]
```

Q8 소수점 반올림하기

17 / 3의 결과는 다음과 같다.

```
>>> 17 / 3
5.666666666666667
```

위와 같은 결괏값 5.666666666666667을 소숫점 4자리까지만 반올림하여 표시해 보자.

Q9 디렉터리 이동하고 파일 목록 출력하기

os 모듈을 사용하여 다음과 같이 동작하도록 코드를 작성해 보자.

① C:\doit 디렉터리로 이동한다.

② dir 명령을 실행하고 그 결과를 변수에 담는다.

③ dir 명령의 결과를 출력한다.

Q10 파일 확장자가 .py인 파일만 찾기

glob 모듈을 사용하여 C:\doit 디렉터리의 파일 중 확장자가 .py인 파일만 출력하는 프로그램을 작성해 보자.

Q11 날짜 표시하기

time 모듈을 사용하여 현재 날짜와 시간을 다음과 같은 형식으로 출력해 보자.

```
2018/04/03 17:20:32
```

Q12 로또 번호 생성하기

random 모듈을 사용하여 로또 번호(1~45 사이의 숫자 6개)를 생성해 보자(단, 중복된 숫자가 있으면 안 됨).

Q13 누나는 영철이보다 며칠 더 먼저 태어났을까?

영철이 누나의 생일은 1995년 11월 20일이고 영철이의 생일은 1998년 10월 6일이다. 영철이 누나는
영철이보다 며칠 더 먼저 태어났을까?

날짜를 계산할 때는
datetime.date
함수를 쓰면 돼~

Q14 기록순으로 정렬하기

다음은 1학년 3반 학생들의 100m 달리기 기록이다.

```
data = [('윤서현', 15.25),
        ('김예지', 13.31),
        ('박예원', 15.34),
        ('송순자', 15.57),
        ('김시우', 15.48),
        ('배숙자', 17.9),
        ('전정웅', 13.39),
        ('김혜진', 16.63),
        ('최보람', 17.14),
        ('한지영', 14.83),
        ('이성호', 17.7),
        ('김옥순', 16.71),
        ('황민지', 17.65),
        ('김영철', 16.7),
        ('주병철', 15.67),
        ('박상현', 14.16),
        ('김영순', 14.81),
        ('오지아', 15.13),
        ('윤지은', 16.93),
        ('문재호', 16.39)]
```

기록순으로 data를 정렬해 보자.

◆ operator.itemgetter를 사용해 보자.

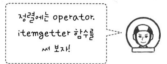

정렬에는 operator.
itemgetter 함수를
써 보자!

Q15 청소 당번 2명 뽑기

다음 4명의 학생 중 청소 당번 2명을 뽑을 수 있는 경우의 수를 모두 나열하시오.

['나지혜', '성성민', '윤지현', '김정숙']

Q16 문자열 나열하기

"abcd" 문자열을 나열하는 경우의 수를 다음과 같이 모두 출력하시오.

abcd, abdc, adcb, (...생략...)

경우의 수를 구할 때는
itertools의 함수 중
하나를 쓰면 되겠지?

Q17 5명에게 할 일 부여하기

다음 5명이 있다.

['김승현', '김진호', '강춘자', '이예준', '김현주']

그리고 해야 할 일은 다음처럼 3가지가 있다.

```
['청소', '빨래', '설거지']
```

5명을 무작위로 섞어 앞의 3명에게 차례로 해야 할 일인 ["청소", "빨래", "설거지"]를 지정하고 나머지 2명에게는 "휴식"을 시성할 수 있는 프로그램을 직성하시오.

Q18 벽에 타일 붙이기

가로의 길이는 200cm이고 세로의 길이는 80cm인 벽이 있다. 이 벽에 되도록 큰 정사각형 모양의 타일을 붙이려고 한다. 이때 붙이려는 타일 한 선의 길이와 붙이는 데 필요한 타일의 개수를 구하시오.

최대 공약수를 구하는
함수를 써 보자!

수영을 배울 때도 기초 과정과 마스터 과정이 있는 것처럼 독자들은 이제 파이썬 프로그래밍의 기초 단계를 지나 마스터 단계에 접어들게 되었다. 첫째마당을 통해 파이썬의 기본 문법을 탄탄하게 공부했기 때문에 독자들은 이제 원하는 프로그램을 만들 수 있는 매우 유용한 도구를 가지게 된 것이다. 이 도구를 잘만 활용하면 지루한 일을 재미있게, 시간이 오래 걸리는 일을 눈 깜짝할 사이에 해낼 수 있다. 이제 둘째마당을 공부하면서 능숙하고 자연스럽게 파이썬을 다루는 마스터가 되어 보자.

부록
Do it! 파이썬 코딩 면허 시험 20제
Do it! 챗GPT와 파이썬 공부하기

06

파이썬 프로그래밍,
어떻게 시작해야 할까?

06장에서는 매우 짤막한 스크립트와 함수들을 만들어 본다. 스크립트란 에디터로
작성한 파이썬 프로그램 파일을 말한다. 프로그래밍 감각을 키우는 데 더할 나위
없이 좋은 재료가 될 것이다. 06장에서 실습할 모든 예제는 대화형 인터프리터가
아닌 에디터로 작성해야 한다.

06-1
내가 프로그램을 만들 수 있을까?

프로그램을 막 시작하려는 사람이 맨 먼저 부딪히게 되는 벽은 아마도 다음과 같지 않을까?

"문법도 어느 정도 알겠고, 책 내용도 대부분 이해된다.
하지만 이러한 지식을 바탕으로 내가 도대체 어떤 프로그램을 만들 수 있을까?"

이럴 때는 '어떤 프로그램을 짜야지'라는 생각보다는 다른 사람들이 만든 프로그램 파일을 자세히 들여다보고 분석하는 데서 시작해 보자. 그러다 보면 다른 사람들의 생각도 읽을 수 있고, 거기에 더해 뭔가 새로운 아이디어가 떠오를 수도 있다. 하지만 여기에서 가장 중요한 것은 자신의 수준에 맞는 소스를 찾는 일이다. 그래서 06장에서는 매우 쉬운 예제부터 시작해 차츰 수준을 높여 실용적인 예제까지 다룰 것이다. 공부한 내용을 어떻게 활용할 것인지는 여러분의 몫이다.

필자는 예전에 프로그래밍을 막 시작한 사람에게 구구단 프로그램을 짜 보라고 한 적이 있다. 쉬운 과제이고 파이썬 문법도 다 공부한 사람이었는데, 프로그램을 어떻게 만들어야 할지 전혀 갈피를 잡지 못했다. 그래서 필자는 다음과 같은 해결책을 알려 주었다.

> 프로그램을 만들려면 가장 먼저 '입력'과 '출력'을 생각하라.

가령 구구단 프로그램 중 2단을 만든다면 2를 입력값으로 주었을 때 어떻게 출력되어야 할지 생각해 보라고 했다. 그래도 그림이 그려지지 않는 것 같아 직접 연습장에 적어 가며 설명해 주었다.

> 함수 이름은? gugu로 싯자
> 입력받는 값은? 2
> 출력하는 값은? 2단(2, 4, 6, 8, …, 18)
> 결과는 어떤 형태로 저장하지? 연속된 자료형이므로 리스트!

독자들도 함께 따라 해 보기 바란다.

1. 먼저 에디터를 열고 다음과 같이 입력한다. gugu라는 함수에 2를 입력값으로 주면 result라는 변수에 결괏값을 넣으라는 뜻이다.

```
result = gugu(2)
```

2. 이제 결괏값을 어떤 형태로 받을 것인지 고민해 보자. 2단이므로 결괏값은 2, 4, 6, … 18까지 나올 것이다. 이런 종류의 데이터는 리스트 자료형이 적합하다. 따라서 result = [2, 4, 6, 8, 10, 12, 14, 16, 18] 같은 결과를 얻어야겠다는 생각을 먼저 하고 프로그래밍을 시작하는 태도가 필요하다. 이런 식으로 머릿속에 그림이 그려지기 시작하면 의외로 생각이 가볍게 좁혀지는 것을 느낄 수 있을 것이다.

3. 어떻게 만들지 생각해 봤으므로 1번에서 입력한 문장은 지우고 진짜 프로그램을 짜 보자. 일단 이름을 gugu라고 지은 함수를 다음과 같이 만든다.

```
def gugu(n):
    print(n)
```

위와 같은 함수를 만들고 gugu(2)를 실행하면 2를 출력한다. 즉, 입력값으로 2가 잘 들어오는지 확인하는 것이다.

4. 이제 결괏값을 담을 리스트를 하나 생성하자. 앞에서 작성한 print(n)은 입력이 잘되는지를 확인하기 위한 것이었으므로 지워도 좋다.

```
def gugu(n):
    result = []
```

5. 다음으로 result에 2, 4, 6, … 18을 어떻게 넣어야 할지 생각해 보자. 필자는 다음과 같이 리스트에 요소를 추가하는 append 함수를 사용하기로 결정했다.

gugu.py
```
def gugu(n):
    result = []
    result.append(n*1)
```

```
        result.append(n*2)
        result.append(n*3)
        result.append(n*4)
        result.append(n*5)
        result.append(n*6)
        result.append(n*7)
        result.append(n*8)
        result.append(n*9)
        return result

print(gugu(2))
```

실행 결과
```
[2, 4, 6, 8, 10, 12, 14, 16, 18]
```

정말 무식한 방법이지만 입력값 2를 주었을 때 원하는 결괏값을 얻을 수 있었다.

6. 그런데 앞에서 만든 함수는 반복이 너무 많다. 가만히 보면 result.append(n*□)의 □ 위치에 1부터 9까지 숫자만 다르게 들어가 있다는 것을 알 수 있다. 똑같은 일을 반복할 때는 '반복문'을 사용한다고 했다. 그렇다면 1부터 9까지 출력해 주는 반복문을 만들면 되지 않을까?

대화형 인터프리터를 열고 다음과 같이 테스트해 보았다.

```
>>> i = 1
>>> while i < 10:
...     print(i)
...     i = i + 1
...
1
2
3
4
5
6
7
8
9
```

매우 만족스러운 결과이다. 이제 위 소스 코드를 gugu 함수에 적용해 보자.

7. 이상의 생각을 바탕으로 완성한 gugu 함수는 다음과 같다.

gugu.py

```
def gugu(n):
    result = []
    i = 1
    while i < 10:
        result.append(n*i)
        i = i + 1
    return result
```

다음과 같이 테스트해 보자.

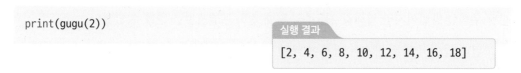

```
print(gugu(2))
```

실행 결과

```
[2, 4, 6, 8, 10, 12, 14, 16, 18]
```

사실 gugu 함수는 이와 같은 과정을 거치지 않고도 바로 만들 수 있는 독자들이 많을 것이다. 하지만 더 복잡한 함수를 만들 때는 이렇게 구체적이고 단계적으로 접근하는 방식이 많은 도움이 된다. 프로그래밍을 할 때는 매우 구체적으로 접근해야 머리가 덜 아프다는 것을 기억하자. 자, 이제 다양한 예제를 접해 보며 여러분 나름대로 멋진 생각을 해 보기 바란다.

06-2
3과 5의 배수를 모두 더하기

다음 문제를 어떻게 풀면 좋을지 생각해 보자.

> 10 미만의 자연수에서 3과 5의 배수를 구하면 3, 5, 6, 9이다. 이들의 총합은 23이다.
> 1,000 미만의 자연수에서 3의 배수와 5의 배수의 총합을 구하라.

> 입력받는 값은? 1부터 999까지(1000 미만의 자연수)
> 출력하는 값은? 3의 배수와 5의 배수의 총합
> 생각해 볼 것은? 하나. 3의 배수와 5의 배수는 어떻게 찾지?
> 둘. 3의 배수와 5의 배수가 겹칠 때는 어떻게 하지?

이 문제를 풀기 위한 중요 포인트는 2가지다. 1가지는 1,000 미만의 자연수를 구하는 방법이고 또 다른 1가지는 3과 5의 배수를 구하는 것이다. 이 2가지만 해결되면 문제는 쉽게 해결될 것으로 보인다.

1. 먼저 1,000 미만의 자연수는 어떻게 구할 수 있을지 생각해 보자. 여러 가지 방법이 떠오를 것이다. 다음과 같이 변수에 초깃값 1을 준 후 루프를 돌리며 1씩 증가시켜서 999까지 진행하는 방법이 가장 일반적인 방법이다.

```
n = 1
while n < 1000:
    print(n)
    n += 1
```

또는 다음과 같이 좀 더 파이썬다운 range 함수를 사용할 수도 있다.

```
for n in range(1, 1000):
    print(n)
```

2가지 예 모두 실행하면 1부터 999까지 출력하는 것을 확인할 수 있다.

2. 1,000까지의 자연수를 차례로 구하는 방법을 알았으므로 3과 5의 배수를 구하는 방법을 알아보자. 1,000 미만의 자연수 중 3의 배수는 다음과 같이 증가할 것이다.

```
3, 6, 9, 12, 15, 18, ..., 999
```

그렇다면 1부터 1,000까지 수가 진행되는 동안 그 수가 3의 배수인지는 어떻게 알 수 있을 까? 1부터 1,000까지의 수 중 3으로 나누었을 때 나누어떨어지는 경우, 즉 3으로 나누었을 때 나머지가 0인 경우가 바로 3의 배수이다. 따라서 다음과 같이 % 연산자를 사용하면 3의 배수 를 쉽게 찾을 수 있다.

```
for n in range(1, 1000):
    if n % 3 == 0:
        print(n)
```

그렇다면 5의 배수는 n % 5가 0이 되는 수로 구할 수 있을 것이다.

3. 이러한 내용을 바탕으로 만든 최종 풀이는 다음과 같다.

add_multiple.py

```
result = 0
for n in range(1, 1000):
    if n % 3 == 0 or n % 5 == 0:
        result += n
print(result)
```

3과 5의 배수에 해당하는 수를 result 변수에 계속해서 더해 주었다.

이 문제에는 1가지 함정이 있는데, 3으로도 5로도 나누어지는 15와 같은 수가 중복으로 더해질 수 있다는 점이다. 따라서 15와 같이 3의 배수도 되고 5의 배수도 되는 값을 중복으로 더하지 않도록 or 연산자를 사용했다.

다음 예는 15와 같은 수를 이중으로 더하여 잘못된 결과를 출력하는 풀이이다.

```
result = 0
for n in range(1, 1000):
    if n % 3 == 0:
        result += n
    if n % 5 == 0:
        result += n
print(result)
```

코딩 연습을 할 수 있는 사이트

이 문제는 코딩 연습을 할 수 있는 '프로젝트 오일러'라는 사이트의 첫 번째 문제이다. 이 사이트는 첫 번째 문제부터 차례대로 풀 수 있으며 본인이 작성한 답이 맞는지 즉시 확인할 수도 있다.

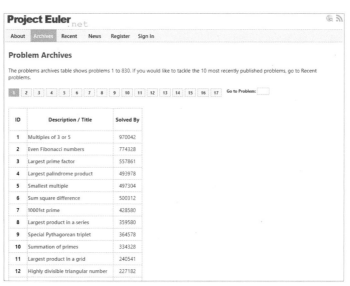

프로젝트 오일러(http://projecteuler.net/archives)

06-3
게시판 페이징하기

A 씨는 게시판 프로그램을 작성하고 있다. 그런데 게시물의 총 개수와 한 페이지에 보여 줄 게시물 수를 입력으로 주었을 때 총 페이지 수를 출력하는 프로그램이 필요하다고 한다.

◆ 이렇게 게시판의 페이지 수를 구하는 것을 '페이징'이라고 부른다.

> 함수 이름은? get_total_page
> 입력받는 값은? 게시물의 총 개수(m), 한 페이지에 보여 줄 게시물 수(n)
> 출력하는 값은? 총 페이지 수

A 씨가 필요한 프로그램을 만들기 위해 입력값과 결괏값이 어떻게 나와야 하는지 먼저 살펴보자. 게시물의 총 개수가 5이고 한 페이지에서 보여 줄 게시물 수가 10이면 총 페이지 수는 당연히 1이 된다. 만약 게시물의 총 개수가 15이고 한 페이지에서 보여 줄 게시물 수가 10이라면 총 페이지 수는 2가 될 것이다.

게시물의 총 개수(m)	페이지 당 보여 줄 게시물 수(n)	총 페이지 수
5	10	1
15	10	2
25	10	3
30	10	3

이 문제는 게시판 프로그램을 만들 때 가장 처음 마주치는 난관이라고 할 수 있는 총 페이지 수를 구하는 문제이다. 사실 실제 업무에서 사용하는 페이징 기술은 훨씬 복잡한데 여기에서는 그중 가장 간단한 총 페이지 수를 구하는 방법에 대해서만 알아본다.

1. 다음과 같이 총 게시물 개수(m)를 한 페이지에 보여 줄 게시물 수(n)로 나누고 1을 더하면 총 페이지 수를 얻을 수 있다.

> 총 페이지 수 = (총 게시물 개수 / 한 페이지당 보여 줄 개수) + 1

2. 이러한 공식을 적용했을 경우 총 페이지 수가 표의 값처럼 구해지는지 확인해 보자.

paging.py

```python
def get_total_page(m, n):
    return m // n + 1          # m을 n으로 나눌 때 소수점 아래 자리를 버리기 위해 // 연산자 사용

print(get_total_page(5, 10))    # 1 출력
print(get_total_page(15, 10))   # 2 출력
print(get_total_page(25, 10))   # 3 출력
print(get_total_page(30, 10))   # 4 출력
```

첫 번째, 두 번째, 세 번째 케이스는 공식에 맞게 결과가 출력된다. 하지만 네 번째 케이스는 게시물의 총 개수가 30이고 한 페이지에 보여 줄 개수가 10인데 4가 출력되어 실패해 버렸다. 잘 생각해 보자. 총 개수가 30이고 한 페이지에 보여 줄 개수가 10이라면 당연히 총 페이지 수는 3이 되어야 한다.

3. 실패 케이스는 총 게시물 수와 한 페이지에 보여 줄 게시물 수를 나눈 나머지 값이 0이 될 때 발생한다는 것을 유추할 수 있을 것이다. 이 실패 케이스를 해결하려면 다음과 같이 코드를 변경해야 한다.

paging.py

```python
def get_total_page(m, n):
    if m % n == 0:
        return m // n
    else:
        return m // n + 1

print(get_total_page(5, 10))
print(get_total_page(15, 10))
print(get_total_page(25, 10))
print(get_total_page(30, 10))    # 3 출력
```

나누었을 때 나머지가 0인 경우는 나누기의 몫만 리턴하고 이외의 경우에는 1을 더하여 리턴하도록 변경했다.

프로그램을 실행해 보면 모든 케이스가 원하던 결과를 출력하는 것을 확인할 수 있다.

06-4
간단한 메모장 만들기

원하는 메모를 파일에 저장하고 추가 및 조회가 가능한 간단한 메모장을 만들어 보자.

> **필요한 기능은?** 메모 추가하기, 메모 조회하기
> **입력받는 값은?** 메모 내용, 프로그램 실행 옵션
> **출력하는 값은?** memo.txt

가장 먼저 해야 할 일은 메모를 추가하는 것이다. 다음 명령을 실행했을 때 메모를 추가할 수 있도록 만들어 보자.

```
python memo.py -a "Life is too short"
```

memo.py는 우리가 작성할 파이썬 프로그램 이름이다. -a는 이 프로그램의 실행 옵션이고 "Life is too short"는 추가할 메모 내용이 된다.

1. 먼저 다음과 같이 입력으로 받은 옵션과 메모를 출력하는 코드를 에디터로 작성해 보자.

C:/doit/memo.py
```python
import sys

option = sys.argv[1]
memo = sys.argv[2]

print(option)
print(memo)
```

sys.argv는 프로그램을 실행할 때 입력된 값을 읽어 들일 수 있는 파이썬 라이브러리이다. sys.argv[0]은 입력받은 값 중에서 파이썬 프로그램 이름인 memo.py이므로 우리가 만들려는 기능에는 필요 없는 값이다. 그리고 순서대로 sys.argv[1]은 프로그램 실행 옵션이 되고 sys.argv[2]는 메모 내용이 된다.

2. memo.py를 작성했다면 다음 명령을 수행해 보자.

◆ memo.py는 C:\doit 디렉터리에 저장한다.

```
C:\doit>python memo.py -a "Life is too short"
-a
Life is too short
```

입력으로 전달한 옵션과 메모 내용이 그대로 출력되는 것을 확인할 수 있다.

3. 이제 입력으로 받은 메모를 파일에 쓰도록 코드를 변경해 보자.

C:/doit/memo.py

```python
import sys

option = sys.argv[1]

if option == '-a':
    memo = sys.argv[2]
    f = open('memo.txt', 'a')
    f.write(memo)
    f.write('\n')
    f.close()
```

옵션이 −a인 경우에만 memo 값을 읽어 memo.txt에 그 값을 쓰도록 코드를 작성했다. 여기에서 메모는 항상 새로운 내용이 작성되는 것이 아니라 한 줄씩 추가되어야 하므로 파일 열기 모드를 a로 했다. 그리고 메모를 추가할 때마다 다음 줄에 저장되도록 줄바꿈 문자(\n)도 추가로 파일에 쓰게 했다.

4. 이제 다음과 같은 명령을 수행해 보자.

```
C:\doit>python memo.py -a "Life is too short"
C:\doit>python memo.py -a "You need python"
```

그리고 파일에 정상적으로 메모가 기입되었는지 다음과 같이 확인해 보자.

```
C:\doit>type memo.txt
Life is too short
You need python
```

추가한 메모가 정상적으로 저장된 것을 볼 수 있다.

5. 이번에는 작성한 메모를 출력하는 부분을 만들 차례이다. 메모 출력은 다음과 같이 동작하도록 만들어 보자.

```
python memo.py -v
```

메모 추가는 -a 옵션을 사용하고 메모 출력은 -v 옵션을 사용한다.

이제 메모 출력을 위해 다음과 같이 코드를 변경해 보자.

C:/doit/memo.py

```python
import sys

option = sys.argv[1]

if option == '-a':
    memo = sys.argv[2]
    f = open('memo.txt', 'a')
    f.write(memo)
    f.write('\n')
    f.close()
elif option == '-v':
    f = open('memo.txt')
    memo = f.read()
    f.close()
    print(memo)
```

옵션으로 -v가 들어온 경우 memo.txt를 읽어서 출력한다.

6. 코드를 수정한 후 다음과 같은 명령을 수행해 보자.

```
C:\doit>python memo.py -v
Life is too short
You need python
```

입력한 메모가 그대로 출력되는 것을 확인할 수 있다.

06-5
탭 문자를 공백 문자 4개로 바꾸기

이번에는 문서 파일을 읽어서 그 문서 파일 안에 있는 탭 문자(Tab)를 공백 문자(Spacebar)
4개로 바꾸어 주는 스크립트를 작성해 보자.

> **필요한 기능은?** 문서 파일 읽어 들이기, 문자열 변경하기
> **입력받는 값은?** 탭을 포함한 문서 파일
> **출력하는 값은?** 탭이 공백으로 수정된 문서 파일

다음과 같은 형식으로 프로그램이 수행되도록 만들 것이다.

```
python tabto4.py src dst
```

tabto4.py는 우리가 작성해야 할 파이썬 프로그램 이름, src는 탭을 포함하고 있는 원본 파일
이름, dst는 파일 안의 탭을 공백 4개로 변환한 결과를 저장할 파일 이름이다.

예를 들어 a.txt에 있는 탭을 4개의 공백으로 바꾸어 b.txt에 저장하고 싶다면 다음과 같이 수
행해야 한다.

```
python tabto4.py a.txt b.txt
```

1. 먼저 다음과 같이 tabto4.py 파일을 작성해 보자.

◆ tabto4.py는 C:\doit 디렉터리에 저장한다.

```
C:/doit/tabto4.py

import sys

src = sys.argv[1]
dst = sys.argv[2]

print(src)
print(dst)
```

sys.argv를 사용하여 입력값을 확인하도록 만든 코드이다.

2. 다음과 같이 수행했을 때 입력값이 정상적으로 출력되는지 확인해 보자.

```
C:\doit>python tabto4.py a.txt b.txt
a.txt
b.txt
```

입력으로 전달한 a.txt와 b.txt가 정상적으로 출력되는 것을 확인할 수 있다.

3. 테스트를 위한 원본 파일(탭을 포함하는 파일)인 a.txt를 다음과 같이 작성한다. 각 단어는 탭(\t) 문자로 분리되도록 입력해야 한다.

```
Life    is      too      short   ← 각 단어의 사이에 탭 문자 입력
You    need    python
```

4. 이제 탭 문자를 포함한 a.txt를 읽어 탭을 공백 4개로 변환할 수 있도록 코드를 수정해 보자.

```
C:/doit/tabto4.py

import sys

src = sys.argv[1]
dst = sys.argv[2]

f = open(src)
```

```
tab_content = f.read()
f.close()

space_content = tab_content.replace("\t", " " * 4)
print(space_content)
```

src에 해당되는 입력 파일을 읽어서 그 내용을 tab_content라는 변수에 저장한 후 문자열의 replace 함수를 사용해 탭(\t)을 4개의 공백으로 변경하도록 코드를 수정했다.

5. 이제 다음과 같은 명령을 수행해 보자.

```
C:\doit>python tabto4.py a.txt b.txt
Life    is    too    short
You    need    python
```

탭 문자가 공백 4개로 변경되어 출력될 것이다. 하지만 탭과 공백의 차이점을 눈으로 알 수는 없으므로 탭이 정상적으로 공백으로 변경되었는지 확인하기 어렵다.

6. 이제 변경된 내용을 b.txt에 저장할 수 있도록 다음과 같이 프로그램을 변경해 보자.

C:/doit/tabto4.py

```
import sys

src = sys.argv[1]
dst = sys.argv[2]

f = open(src)
tab_content = f.read()
f.close()

space_content = tab_content.replace("\t", " " * 4)

f = open(dst, 'w')
f.write(space_content)
f.close()
```

탭이 공백으로 변경된 space_content를 출력 파일인 dst에 쓰도록 코드를 수정했다.

7. 다음 명령을 수행해 프로그램을 실행하자.

```
C:\doit>python tabto4.py a.txt b.txt
```

b.txt가 C:\doit 디렉터리에 생성된다. 에디터로 b.txt를 열어 탭이 4개의 공백 문자로 변경되었는지 확인해 보자. 프로그램을 작성할 때 사용하는 에디터는 대부분 탭과 공백 문자를 나르게 표시하므로 눈으로 확인할 수 있다.

06-6
하위 디렉터리 검색하기

특정 디렉터리부터 시작해서 그 하위(디렉터리 포함)의 모든 파일 중 파이썬 파일(*.py)만 출력해 주는 프로그램을 만들려면 어떻게 해야 할까?

> **필요한 기능은?** 파이썬 파일만 찾아서 출력하기
> **입력받는 값은?** 검색을 시작할 디렉터리
> **출력하는 값은?** 파이썬 파일명

1. 다음과 같이 sub_dir_search.py 파일을 작성해 보자.

◈ sub_dir_search.py 파일은 C:\doit 디렉터리에 저장한다.

```
C:/doit/sub_dir_search.py

def search(dirname):
    print(dirname)


search("c:/")
```

search 함수를 만들고 시작 디렉터리를 입력받도록 코드를 작성했다.

2. 이제 이 디렉터리에 있는 파일을 검색할 수 있도록 소스를 변경해 보자.

```
C:/doit/sub_dir_search.py

import os

def search(dirname):
    filenames = os.listdir(dirname)
    for filename in filenames:
```

```
        full_filename = os.path.join(dirname, filename)
        print(full_filename)

search("c:/")
```

os.listdir를 사용하면 해당 디렉터리에 있는 파일의 리스트를 구할 수 있다. 여기에서 구하는 파일 리스트는 파일 이름만 포함되어 있으므로 경로를 포함한 파일 이름을 구하기 위해서는 입력으로 받은 dirname을 앞에 덧붙여 주어야 한다. os 모듈에는 디렉터리와 파일 이름을 이어 주는 os.path.join 함수가 있으므로 이 함수를 사용하면 디렉터리를 포함한 전체 경로를 쉽게 구할 수 있다.

코드를 수행하면 C:/ 디렉터리에 있는 파일이 다음과 비슷하게 출력될 것이다.

```
c:/$Recycle.Bin
c:/$WINDOWS.~BT
c:/$Windows.~WS   ← 디렉터리 출력 예
c:/adb
c:/AMD
c:/android
c:/bootmgr
c:/BOOTNXT
(...생략...)
```

3. 이제 C:/ 디렉터리에 있는 파일들 중 확장자가 .py인 파일만을 출력하도록 코드를 변경해 보자.

C:/doit/sub_dir_search.py

```
import os

def search(dirname):
    filenames = os.listdir(dirname)
    for filename in filenames:
        full_filename = os.path.join(dirname, filename)
        ext = os.path.splitext(full_filename)[-1]
        if ext == '.py':
            print(full_filename)

search("c:/")
```

파일 이름에서 확장자만 추출하기 위해 os 모듈의 os.path.splitext 함수를 사용하였다. os.path.splitext는 파일 이름을 확장자를 기준으로 두 부분으로 나누어 준다. 따라서 os.path.splitext(full_filename)[-1]은 해당 파일의 확장자 이름이 된다. 앞의 코드는 확장자 이름이 .py인 경우만 출력하도록 작성했다. C:/디렉터리에 파이썬 파일이 없다면 아무것도 출력되지 않을 것이다.

4. 하지만 우리가 원하는 것은 C:/ 디렉터리 바로 밑에 있는 파일뿐만 아니라 그 하위 디렉터리_{sub directory}를 포함한 모든 파이썬 파일을 검색하는 것이다. 하위 디렉터리도 검색이 가능하도록 다음과 같이 코드를 변경해야 한다.

C:/doit/sub_dir_search.py

```python
import os

def search(dirname):
    try:
        filenames = os.listdir(dirname)
        for filename in filenames:
            full_filename = os.path.join(dirname, filename)
            if os.path.isdir(full_filename):
                search(full_filename)
            else:
                ext = os.path.splitext(full_filename)[-1]
                if ext == '.py':
                    print(full_filename)
    except PermissionError:
        pass

search("c:/")
```

try-except 문으로 함수 전체를 감싼 이유는 os.listdir를 수행할 때 권한이 없는 디렉터리에 접근하더라도 프로그램이 오류로 종료되지 않고 그냥 수행되도록 하기 위해서이다.

full_filename이 디렉터리인지 파일인지 구별하기 위해 os.path.isdir 함수를 사용했고, 디렉터리일 경우 해당 경로를 입력받아 다시 search 함수를 호출했다. 이렇게 해당 디렉터리의 파일이 디렉터리일 경우 다시 search 함수를 호출해 나가면(재귀 호출) 해당 디렉터리의 하위 파일을 다시 검색하기 시작하므로 결국 모든 파일을 검색할 수 있다.

◈ 재귀 호출이란 자기 자신을 다시 호출하는 프로그래밍 기법이다. 이 코드에서 보면 search 함수에서 다시 자기 자신인 search 함수를 호출한다. 이것이 바로 재귀 호출이다.

이 코드를 수행하면 C:/ 디렉터리에 있는 모든 파이썬 파일이 출력될 것이다.

하위 디렉터리 검색을 쉽게 해 주는 os.walk

os.walk를 사용하면 앞에서 작성한 코드를 더 간단하게 만들 수 있다. os.walk는 시작 디렉터리부터 시작해 하위에 있는 모든 디렉터리를 차례대로 방문하는 함수이다.

oswalk.py

```python
import os

for (path, dir, files) in os.walk("c:/"):
    for filename in files:
        ext = os.path.splitext(filename)[-1]
        if ext == '.py':
            print("%s/%s" % (path, filename))
```

디렉터리와 파일을 검색하는 일반적인 경우라면 os.walk를 사용하기를 추천한다.

07

파이썬
날아오르기

여러분은 이 책을 다 읽은 후 자신에게 필요한 파이썬 프로그램을 만들어 볼 것이다. 간단한 프로그램이 아니라면 이때 반드시 파이썬 표준 라이브러리를 사용해야 하는 순간이 온다. 하지만 파이썬 표준 라이브러리 가운데 몇 가지는 앞에서 배우지 않은 고급 개념을 미리 알아야만 이해할 수 있다. 07장에서는 이 개념에 대해 알아본다. 다만, 파이썬 입문자에게는 조금 어려운 내용이고 파이썬 코드를 작성하는 데 꼭 알아야 하는 내용은 아니므로 건너뛰어도 괜찮다. 하지만 여러분이 더 깊이 있는 파이썬 프로그램을 작성하고 싶다면 한 번쯤 관심을 두고 익히기를 권한다.

07-1
파이썬과 유니코드

컴퓨터는 0과 1이라는 값만 인식할 수 있는 기계 장치이다. 그렇다면 컴퓨터는 어떻게 우리가 입력하는 문자를 인식할 수 있는 걸까?

최초의 문자 셋, 아스키코드

과거부터 지금까지 사용하는 유일한 방법은 다음과 비슷한 방법으로 문자 셋^{character set}을 만드는 것이다. 예를 들어 숫자 65는 'A', 숫자 66은 'B', … 이렇게 숫자마다 문자를 매핑^{mapping}해 놓으면 컴퓨터는 해당 숫자를 문자로 대체하여 인식하는 것이다.

최초의 컴퓨터가 발명되었을 때 이런 문자를 처리하고자 컴퓨터마다 각각의 문자 셋을 정해 놓고 문자를 처리하기 시작했다. 하지만 컴퓨터마다 각각의 문자 셋을 사용했더니 데이터 호환이 안 되는 문제가 발생했다. A라는 컴퓨터에서 처리하는 문자 셋 규칙이 B라는 컴퓨터에서 처리하는 문자 셋 규칙과 같지 않기 때문에 서로 데이터를 주고받는 등의 일을 할 수가 없었던 것이다.

이런 문제를 해결하고자 미국에서 최초로 문자 셋 표준인 아스키^{ASCII}가 탄생하게 된다. 아스키라는 문자 셋 규칙을 정하고 이 규칙대로만 문자를 만들면 기종이 다른 컴퓨터 사이에도 문제 없이 데이터를 주고받을 수 있었다. 아스키는 처리할 수 있는 문자 개수가 127개였는데, 영어권 국가에서 사용하는 영문자, 숫자 등을 처리하는 데는 부족함이 없었다.

유니코드의 등장

하지만 곧 비영어권 국가에서도 자신의 문자를 컴퓨터로 표현하고자 하는 요구가 생겼다. 아스키는 127개의 문자만을 다룰 수 있으므로 아스키를 사용할 수는 없는 노릇이었다. 그래서 서유럽 문자 셋인 ISO8859와 한국 문자 셋인 KSC5601 등이 등장하기 시작했다.

이렇게 나라마다 문자 셋이 만들어지고 또 한 나라에서도 여러 개의 문자 셋이 표준이 되고자 치열한 싸움을 벌이며 문자를 처리하는 방법은 점점 더 복잡해져만 갔다. 가장 결정적인 문제

07장 • 파이썬 날아오르기 327

는 하나의 문서에 여러 나라의 언어를 동시에 표현할 방법이 없다는 점이었다.

이런 문제를 해결하고자 등장한 것이 바로 유니코드^{unicode}이다. 유니코드는 모든 나라의 문자를 모두 포함하도록 넉넉하게 설계되었고 곧 세계 표준으로 자리 잡게 되었다. 이 유니코드라는 규칙을 사용하면서 서로 다른 문자 셋으로 고생할 일이 없어졌다.

유니코드로 문자열 다루기

이제 유니코드로 문자열을 다루는 방법을 알아보자. 파이썬에서 사용하는 문자열은 모두 유니코드 문자열이다. ◆ 파이썬은 버전 3부터 모든 문자열을 유니코드로 처리한다.

인코딩하기

다음과 같은 문자열을 살펴보자.

```
>>> a = "Life is too short"
```

유니코드 문자열은 인코딩^{encoding} 없이 그대로 파일에 적거나 다른 시스템으로 전송할 수 없다. 왜냐하면 유니코드 문자열은 단순히 문자 셋의 규칙이기 때문이다. 파일에 적거나 다른 시스템으로 전송하려면 바이트^{byte} 문자열로 변환해야 한다. 이렇게 유니코드 문자열을 바이트 문자열로 바꾸는 것을 '인코딩'이라고 한다. 따라서 파일을 읽거나 네트워크를 통해 바이트 문자열을 수신할 때는 해당 바이트가 어떤 방식의 인코딩을 사용했는지를 미리 알아야만 디코딩할 수 있다.

유니코드 문자열을 바이트 문자열로 바꾸는 방법은 다음과 같다.

```
>>> a = "Life is too short"
>>> b = a.encode('utf-8')
>>> b
b'Life is too short'
>>> type(b)
<class 'bytes'>
```

유니코드 문자열을 바이트 문자열로 만들 때는 이 예처럼 utf-8과 같은 인코딩 방식을 인수로 넘겨 주어야 한다. 인수를 생략하면 기본값인 utf-8로 동작한다. 문자열을 변환하고 나서 type 명령어를 호출해 보면 b 객체는 bytes 클래스의 객체라는 것을 알 수 있다.

이번에는 다음 예제를 살펴보자.

```
>>> a = "한글"
>>> a.encode("ascii")
Traceback (most recent call last):
  File "<stdin>", line 1, in <module>
UnicodeEncodeError: 'ascii' codec can't encode characters in position 0-1: ordinal
not in range(128)
```

이 예에서는 한글이라는 유니코드 문자열을 아스키^{ascii} 방식으로 인코딩하려고 시도한다. 하지만 아스키 방식으로는 한글을 표현할 수 없으므로 오류가 발생한다.

"한글"이라는 유니코드 문자열을 바이트 문자열로 변경하는 인코딩 방식에는 여러 가지가 있다. 보통은 utf-8을 사용하지만, 다음과 같이 euc-kr로 인코딩할 수도 있다.

```
>>> a = "한글"
>>> a.encode('euc-kr')
b'\xc7\xd1\xb1\xdb'
>>> a.encode('utf-8')
b'\xed\x95\x9c\xea\xb8\x80'
```

utf-8로 인코딩했을 때와는 다른 바이트 문자열을 출력하는 것을 확인할 수 있다.

디코딩하기

이번에는 반대로 인코딩한 바이트 문자열을 유니코드 문자열로 변환하는 디코딩^{decoding}을 알아보자. 다음 예제처럼 euc-kr로 인코딩한 바이트 문자열은 euc-kr로만 디코딩해야 한다.

```
>>> a = '한글'
>>> b = a.encode('euc-kr')
>>> b.decode('euc-kr')
'한글'
```

이와 달리 euc-kr로 인코딩한 바이트 문자열을 utf-8로 디코딩하려 한다면 어떻게 될까?

```
>>> b.decode('utf-8')
Traceback (most recent call last):
  File "<stdin>", line 1, in <module>
UnicodeDecodeError: 'utf-8' codec can't decode byte 0xc7 in position 0: invalid
continuation byte
```

잘못된 인코딩 방식으로 디코딩하려고 하면 이처럼 오류가 발생한다.

입출력과 인코딩

인코딩과 관련해서 개발자가 가장 고생하는 부분은 바로 데이터 입출력 관련 작업이다. 이것 역시 문자열과 인코딩에 대한 개념만 확실히 이해하면 어렵지 않지만, 이를 이해하지 못하고 무작정 인코딩, 디코딩을 사용하면 다중 인코딩되거나 문자열이 꼬여 버리는 불상사가 발생하기도 한다.

파일을 읽거나 네트워크를 통해 데이터를 주고받을 때 추천하는 방법은 다음과 같다.

> ① 입력으로 받은 바이트 문자열은 되도록 빨리 유니코드 문자열로 디코딩한다.
> ② 함수나 클래스 등에서는 유니코드 문자열만 사용한다.
> ③ 입력에 대한 결과를 전송하는 마지막 부분에서만 유니코드 문자열을 바이트 문자열로 인코딩해서 반환한다.

이와 같은 규칙을 지킨다면 인코딩과 관련해서 큰 어려움은 없을 것이다.

다음은 euc-kr 방식으로 작성한 파일을 읽고 변경하여 저장하는 예제이다.

euc_kr.py

```python
# 1. euc-kr로 작성된 파일 읽기
with open('euc_kr.txt', encoding='euc-kr') as f:
    data = f.read()    ← 유니코드 문자열

# 2. unicode 문자열로 프로그램 수행하기
data = data + "\n" + "추가 문자열"
```

```
# 3. euc-kr로 수정된 문자열 저장하기
with open('euc_kr.txt', encoding='euc-kr', mode='w') as f:
    f.write(data)
```

파일을 읽는 open() 함수에는 encoding을 지정하여 파일을 읽는 기능이 있다. 이때 읽은 문자열은 유니코드 문자열이 된다. 이와 마찬가지로 파일을 만들 때도 encoding을 지정할 수있다. encoding 항목을 생략하면 기본값으로 utf-8이 지정된다.

소스 코드의 인코딩

파이썬 셸이 아닌 편집기로 코딩할 때는 소스 코드의 인코딩이 매우 중요하다. 소스 코드의 인코딩이란 소스 코드 파일이 현재 어떤 방식으로 인코딩되었는지를 뜻한다.

앞의 예제에서 알아보았듯이 파일은 utf-8 인코딩으로 저장할 수도 있고 euc-kr로 저장할 수도 있다. 소스 코드도 파일이므로 인코딩 타입이 반드시 필요하다. 파이썬은 소스 코드의 인코딩을 명시하고자 소스 코드 가장 위에 다음과 같은 문장을 넣어야 한다.

```
# -*- coding: utf-8 -*-
```

◈ 파이썬 3.0부터는 utf-8이 기본값이므로 utf-8로 인코딩한 소스 코드라면 이 문장은 생략해도 된다.

소스 코드를 utf-8로 인코딩한 파일이라면 이렇게 작성하면 되고 euc-kr로 인코딩했다면 다음과 같이 작성해야 한다.

```
# -*- coding: euc-kr -*-
```

소스 코드는 euc-kr로 인코딩했는데 파일 위에 utf-8로 명시했다면 문자열 처리 부분에서 인코딩 관련 오류가 발생할 수 있다.

07-2

클로저와 데코레이터

데코레이터를 이해하려면 먼저 클로저를 알아야 한다. 클로저를 먼저 알아보고 나서 데코레이터를 살펴보자.

클로저란?

클로저는 간단히 말해 함수 안에 내부 함수^{inner function}를 구현하고 그 내부 함수를 리턴하는 함수를 말한다. 이때 외부 함수는 자신이 가진 변숫값 등을 내부 함수에 전달할 수 있다. 알쏭달쏭한 설명이지만, 예제를 보면 쉽게 이해할 수 있다.

어떤 수에 항상 3을 곱해 리턴하는 함수를 생각해 보자. 아마도 다음과 같은 함수를 만들 수 있을 것이다.

```
def mul3(n):
    return n * 3
```

mul3() 함수는 입력으로 받은 수 n에 항상 3을 곱하여 리턴한다. 이번에는 항상 5를 곱하여 리턴하는 함수를 생각해 보자.

```
def mul5(n):
    return n * 5
```

이처럼 mul5() 함수를 만들 수 있을 것이다. 하지만 이렇게 필요할 때마다 mul6(), mul7(), mul8(), …과 같은 함수를 만드는 것은 매우 비효율적이다. 이 문제를 효율적으로 해결하려면 다음과 같이 클래스를 사용하면 된다.

```
class Mul:
    def __init__(self, m):
        self.m = m

    def mul(self, n):
        return self.m * n

if __name__ == "__main__":
    mul3 = Mul(3)
    mul5 = Mul(5)

    print(mul3.mul(10))
    print(mul5.mul(10))
```

실행 결과

```
30
50
```

클래스를 이용해 특정 값을 미리 설정하고 그다음부터 mul() 메서드를 사용하면 원하는 형태로 호출할 수 있다. __call__ 메서드를 이용하여 다음과 같이 개선할 수도 있다.

```
class Mul:
    def __init__(self, m):
        self.m = m

    def __call__(self, n):
        return self.m * n

if __name__ == "__main__":
    mul3 = Mul(3)
    mul5 = Mul(5)

    print(mul3(10))
    print(mul5(10))
```

실행 결과

```
30
50
```

mul() 함수의 이름을 __call__로 바꾸었다. __call__ 함수는 Mul 클래스로 만든 객체에 인수를 전달하여 바로 호출할 수 있도록 하는 메서드이다. __call__ 메서드를 이용하면 이 예제처럼 mul3 객체를 mul3(10)처럼 호출할 수 있다.

이렇게 클래스로 만드는 방법이 일반적이긴 하지만, 더 간편한 방법이 있다. 다음 함수를 살펴보자.

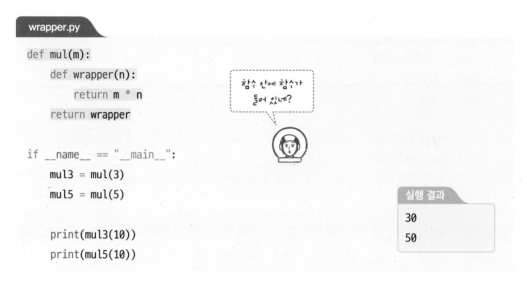

```python
wrapper.py

def mul(m):
    def wrapper(n):
        return m * n
    return wrapper

if __name__ == "__main__":
    mul3 = mul(3)
    mul5 = mul(5)


    print(mul3(10))
    print(mul5(10))
```

함수 안에 함수가 들어 있네?

실행 결과
```
30
50
```

외부 함수 mul 안에 내부 함수 wrapper를 구현했다. 그리고 외부 함수는 내부 함수 wrapper를 리턴한다. 함수가 함수를 리턴하는 것이 생소할 수 있겠지만, 파이썬에서는 가능하다.

재미있는 사실은 mul 함수에서 wrapper 함수를 리턴할 때 mul 함수 호출 시 인수로 받은 m값을 wrapper 함수에 저장하여 리턴한다는 점이다. 이것은 마치 클래스가 특정한 값을 설정해 객체를 만드는 과정과 매우 비슷하다. 이런 mul과 같은 함수를 파이썬에서는 클로저^{closure}라고 한다.

데코레이터란?

다음은 "함수가 실행됩니다."라는 문자열을 출력하는 myfunc 함수이다.

```python
def myfunc():
    print("함수가 실행됩니다.")
```

이 함수의 실행 시간을 측정해야 한다면 어떻게 해야 할까? 함수 실행 시간은 함수가 시작하는 순간의 시간과 함수가 종료되는 순간의 시간 차이를 구하면 알 수 있다. 따라서 다음과 같이 코드를 수정하면 함수의 실행 시간을 측정할 수 있다.

```python
import time

def myfunc():
    start = time.time()
    print("함수가 실행됩니다.")
    end = time.time()
    print("함수 수행시간: %f 초" % (end - start))


myfunc()
```

하지만 실행 시간을 측정해야 하는 함수가 myfunc 말고도 많다면 이런 코드를 모든 함수에 마찬가지로 적용하는 것은 너무 비효율적이다. 이때 클로저를 이용하면 좀 더 효율적인 방법을 찾을 수 있다.

decorator.py

```python
import time

def elapsed(original_func):                            # 기존 함수를 인수로 받는다.
    def wrapper():
        start = time.time()
        result = original_func()                       # 기존 함수를 수행한다.
        end = time.time()
        print("함수 수행 시간: %f초" % (end - start))     # 기존 함수의 수행 시간을 출력한다.
        return result                                  # 기존 함수의 수행 결과를 리턴한다.
    return wrapper

def myfunc():
    print("함수가 실행됩니다.")

decorated_myfunc = elapsed(myfunc)
decorated_myfunc()
```

elapsed 함수로 클로저를 만들었다. 이 함수는 함수를 인수로 받는다. 파이썬은 함수도 객체이므로 함수 자체를 인수로 전달할 수 있다.

이제 decorated_myfunc = elapsed(myfunc)로 생성한 decorated_myfunc를 decorated_myfunc()로 실행하면 실제로는 elapsed 함수 내부의 wrapper 함수가 실행되고, 이 함수는 전달받은 myfunc 함수를 실행하면서 실행 시간을 함께 출력한다.

클로저를 이용하면 기존 함수에 기능을 덧붙이기가 매우 편리하다. 이렇게 기존 함수를 바꾸지 않고 기능을 추가할 수 있게 만드는 elapsed 함수와 같은 클로저를 데코레이터^{decorator}라고 한다.

◆ 'decorate'는 '꾸미다, 장식하다'라는 뜻이므로 데코레이터를 함수를 꾸미는 함수라고 생각해도 된다.

이 코드를 실행하면 다음과 같은 결과가 출력된다.

실행 결과

```
함수가 실행됩니다.
함수 수행 시간: 0.000029초
```

파이썬 데코레이터는 다음처럼 @ 문자를 이용해 함수 위에 적용하여 사용할 수도 있다.

decorator.py

```python
import time

def elapsed(original_func):                            # 기존 함수를 인수로 받는다.
    def wrapper():
        start = time.time()
        result = original_func()                       # 기존 함수를 수행한다.
        end = time.time()
        print("함수 수행 시간: %f초" % (end - start))      # 기존 함수의 수행 시간을 출력한다.
        return result                                  # 기존 함수의 수행 결과를 리턴한다.
    return wrapper

@elapsed
def myfunc():
    print("함수가 실행됩니다.")

# decorated_myfunc = elapsed(myfunc)
# decorated_myfunc()

myfunc()
```

myfunc 함수 바로 위에 @elapsed(@+함수명)라는 데코레이터를 추가했다. 파이썬은 함수 위에 @+함수명이 있으면 데코레이터 함수로 인식한다. 따라서 이제 myfunc 함수는 'elapsed 데코레이터'를 통해 수행될 것이다.

프로그램을 실행해 보면 마찬가지 결과가 출력되는 것을 확인할 수 있다.

실행 결과

```
함수가 실행됩니다.
함수 수행 시간: 0.000029초
```

이번에는 myfunc 함수를 다음과 같이 변경해 보자.

decorator2.py

```python
(...생략...)

@elapsed
def myfunc(msg):
    print("'%s'을 출력합니다." % msg)

myfunc("You need python")     # 출력할 메시지를 myfunc의 인수로 전달한다.
```

문자열을 입력받아 출력하도록 myfunc 함수를 수정했다. 하지만 이렇게 코드를 수정하고 실행하면 다음과 같은 오류가 발생한다.

실행 결과

```
Traceback (most recent call last):
  File (...생략...)
    myfunc("You need python")
TypeError: wrapper() takes 0 positional arguments but 1 was given
```

myfunc 함수는 입력 인수가 필요하지만, elapsed 함수 안의 wrapper 함수는 전달받은 myfunc 함수를 입력 인수 없이 호출해 오류가 발생하는 것이다. 그러므로 데코레이터 함수는 기존 함수의 입력 인수에 상관없이 동작하도록 만들어야 한다. 데코레이터는 기존 함수가 어떤 입력 인수를 취할지 알 수 없기 때문이다. 이렇게 전달받아야 하는 기존 함수의 입력 인수를 알 수 없는 경우에는 *args와 **kwargs 매개변수를 이용하면 된다.

다음과 같이 코드를 수정하자.

```
import time

def elapsed(original_func):                               # 기존 함수를 인수로 받는다.
    def wrapper(*args, **kwargs):                         # *args, **kwargs 매개변수 추가
        start = time.time()
        result = original_func(*args, **kwargs)           # *args, **kwargs를 입력 인수로
기존 함수 수행
        end = time.time()
        print("함수 수행 시간: %f초" % (end - start))       # 수행 시간을 출력한다.
        return result                                     # 함수의 결과를 리턴한다.
    return wrapper

@elapsed
def myfunc(msg):
    """ 데코레이터 확인 함수 """
    print("'%s'을 출력합니다." % msg)

myfunc("You need python")
```

wrapper() 함수의 매개변수로 *args와 **kwargs를 추가하고 기존 함수 실행 시 *args와 **kwargs를 인수로 전달하여 호출하게 했다. 이제 프로그램을 실행하면 오류 없이 다음과 같은 결과를 출력한다.

실행 결과

```
'You need python'을 출력합니다.
함수 수행 시간: 0.000027초
```

지금까지 클로저와 데코레이터에 대해 알아보았다.

점프 투
파이썬

*args와 **kwargs

*args는 모든 입력 인수를 튜플로 변환하는 매개변수, **kwargs는 모든 '키=값' 형태의 입력 인수를 딕셔너리로 변환하는 매개변수이다. 다음과 같은 형태의 호출을 살펴보자.

```
>>> func(1, 2, 3, name='foo', age=3)
```

func 함수가 입력 인수의 개수와 형태에 상관없이 모든 입력을 처리하려면 어떻게 해야 할까?

```
>>> def func(*args, **kwargs):
...     print(args)
...     print(kwargs)
...
>>> func(1, 2, 3, name='foo', age=3)
(1, 2, 3)
{'age': 3, 'name': 'foo'}
```

이처럼 func 함수에 *args, **kwargs라는 매개변수를 지정하면 다양한 입력 인수를 모두 처리할 수 있다. 이렇게 하면 1, 2, 3 같은 일반 입력은 args 튜플, name = 'foo'와 같은 '키=값' 형태의 입력은 kwargs 딕셔너리로 저장한다.

07-3

이터레이터와 제너레이터

다음은 늘 사용하던 리스트의 간단한 사용법이다.

```
for a in [1, 2, 3]:
    print(a)
```

리스트 [1, 2, 3]을 for 문으로 차례대로 하나씩 출력하는 예제이다. 이렇게 for 문과 같은 반복 구문에 적용할 수 있는 리스트와 같은 객체를 '반복 가능[iterable] 객체'라고 한다.

이터레이터란?

그렇다면 이터레이터[iterator]란 무엇일까? 이터레이터는 next 함수 호출 시 계속 그다음 값을 리턴하는 객체이다. 리스트는 반복 가능[iterable]하다는 것을 이미 알아보았다. 그렇다면 리스트는 이터레이터일까? 다음과 같이 확인해 보자.

```
>>> a = [1, 2, 3]
>>> next(a)
Traceback (most recent call last):
  File "<stdin>", line 1, in <module>
TypeError: 'list' object is not an iterator
```

a라는 리스트로 next 함수를 호출했더니 리스트는 이터레이터 객체가 아니라는 오류가 발생한다. 즉, 반복 가능하다고 해서 이터레이터는 아니라는 말이다. 하지만 반복 가능하다면 다음과 같이 iter 함수를 이용해 이터레이터로 만들 수 있다.

```
>>> a = [1, 2, 3]
>>> ia = iter(a)
>>> type(ia)
<class 'list_iterator'>
```

이제 리스트를 이터레이터로 변경했으므로 next 함수를 호출해 보자.

```
>>> next(ia)
1
>>> next(ia)
2
>>> next(ia)
3
>>> next(ia)
Traceback (most recent call last):
  File "<stdin>", line 1, in <module>
StopIteration
```

next 함수를 호출할 때마다 이터레이터 객체의 요소를 차례대로 리턴하는 것을 확인할 수 있다. 하지만 더는 리턴할 값이 없다면 StopIteration 예외가 발생한다.

이터레이터의 값을 가져오는 가장 일반적인 방법은 다음과 같이 for 문을 이용하는 것이다.

```
>>> a = [1, 2, 3]
>>> ia = iter(a)
>>> for i in ia:
...     print(i)
...
1
2
3
```

for 문을 이용하면 자동으로 값을 호출하므로 next 함수를 따로 쓸 필요도 없고 StopIteration 예외에 신경 쓸 필요도 없다.

이번에는 다음과 같은 예를 살펴보자.

```
>>> a = [1, 2, 3]
>>> ia = iter(a)
>>> for i in ia:
...     print(i)
...
1
2
3
>>> for i in ia:
...     print(i)
...
>>>     ← 값이 출력되지 않는다.
```

이처럼 이터레이터는 for 문을 이용하여 반복하고 난 후에는 다시 반복하더라도 더는 그 값을 가져오지 못한다. 즉, for문이나 next로 그 값을 한 번 읽으면 그 값을 다시는 읽을 수 없다는 특징이 있다.

이터레이터 만들기

iter 함수를 이용하면 리스트를 이터레이터로 만들 수 있었다. 이번에는 iter 함수 대신 클래스로 이터레이터를 만들어 보자.

이터레이터는 클래스에 __iter__와 __next__라는 2개의 메서드를 구현하여 만들 수 있다. 다음 예를 살펴보자.

iterator.py

```
class MyIterator:
    def __init__(self, data):
        self.data = data
        self.position = 0

    def __iter__(self):
        return self

    def __next__(self):
```

```
            if self.position >= len(self.data):
                raise StopIteration
            result = self.data[self.position]
            self.position += 1
            return result

    if __name__ == "__main__":
        i = MyIterator([1,2,3])
        for item in i:
            print(item)
```

MyIterator 클래스는 이터레이터 객체를 생성하기 위해 __iter__ 메서드와 __next__ 메서드를 구현했다. __iter__ 메서드와 __next__ 메서드는 생성자 __init__ 메서드와 마찬가지로 클래스에서 특별한 의미를 갖는 메서드이다.

클래스에 __iter__ 메서드를 구현하면 해당 클래스로 생성한 객체는 반복 가능한 객체가된다. __iter__ 메서드는 반복 가능한 객체를 리턴해야 하며 보통 클래스의 객체를 의미하는 self를 리턴한다. 그리고 클래스에 __iter__ 메서드를 구현할 경우 반드시 __next__ 함수를 구현해야 한다.

__next__ 메서드는 반복 가능한 객체의 값을 차례대로 반환하는 역할을 한다. __next__ 메서드는 for 문을 수행하거나 next 함수 호출 시 수행되므로 MyIterator 객체를 생성할 때 전달한 data를 하나씩 리턴하고 더는 리턴할 값이 없으면 StopIteration 예외를 발생시키도록 구현했다.

이 코드를 실행하면 다음과 같은 결과를 확인할 수 있다.

실행 결과

```
1
2
3
```

이번에는 입력받은 데이터를 역순으로 출력하는 ReverseIterator 클래스를 만들어 보자(설명은 앞의 MyIterator와 마찬가지이므로 생략한다).

```python
class ReverseItertor:
    def __init__(self, data):
        self.data = data
        self.position = len(self.data) -1

    def __iter__(self):
        return self

    def __next__(self):
        if self.position < 0:
            raise StopIteration
        result = self.data[self.position]
        self.position -= 1
        return result

if __name__ == "__main__":
    i = ReverseItertor([1,2,3])
    for item in i:
        print(item)
```

이를 실행하면 다음과 같이 입력받은 데이터를 역순으로 출력한다.

실행 결과

```
3
2
1
```

제너레이터란?

제너레이터generator는 이터레이터를 생성해 주는 함수이다. 제너레이터로 생성한 객체는 이터레이터와 마찬가지로 next 함수 호출 시 그 값을 차례대로 얻을 수 있다. 이때 제너레이터에서는 차례대로 결과를 반환하고자 return 대신 yield 키워드를 사용한다.

가장 간단한 제너레이터의 예를 살펴보자.

```
>>> def mygen():
...     yield 'a'
...     yield 'b'
...     yield 'c'
...
>>> g = mygen()
```

mygen 함수는 yield 구문을 포함하므로 제너레이터이다. 제너레이터 객체는 g = mygen()
과 같이 제너레이터 함수를 호출하여 만들 수 있다. type 명령어로 확인하면 g 객체는 제너레
이터 타입의 객체라는 것을 알 수 있다.

```
>>> type(g)
<class 'generator'>
```

이제 다음과 같이 제너레이터의 값을 차례대로 얻어 보자.

```
>>> next(g)
'a'
```

이처럼 제너레이터 객체 g로 next 함수를 실행하면 mygen 함수의 첫 번째 yield 문에 따라
'a' 값을 리턴한다. 여기서 재미있는 점은 제너레이터는 yield라는 문장을 만나면 그 값을 리
턴하되 현재 상태를 그대로 기억한다는 것이다. 이것은 마치 음악을 재생하다가 일시 정지 버
튼으로 멈춘 것과 비슷한 모양새이다.

다시 next() 함수를 실행해 보자.

```
>>> next(g)
'b'
```

이번에는 두 번째 yield 문에 따라 'b' 값을 리턴한다. 계속해서 next 함수를 호출하면 다음과
같은 결과가 출력될 것이다.

```
>>> next(g)
'c'
>>> next(g)
Traceback (most recent call last):
  File "<stdin>", line 1, in <module>
StopIteration
```

mygen 함수에는 총 3개의 yield 문이 있으므로 네 번째 next를 호출할 때는 더는 리턴할 값이 없으므로 StopIteration 예외가 발생한다.

제너레이터 표현식

이번에는 다음과 같은 예를 살펴보자.

generator.py

```python
def mygen():
    for i in range(1, 1000):
        result = i * i
        yield result


gen = mygen()

print(next(gen))
print(next(gen))
print(next(gen))
```

mygen 함수는 1부터 1,000까지 각각의 숫자를 제곱한 값을 순서대로 리턴하는 제너레이터이다. 이 예제를 실행하면 총 3번의 next를 호출하므로 다음과 같은 결과가 나올 것이다.

실행 결과

```
1
4
9
```

제너레이터는 def를 이용한 함수로 만들 수 있지만, 다음과 같이 튜플 표현식으로 좀 더 간단하게 만들 수도 있다.

```
gen = (i * i for i in range(1, 1000))
```

이 표현식은 mygen 함수로 만든 제너레이터와 완전히 똑같이 기능한다. 여기서 사용한 표현식은 리스트 컴프리헨션list comprehension 구문과 비슷하다. 다만 리스트 대신 튜플을 이용한 점이 다르다. 이와 같은 표현식을 '제너레이터 표현식generator expression'이라고 부른다.

제너레이터와 이터레이터

지금까지 살펴본 제너레이터는 이터레이터와 서로 상당히 비슷하다는 것을 알 수 있다. 클래스를 이용해 이터레이터를 작성하면 좀 더 복잡한 행동을 구현할 수 있다. 이와 달리 제너레이터를 이용하면 간단하게 이터레이터를 만들 수 있다. 따라서 이터레이터의 성격에 따라 클래스로 만들 것인지, 제너레이터로 만들 것인지를 선택해야 한다.

간단한 경우라면 제너레이터 함수나 제너레이터 표현식을 사용하는 것이 가독성이나 유지보수 측면에서 유리하다. 다음은 (i * i for i in range(1, 1000)) 제너레이터를 이터레이터 클래스로 구현한 예이다.

```
class MyIterator:
    def __init__(self):
        self.data = 1

    def __iter__(self):
        return self

    def __next__(self):
        result = self.data * self.data
        self.data += 1
        if self.data >= 1000:
            raise StopIteration
        return result
```

이렇게 간단한 경우라면 이터레이터 클래스보다는 제너레이터 표현식을 사용하는 것이 훨씬 간편하고 이해하기 쉽다.

제너레이터 활용하기

제너레이터는 어떤 경우에 사용하면 좋을까? 다음의 예제를 통해 생각해 보자.

```
generator2.py

import time

def longtime_job():
    print("job start")
    time.sleep(1)
    return "done"

list_job = [longtime_job() for i in range(5)]
print(list_job[0])
```

longtime_job 함수는 총 실행 시간이 1초이다. 이 예제는 longtime_job 함수를 5번 실행해 리스트에 그 결괏값을 담고 그 첫 번째 결괏값을 호출하는 예제이다. 실행하면 다음과 같은 결과를 출력한다.

```
실행 결과
job start
job start
job start
job start
job start
done
```

리스트를 만들 때 이미 5개의 함수를 모두 실행하므로 5초의 시간이 소요되고 이와 같은 결과를 출력한다.

이번에는 이 예제에 제너레이터를 적용해 보자. 프로그램을 다음과 같이 수정하자.

```python
import time

def longtime_job():
    print("job start")
    time.sleep(1)
    return "done"

list_job = (longtime_job() for i in range(5))
print(next(list_job))
```

[longtime_job() for i in range(5)] 코드를 제너레이터 표현식(longtime_job() for i in range(5))으로 바꾸었을 뿐이다. 그런데 실행 시 1초의 시간만 소요되고 출력되는 결과도 전혀 다르다.

실행 결과

```
job start
done
```

왜냐하면 제너레이터 표현식으로 인해 longtime_job() 함수가 5회가 아닌 1회만 호출되기 때문이다. 이러한 방식을 느긋한 계산법lazy evaluation이라고 부른다. 시간이 오래 걸리는 작업을 한꺼번에 처리하기보다는 필요한 경우에만 호출하여 사용할 때 제너레이터는 매우 유용하다.

07-4
파이썬 타입 어노테이션

파이썬 3.5 버전부터 변수와 함수에 타입을 지정할 수 있는 타입 어노테이션 기능이 추가되었다.

동적 언어와 정적 언어

a 변수에 숫자 1을 대입하고 type 함수를 실행해 보자.

```
>>> a = 1
>>> type(a)
<class 'int'>
```

a 변수의 타입은 int형이라는 것을 알 수 있다. 그리고 다시 a 변수에 문자열 "1"을 대입하고 type 함수를 실행해 보자.

```
>>> a = "1"
>>> type(a)
<class 'str'>
```

a 변수의 타입이 str형으로 바뀌었다. 이렇게 프로그램 실행 중에 변수의 타입을 동적으로 바꿀 수 있으므로 파이썬을 동적 프로그래밍 언어^{dynamic programming language}라고 한다.

파이썬과 달리 자바는 정수형(int) 변수 a에 숫자 1을 대입하고 다시 문자열 "1"을 대입하려할 때 컴파일 오류가 발생한다.

```
int a = 1;    ← a 변수를 int형으로 지정
a = "1";    ← a 변수에 문자열을 대입할 수 없으므로 컴파일 오류 발생
```

자바는 한 번 변수에 타입을 지정하면 지정한 타입 외에 다른 타입은 사용할 수 없으므로 <u>정적 프로그래밍 언어</u>static programming language라고 한다.

동적 언어의 장단점

파이썬과 같은 동적 언어는 타입에 자유로워 유연한 코딩이 가능하므로 쉽고 빠르게 프로그램을 만들 수 있다. 그리고 타입 체크를 위한 코드가 없으므로 비교적 깔끔한 소스 코드를 생성할 수 있다. 하지만 프로젝트의 규모가 커질수록 타입을 잘못 사용해 버그가 생길 확률도 높아진다.

◆ 안선성을 선호하는 금융권 프로젝트에서는 이런 이유로 동적 언어보다는 정적 언어를 주요 언어로 선택하는 경향이 많다.

파이썬 타입 어노테이션

파이썬은 동적 언어의 단점을 극복하기 위해 3.5 버전부터 타입 어노테이션 기능을 지원하기 시작했다. 다만 정적 언어에서와 같은 적극적인 타입 체크가 아니라 <u>타입 어노테이션</u>type annotation, 즉 타입에 대한 힌트를 알려 주는 정도의 기능만 지원한다. 동적 언어의 장점을 잃지 않고 기존에 작성된 코드와의 호환성을 생각하면 당연한 선택일 것이다.

타입 어노테이션은 다음과 같이 사용한다.

```
num: int = 1
```

변수 이름 바로 뒤에 : int와 같이 사용해 num 변수가 int형이라는 것을 명시한다.

```
def add(a: int, b: int) -> int:
    return a + b
```

함수의 매개변수에도 같은 규칙을 적용하여 매개변수의 타입을 명시할 수 있다. 그리고 -> int처럼 사용해 함수의 리턴값도 타입을 명시할 수 있다.

◆ 어노테이션 타입으로 정수는 int, 문자열은 str, 리스트는 list, 튜플은 tuple, 딕셔너리는 dict, 집합은 set, 불은 bool을 사용한다.

mypy

파이썬은 타입 어노테이션으로 매개변수의 타입을 명시하더라도 다음과 같이 다른 타입의 인수를 입력할 수 있다.

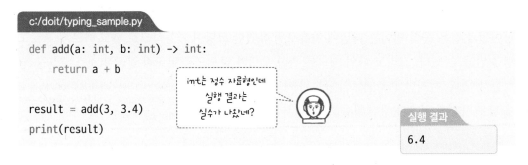

c:/doit/typing_sample.py

```python
def add(a: int, b: int) -> int:
    return a + b


result = add(3, 3.4)
print(rcsult)
```

int는 정수 자료형인데 실행 결과는 실수가 나왔네?

실행 결과
```
6.4
```

add 함수의 b 매개변수는 int형이지만, 3.4와 같은 float형 데이터를 사용해도 이 코드는 문제 없이 돌아간다. 파이썬 타입 어노테이션은 체크가 아닌 힌트이기 때문이다.

◈ 파이참과 같은 파이썬 전용 IDE를 사용하면 타입이 맞지 않는다는 경고 메시지를 표시한다.

더 적극적으로 파이썬 어노테이션을 활용하려면 mypy를 사용하는 것이 좋다. mypy는 파이썬 표준 라이브러리가 아니므로 다음과 같이 설치한 후에 사용할 수 있다.

```
c:\doit>pip install mypy
```

mypy 설치 후 다음과 같이 사용해 보자.

```
C:\doit>mypy typing_sample.py
typing_sample.py:5: error: Argument 2 to "add" has incompatible type "float"; ex-
pected "int"
Found 1 error in 1 file (checked 1 source file)
```

mypy로 typing_sample.py 파일을 확인하면 타입이 맞지 않는다는 오류가 발생한다. 다음과 같이 코드를 수정해 보자.

```
def add(a: int, b: int) -> int:
    return a + b

result = add(3, 4)
print(result)
```

오류가 발생했던 3.4를 int형에 맞게 4로 변경했다. 그리고 mypy를 다시 실행해 보면 오류가 없다는 것을 알려 준다.

```
C:\doit\>mypy typing_sample.py
Success: no issues found in 1 source file
```

파이썬 타입 어노테이션은 요새 쓰임이 점점 늘어나는 추세이다. 많은 프로젝트와 라이브러리에서 파이썬 타입 어노테이션을 적용한 코드가 심심치 않게 발견되므로 꼭 기억해 두자.

08

정규 표현식

필자는 '정규 표현식'을 이 책에 다뤄야 할지 오랫동안 고민했다. 정규 표현식은 꽤 오랜 기간 코드를 작성해 온 개발자라도 잘 모를 수 있는 고급 주제여서 초보자를 대상으로 하는 이 책에는 어울리지 않을 수 있기 때문이다.

하지만 정규 표현식을 익히기만 하면 매우 달콤한 열매를 맛볼 수 있다. 그래서 파이썬 공식 문서에서 소개하는 내용(docs.python.org/3.11/howto/regex.html)을 참고해 그곳에서 소개하는 수준의 내용만이라도 독자들이 이해하고 사용할 수 있도록 08장을 집필했다. 정규 표현식을 잘 다루게 되면 여러분은 파이썬 말고도 또 하나의 강력한 무기를 얻게 될 것이다.

다시 한번 말하지만 프로그래밍 입문자가 이해하기에는 어려운 내용이므로 부담 갖지 말고 편하게 산책하듯 읽어 보기 바란다.

08-1
정규 표현식 살펴보기

정규 표현식^{regular expressions}은 복잡한 문자열을 처리할 때 사용하는 기법으로, 파이썬만의 고유 문법이 아니라 문자열을 처리하는 모든 곳에서 사용하는 일종의 형식 언어이다. 정규 표현식을 배우는 것은 파이썬을 배우는 것과는 또 다른 영역 의 과제이다.

◆ 정규 표현식은 줄여서 '정규식'이라고도 말한다.

정규 표현식은 왜 필요한가?

다음과 같은 문제가 주어졌다고 가정해 보자.

> 주민등록번호를 포함하고 있는 텍스트가 있다. 이 텍스트에 포함된 모든 주민등록번호의 뒷자리를 * 문자로 변경해 보자.

먼저 정규식을 전혀 모르면 다음과 같은 순서로 프로그램을 작성해야 할 것이다.

> ① 전체 텍스트를 공백 문자로 나눈다(split).
> ② 나뉜 단어가 주민등록번호 형식인지 조사한다.
> ③ 단어가 주민등록번호 형식이라면 뒷자리를 *로 변환한다.
> ④ 나뉜 단어를 다시 조립한다.

이를 구현한 코드는 아마도 다음과 같을 것이다.

```
data = """
park 800905-1049118
kim  700905-1059119
"""

result = []
```
전체 텍스트

```
for line in data.split("\n"):
    word_result = []
    for word in line.split(" "):    ← 공백 문자마다 나누기
        if len(word) == 14 and word[:6].isdigit() and word[7:].isdigit():
            word = word[:6] + "-" + "*******"
        word_result.append(word)
    result.append(" ".join(word_result))    ← 나눈 단어 조립하기
print("\n".join(result))
```

실행 결과

```
park 800905-*******
kim  700905-*******
```

반면, 정규식을 사용하면 다음처럼 훨씬 간편하고 직관적인 코드를 작성할 수 있다. 아직 정규식 사용 방법을 배우지 않았으므로 눈으로만 살펴보자.

```
import re    ← 정규 표현식을 사용하기 위한 re 모듈

data = """
park 800905-1049118
kim  700905-1059119
"""

pat = re.compile("(\d{6})[-]\d{7}")
print(pat.sub("\g<1>-*******", data))
```

실행 결과

```
park 800905-*******
kim  700905-*******
```

정규 표현식을 사용하면 이렇게 코드가 상당히 간결해진다. 만약 찾으려는 문자열 또는 바꾸어야 할 문자열의 규칙이 매우 복잡하다면 정규식의 효용은 더 커지게 된다.

이제부터 정규 표현식의 기초부터 심화 부분까지 차근차근 알아보자.

08-2
정규 표현식 시작하기

정규 표현식에서는 메타 문자^{meta characters}를 사용한다. 먼저 메타 문자가 무엇인지 알아보자.

정규 표현식의 기초, 메타 문자

메타 문자란 원래 그 문자가 가진 뜻이 아니라 특별한 의미를 가진 문자를 말한다. 정규 표현식에 다음과 같은 메타 문자를 사용하면 특별한 의미를 갖게 된다.

```
. ^ $ * + ? {} [] \ | ()
```

그러면 가장 간단한 정규 표현식부터 시작해 각 메타 문자의 의미와 사용법을 알아보자.

[] 문자 — 문자 클래스

우리가 가장 먼저 살펴볼 메타 문자는 바로 문자 클래스^{character class}인 []이다. 문자 클래스로 만들어진 정규식은 '[' 와 ']' 사이의 문자들과 매치'라는 의미를 갖는다.

◆ 문자 클래스를 만드는 메타 문자인 [] 사이에는 어떤 문자도 들어갈 수 있다.

즉, 정규 표현식이 [abc]라면 이 표현식의 의미는 'a, b, c 중 한 개의 문자와 매치'를 뜻한다. 이해를 돕기 위해 문자열 "a", "before", "dude"가 정규식 [abc]와 어떻게 매치되는지 살펴보자.

정규식	문자열	매치 여부	설명
[abc]	a	O	"a"는 정규식과 일치하는 문자인 "a"가 있으므로 매치된다.
	before	O	"before"는 정규식과 일치하는 문자인 "b"가 있으므로 매치된다.
	dude	X	"dude"는 정규식과 일치하는 문자인 a, b, c 중 어느 하나도 포함하고 있지 않으므로 매치되지 않는다.

[] 안의 두 문자 사이에 하이픈(-)을 사용하면 두 문자 사이의 범위를 의미한다. 예를 들어 [a-c]라는 정규 표현식은 [abc]와 동일하고 [0-5]는 [012345]와 동일하다.

다음은 하이픈(-)을 사용한 문자 클래스의 사용 예이다.

- [a-zA-Z]: 모든 알파벳
- [0-9]: 모든 숫자

문자 클래스([]) 안에는 어떤 문자나 메타 문자도 사용할 수 있지만, 주의해야 할 메타 문자가 1가지 있다. 그것은 바로 ^인데, 문자 클래스 안에 ^ 메타 문자를 사용할 경우에는 반대(not)라는 의미를 갖는다. 예를 들어 [^0-9]라는 정규 표현식은 숫자가 아닌 문자만 매치된다.

자주 사용하는 문자 클래스

[0-9] 또는 [a-zA-Z] 등은 무척 자주 사용하는 정규 표현식이다. 이렇게 자주 사용하는 정규식은 별도의 표기법으로 표현할 수 있다. 다음을 기억해 두자.

정규 표현식	설명
\d	숫자와 매치된다. [0-9]와 동일한 표현식이다.
\D	숫자가 아닌 것과 매치된다. [^0-9]와 동일한 표현식이다.
\s	화이트스페이스^{whitespace} 문자와 매치된다. [\t\n\r\f\v]와 동일한 표현식이다. 맨 앞의 빈칸은 공백 문자(space)를 의미한다.
\S	화이트스페이스 문자가 아닌 것과 매치된다. [^ \t\n\r\f\v]와 동일한 표현식이다.
\w	문자+숫자^{alphanumeric}와 매치된다. [a-zA-Z0-9_]와 동일한 표현식이다.
\W	문자+숫자^{alphanumeric}가 아닌 문자와 매치된다. [^a-zA-Z0-9_]와 동일한 표현식이다.

대문자로 사용된 것은 소문자의 반대라는 것을 추측할 수 있다.

◈ 화이트스페이스 문자란 스페이스, 탭, 줄바꿈과 같은 공백 문자를 의미한다.

.(dot) 문자 ─ \n을 제외한 모든 문자

정규 표현식의 .(dot) 메타 문자는 줄바꿈 문자인 \n을 제외한 모든 문자와 매치된다는 것을 의미한다.

◈ 정규식을 작성할 때 re.DOTALL 옵션을 주면 .(dot) 문자와 \n 문자도 매치된다.

다음 정규식을 살펴보자.

```
a.b
```

위 정규식의 의미는 다음과 같다.

```
"a + 모든_문자 + b"
```

즉, a와 b라는 문자 사이에 어떤 문자가 들어가도 모두 매치된다는 의미이다.

이해를 돕기 위해 문자열 "aab", "a0b", "abc"가 정규식 a.b와 어떻게 매치되는지 살펴보자.

정규식	문자열	매치 여부	설명
a.b	aab	O	"aab"는 가운데 문자 "a"가 모든 문자를 의미하는 .과 일치하므로 정규식과 매치된다.
	a0b	O	"a0b"는 가운데 문자 "0"가 모든 문자를 의미하는 .과 일치하므로 정규식과 매치된다.
	abc	X	"abc"는 "a"문자와 "b"문자 사이에 어떤 문자라도 하나는 있어야 하는 이 정규식과 일치하지 않으므로 매치되지 않는다.

앞의 식과 조금 다른 다음 정규식을 살펴보자.

```
a[.]b
```

이렇게 [] 안에 . 문자를 쓰면 여기서 .는 메타 문자가 아니라 '.' 문자 그대로를 의미한다. 즉, 이 정규식의 의미는 다음과 같다.

```
"a + . + b"
```

따라서 정규식 a[.]b는 "a.b" 문자열과 매치되고 "a0b" 문자열과는 매치되지 않는다. 혼동하지 않도록 주의하자.

* 문자

다음 정규식을 살펴보자.

```
ca*t
```

이 정규식은 반복을 의미하는 * 메타 문자를 사용했다. 여기에서 사용한 *은 * 바로 앞에 있는 문자 a가 0부터 무한대까지 반복될 수 있다는 의미이다.

◆ * 메타 문자의 반복 개수가 무한대라고 표현했는데, 메모리 용량에 한계가 있어 실제로는 약 2억 개라고 한다.

즉, 다음과 같은 문자열이 모두 매치된다.

정규식	문자열	매치 여부	설명
ca*t	ct	Yes	"a"가 0번 반복되어 매치
ca*t	cat	Yes	"a"가 0번 이상 반복되어 매치(1번 반복)
ca*t	caaat	Yes	"a"가 0번 이상 반복되어 매치(3번 반복)

+ 문자

반복을 나타내는 또 다른 메타 문자로 +가 있다. +는 최소 1번 이상 반복될 때 사용한다. 즉, *가 반복 횟수가 0부터라면 +는 반복 횟수가 1부터인 것이다.

다음 정규식을 살펴보자.

```
ca+t
```

위 정규식의 의미는 다음과 같다.

```
"c + a가_1번_이상_반복 + t"
```

위 정규식에 대한 매치 여부는 다음 표와 같다.

정규식	문자열	매치 여부	설명
ca+t	ct	No	"a"가 0번 반복되어 매치되지 않음.
ca+t	cat	Yes	"a"가 1번 이상 반복되어 매치(1번 반복)
ca+t	caaat	Yes	"a"가 1번 이상 반복되어 매치(3번 반복)

{} 문자와 ? 문자

여기에서 잠깐 생각해 볼 것이 있다. 반복 횟수를 3회만 또는 1회부터 3회까지만으로 제한하고 싶을 수도 있지 않을까? 이럴 때 {} 메타 문자를 사용하면 반복 횟수를 고정할 수 있다. {m, n} 정규식을 사용하면 반복 횟수가 m부터 n까지인 문자와 매치할 수 있다. m 또는 n을 생략할 수도 있다. 만약 {3,}처럼 사용하면 반복 횟수가 3 이상인 경우이고 {, 3}처럼 사용하면 반복 횟수가 3 이하인 경우를 의미한다. 생략된 m은 0과 동일하며, 생략된 n은 무한대(약 2억 개 미만)의 의미를 갖는다. ◈ {1,}은 +, {0,}은 *와 동일하다.

{}을 사용한 몇 가지 정규식 예시를 살펴보자.

1. {m}

```
ca{2}t
```

이 정규식의 의미는 다음과 같다.

```
"c + a를_반드시_2번_반복 + t"
```

이 정규식에 대한 매치 여부는 다음 표와 같다.

정규식	문자열	매치 여부	설명
ca{2}t	cat	No	"a"가 1번만 반복되어 매치되지 않음.
ca{2}t	caat	Yes	"a"가 2번 반복되어 매치

2. {m, n}

```
ca{2, 5}t
```

이 정규식의 의미는 다음과 같다.

```
"c + a를_2~5회_반복 + t"
```

이 정규식에 대한 매치 여부는 다음 표와 같다.

정규식	문자열	매치 여부	설명
ca{2,5}t	cat	No	"a"가 1번만 반복되어 매치되지 않음.
ca{2,5}t	caat	Yes	"a"가 2번 반복되어 매치
ca{2,5}t	caaaaat	Yes	a 가 5번 반복되어 매치

3. ?

반복은 아니지만 이와 비슷한 기능을 하는 ? 문자가 있다. ? 메타 문자가 의미하는 것은 {0, 1}이다.

다음 정규식을 살펴보자.

```
ab?c
```

이 정규식의 의미는 다음과 같다.

```
"a + b가_있어도_되고_없어도_됨 + c"
```

이 정규식에 대한 매치 여부는 다음 표와 같다.

정규식	문자열	매치 여부	설명
ab?c	abc	Yes	"b"가 1번 사용되어 매치
ab?c	ac	Yes	"b"가 0번 사용되어 매치

즉, b 문자가 있거나 없거나 둘 다 매치되는 경우이다.

*, +, ? 메타 문자는 모두 {m, n} 형태로 고쳐 쓰는 것이 가능하지만, 이해하기 쉽고 표현도 간결한 *, +, ? 메타 문자를 사용하는 것이 좋다.

지금까지 매우 기초적인 정규 표현식에 대해 알아보았다. 알아야 할 것들이 아직 많이 남아 있지만, 그에 앞서 파이썬으로 정규 표현식을 어떻게 사용할 수 있는지 알아보자.

파이썬에서 정규 표현식을 지원하는 re 모듈

파이썬은 정규 표현식을 지원하기 위해 re^regular expression 모듈을 제공한다. re 모듈은 파이썬을 설치할 때 자동으로 설치되는 표준 라이브러리로, 사용 방법은 다음과 같다.

```
>>> import re
>>> p = re.compile('ab*')
```

re.compile을 사용하여 정규 표현식(위 예에서는 ab*) 을 컴파일한다. re.compile의 리턴값을 객체 p(컴파일 된 패턴 객체)에 할당해 그 이후의 작업을 수행할 것 이다.

◈ 정규식을 컴파일할 때 특정 옵션을 주는 것도 가능한데, 이에 대해서는 뒤에서 자세히 살펴본다.

◈ 패턴이란 정규식을 컴파일한 결과이다.

정규식을 이용한 문자열 검색

이제 컴파일된 패턴 객체를 사용하어 문자열 검색을 수행헤 보자. 컴파일된 패턴 객체는 다음 과 같은 4가지 메서드를 제공한다.

메서드	목적
match	문자열의 처음부터 정규식과 매치되는지 조사한다.
search	문자열 전체를 검색하여 정규식과 매치되는지 조사한다.
findall	정규식과 매치되는 모든 문자열(substring)을 리스트로 리턴한다.
finditer	정규식과 매치되는 모든 문자열(substring)을 이터레이터 객체로 리턴한다.

match, search는 정규식과 매치될 때는 match 객체를 리턴하고 매치되지 않을 때는 None 을 리턴한다. match 객체란 정규식의 검색 결과로 리턴된 객체를 말한다.

먼저 다음과 같은 패턴을 만들어 보자.

```
>>> import re
>>> p = re.compile('[a-z]+')
```

이제 이 패턴 객체로 앞에 나온 메서드를 사용하는 간단한 예를 살펴보자.

match

match 메서드는 문자열의 처음부터 정규식과 매치되는지 조사한다. 앞 패턴에 match 메서 드를 수행해 보자.

```
>>> m = p.match("python")
>>> print(m)
<re.Match object; span=(0, 6), match='python'>
```

"python" 문자열은 [a-z]+ 정규식에 부합되므로 match 객체가 리턴된다.

```
>>> m = p.match("3 python")
>>> print(m)
None
```

"3 python" 문자열은 처음에 나오는 문자 3이 정규식 [a-z]+에 부합되지 않으므로 None이
리턴된다.

match의 결과로 match 객체 또는 None을 리턴하기 때문에 파이썬 정규식 프로그램은 보통
다음과 같은 흐름으로 작성한다.

```
p = re.compile(정규_표현식)
m = p.match('조사할 문자열')
if m:
    print('Match found: ', m.group())
else:
    print('No match')
```

즉, match의 결괏값이 있을 때만 그다음 작업을 수행하겠다는 것이다.

search

컴파일된 패턴 객체 p를 가지고 이번에는 search 메서드를 수행해 보자.

```
>>> m = p.search("python")
>>> print(m)
<re.Match object; span=(0, 6), match='python'>
```

"python" 문자열에 search 메서드를 수행하면 match 메서드를 수행했을 때와 동일하게 매
치된다.

```
>>> m = p.search("3 python")
>>> print(m)
<re.Match object; span=(2, 8), match='python'>
```

"3 python" 문자열의 첫 번째 문자는 "3"이지만, search는 문자열의 처음부터 검색하는 것이 아니라 문자열 전체를 검색하기 때문에 "3" 이후의 "python" 문자열과 매치된다.

이렇듯 match 메서드와 search 메서드는 문자열의 처음부터 검색할지의 여부에 따라 다르게 사용해야 한다.

findall

이번에는 findall 메서드를 수행해 보자.

```
>>> result = p.findall("life is too short")
>>> print(result)
['life', 'is', 'too', 'short']
```

findall은 패턴([a-z]+)과 매치되는 모든 값을 찾아 리스트로 리턴한다.

finditer

이번에는 finditer 메서드를 수행해 보자.

```
>>> result = p.finditer("life is too short")
>>> print(result)
<callable_iterator object at 0x01F5E390>
>>> for r in result: print(r)
...
<re.Match object; span=(0, 4), match='life'>
<re.Match object; span=(5, 7), match='is'>
<re.Match object; span=(8, 11), match='too'>
<re.Match object; span=(12, 17), match='short'>
```

finditer는 findall과 동일하지만, 그 결과로 이터레이터 객체^{iterator object}를 리턴한다. 그리고 이 터레이터 객체가 포함하는 각각의 요소는 match 객체이다.

match 객체의 메서드

match 객체란 앞에서 살펴본 p.match, p.search 또는 p.finditer 메서드에 의해 리턴된 매치 객체[Match Object]를 의미한다. 이제 이 match 객체에 대해서 자세히 알아보자.

앞에서 정규식을 사용한 문자열 검색을 수행하면서 아마도 다음과 같은 궁금증이 생겼을 것이다.

- 어떤 문자열이 매치되었는가?
- 매치된 문자열의 인덱스는 어디서부터 어디까지인가?

match 객체의 메서드를 사용하면 이 같은 궁금증을 해결할 수 있다. 다음 표를 살펴보자.

메서드	목적
group	매치된 문자열을 리턴한다.
start	매치된 문자열의 시작 위치를 리턴한다.
end	매치된 문자열의 끝 위치를 리턴한다.
span	매치된 문자열의 (시작, 끝)에 해당하는 튜플을 리턴한다.

다음 예로 확인해 보자.

```
>>> m = p.match("python")
>>> m.group()
'python'
>>> m.start()
0
>>> m.end()
6
>>> m.span()
(0, 6)
```

예상한 대로 결괏값이 출력되는 것을 확인할 수 있다. match 메서드를 수행한 결과로 리턴된 match 객체로 start 메서드를 사용했을 때 결괏값은 항상 0일 수밖에 없다. match 메서드는 항상 문자열의 시작부터 조사하기 때문이다.

만약 search 메서드를 사용했다면 m.start() 값은 다음과 같이 다르게 나올 것이다.

```
>>> m = p.search("3 python")
>>> m.group()
'python'
>>> m.start()
2
>>> m.end()
8
>>> m.span()
(2, 8)
```

모듈 단위로 수행하기

지금까지 우리는 re.compile을 사용하여 컴파일된 패턴 객체로 그 이후의 작업을 수행했다. re 모듈은 이를 더 축약한 형태로 사용할 수 있는 방법을 제공한다. 다음 예를 살펴보자.

```
>>> p = re.compile('[a-z]+')
>>> m = p.match("python")
```

이 코드가 축약된 형태는 다음과 같다.

```
>>> m = re.match('[a-z]+', "python")
```

이렇게 사용하면 컴파일과 match 메서드를 한 번에 수행할 수 있다. 보통 한 번 만든 패턴 객체를 여러 번 사용해야 할 때는 이 방법보다 re.compile을 사용하는 것이 편리하다.

컴파일 옵션

정규식을 컴파일할 때 다음 옵션을 사용할 수 있다.

옵션 이름	약어	설명
DOTALL	S	.(dot)이 줄바꿈 문자를 포함해 모든 문자와 매치될 수 있게 한다.
IGNORECASE	I	대소문자에 관계없이 매치될 수 있게 한다.
MULTILINE	M	여러 줄과 매치될 수 있게 한다. ^, $ 메타 문자 사용과 관계 있는 옵션이다.
VERBOSE	X	verbose 모드를 사용할 수 있게 한다. 정규식을 보기 편하게 만들 수 있고 주석 등을 사용할 수 있게 된다.

옵션을 사용할 때는 re.DOTALL처럼 전체 옵션 이름을 써도 되고 re.S처럼 약어를 써도 된다.

DOTALL, S

. 메타 문자는 줄바꿈 문자(\n)를 제외한 모든 문자와 매치되는 규칙이 있다. 만약 \n 문자도 포함하여 매치하고 싶다면 re.DOTALL 또는 re.S 옵션을 사용해 정규식을 컴파일하면 된다.

다음 예를 살펴보자.

```
>>> import re
>>> p = re.compile('a.b')
>>> m = p.match('a\nb')
>>> print(m)
None
```

정규식이 a.b인 경우 문자열 a\nb는 매치되지 않는다는 것을 알 수 있다. \n은 . 메타 문자와 매치되지 않기 때문이다. \n 문자와도 매치되게 하려면 다음과 같이 re.DOTALL 옵션을 사용해야 한다.

```
>>> p = re.compile('a.b', re.DOTALL)
>>> m = p.match('a\nb')
>>> print(m)
<re.Match object; span=(0, 3), match='a\nb'>
```

보통 re.DOTALL 옵션은 여러 줄로 이루어진 문자열에서 줄바꿈 문자에 상관없이 검색할 때 많이 사용한다.

IGNORECASE, I

re.IGNORECASE 또는 re.I 옵션은 대소문자 구별 없이 매치를 수행할 때 사용하는 옵션이다. 다음 예제를 살펴보자.

```
>>> p = re.compile('[a-z]+', re.I)
>>> p.match('python')
<re.Match object; span=(0, 6), match='python'>
>>> p.match('Python')
<re.Match object; span=(0, 6), match='Python'>
>>> p.match('PYTHON')
<re.Match object; span=(0, 6), match='PYTHON'>
```

[a-z]+ 정규식은 소문자만을 의미하지만, re.I 옵션으로 대소문자 구별 없이 매치된다.

MULTILINE, M

re.MULTILINE 또는 re.M 옵션은 조금 후에 설명할 메타 문자인 ^, $와 연관된 옵션이다. 이 메타 문자에 대해 간단히 설명하면 ^는 문자열의 처음, $는 문자열의 마지막을 의미한다. 예를 들어 정규식이 ^python인 경우, 문자열의 처음은 항상 python으로 시작해야 매치되고 만약 정규식이 python$이라면 문자열의 마지막은 항상 python으로 끝나야 매치된다는 의미이다.

다음 예를 살펴보자.

multiline.py

```python
import re
p = re.compile("^python\s\w+")

data = """python one
life is too short
python two
you need python
python three"""

print(p.findall(data))
```

정규식 ^python\s\w+은 python이라는 문자열로 시작하고 그 뒤에 화이트스페이스, 그 뒤에 단어가 와야 한다는 의미이다.

이 스크립트를 실행하면 다음과 같은 결과를 리턴한다.

실행 결과

```
['python one']
```

^ 메타 문자에 의해 python이라는 문자열을 사용한 첫 번째 줄만 매치된 것이다.

하지만 ^ 메타 문자를 문자열 전체의 처음이 아니라 각 라인의 처음으로 인식시키고 싶은 경우도 있을 것이다. 이럴 때 사용할 수 있는 옵션이 바로 re.MULTILINE 또는 re.M이다. 앞 코드를 다음과 같이 수정해 보자.

```
import re
p = re.compile("^python\s\w+", re.MULTILINE)

data = """python one
life is too short
python two
you need python
python three"""

print(p.findall(data))
```

re.MULTILINE 옵션으로 인해 ^ 메타 문자가 문자열 전체가 아닌 각 줄의 처음이라는 의미를 가지게 되었다. 이 스크립트를 실행하면 다음과 같은 결과가 출력된다.

```
['python one', 'python two', 'python three']
```

즉, re.MULTILINE 옵션은 ^, $ 메타 문자를 문자열의 각 줄마다 적용해 주는 것이다.

VERBOSE, X

지금껏 알아본 정규식은 매우 간단하지만, 정규식 전문가들이 만든 정규식을 보면 거의 암호 수준이다. 정규식을 이해하려면 하나하나 조심스럽게 뜯어 봐야만 한다. 이렇게 이해하기 어려운 정규식을 주석 또는 줄 단위로 구분할 수 있다면 얼마나 보기 좋고 이해하기 쉬울까? 이 경우에는 re.VERBOSE 또는 re.X 옵션을 사용하면 된다.

다음 예를 살펴보자.

```
charref = re.compile(r'&[#](0[0-7]+|[0-9]+|x[0-9a-fA-F]+);')
```

이 정규식이 쉽게 이해되는가? 이제 다음 예를 살펴보자.

```
charref = re.compile(r"""
 &[#]                 # Start of a numeric entity reference
 (
     0[0-7]+          # Octal form
   ¦ [0-9]+           # Decimal form
   ¦ x[0-9a-fA-F]+    # Hexadecimal form
 )
 ;                    # Trailing semicolon
""", re.VERBOSE)
```

첫 번째와 두 번째 예를 비교해 보면 컴파일된 패턴 객체인 charref는 모두 동일한 역할을 한다. 하지만 정규식이 복잡할 경우, 두 번째처럼 주석을 적고 여러 줄로 표현하는 것이 훨씬 가독성이 좋다는 것을 알 수 있다.

re.VERBOSE 옵션을 사용하면 문자열에 사용된 화이트스페이스는 컴파일할 때 제거된다 (단, [ ] 안에 사용한 화이트스페이스는 제외).

역슬래시 문제

정규 표현식을 파이썬에서 사용할 때 혼란을 주는 요소가 1가지 있는데, 바로 역슬래시(\) 이다.

예를 들어 어떤 파일 안에 있는 "\section" 문자열을 찾기 위한 정규식을 만든다고 가정해 보자.

```
\section
```

이 정규식은 \s 문자가 whitespace로 해석되어 의도한 대로 매치가 이루어지지 않는다.

이 표현은 다음과 동일한 의미이다.

```
[ \t\n\r\f\v]ection
```

의도한 대로 매치하고 싶다면 다음과 같이 변경해야 한다.

```
\\section
```

즉, 앞 정규식에서 사용한 \ 문자가 문자열 자체라는 것을 알려 주기 위해 역슬래시 2개를 사용해 이스케이프 처리를 해야 한다.

따라서 위 정규식을 컴파일하려면 다음과 같이 작성해야 한다.

```
>>> p = re.compile('\\section')
```

그런데 여기에서 또 하나의 문제가 발견된다. 이처럼 정규식을 만들어서 컴파일하면 실제 파이썬 정규식 엔진에는 파이썬 문자열 리터럴 규칙에 따라 \\이 \로 변경되어 \section이 전달된다.

◆ 이 문제는 이와 같은 정규식을 파이썬에서 사용할 때만 발생한다(파이썬의 리터럴 규칙). 유닉스의 grep, vi 등에서는 이러한 문제가 없다.

결국 정규식 엔진에 \\ 문자를 전달하려면 파이썬은 \\\\처럼 역슬래시를 4개나 사용해야 한다.

◆ 정규식 엔진은 정규식을 해석하고 수행하는 모듈이다.

```
>>> p = re.compile('\\\\section')
```

이렇게 해야만 원하는 결과를 얻을 수 있다. 하지만 너무 복잡하지 않은가?

만약 이와 같이 \를 사용한 표현이 계속 반복되는 정규식이라면 너무 복잡해서 이해하기 어려울 것이다. 이 문제를 해결하려면 raw string 표현법을 사용해야 한다. 그 방법은 다음과 같다.

```
>>> p = re.compile(r'\\section')
```

이와 같이 정규식 문자열 앞에 r 문자를 삽입하면 이 정규식은 raw string 규칙에 의해 역슬래시 2개 대신 1개만 써도 2개를 쓴 것과 동일한 의미를 가지게 된다.

◆ 만약 역슬래시를 사용하지 않는 정규식이라면 r의 유무에 상관없이 동일한 정규식이 될 것이다.

08-3
강력한 정규 표현식의 세계로

이제 07-2에서 배우지 않은 몇몇 메타 문자의 의미를 살펴보고 그룹을 만드는 법, 전방 탐색 등 더욱 강력한 정규 표현식에 대해서 살펴보자.

문자열 소비가 없는 메타 문자

아직 살펴보지 않은 메타 문자에 대해서 모두 살펴보자. 여기에서 다룰 메타 문자는 앞에서 살펴본 메타 문자와 성격이 조금 다르다. 앞에서 살펴본 +, *, [], {} 등의 메타 문자는 매치가 성사되면 문자열을 탐색하는 시작 위치가 변경된다(보통 소비된다고 표현한다). 가령 aac라는 문자열에서 a+라는 패턴을 찾아야 할 때, aa가 매치되고 나면 문자열 중 aa는 소비되고 남은 c가 시작 위치가 된다.

하지만 이와 달리 문자열을 소비시키지 않는 메타 문자도 있다. 이번에는 이런 문자열 소비가 없는^{zerowidth assertions} 메타 문자에 대해 살펴보자.

|

| 메타 문자는 or과 동일한 의미로 사용된다. A|B라는 정규식이 있다면 A 또는 B라는 의미가 된다.

```
>>> p = re.compile('Crow|Servo')
>>> m = p.match('CrowHello')
>>> print(m)
<re.Match object; span=(0, 4), match='Crow'>
```


^

^ 메타 문자는 문자열의 맨 처음과 일치한다는 것을 의미한다. 앞에서 살펴본 컴파일 옵션 re.MULTILINE을 사용할 경우에는 여러 줄의 문자열일 때 각 줄의 처음과 일치하게 된다.

다음 예를 살펴보자.

```
>>> print(re.search('^Life', 'Life is too short'))
<re.Match object; span=(0, 4), match='Life'>
>>> print(re.search('^Life', 'My Life'))
None
```

^Life 정규식은 Life 문자열이 처음에 온 경우에는 매치하지만, 처음 위치가 아닌 경우에는 매치되지 않는다는 것을 알 수 있다.

$

$ 메타 문자는 ^ 메타 문자와 반대의 경우이다. 즉, $는 문자열의 끝과 매치한다는 것을 의미한다.

다음 예를 살펴보자.

```
>>> print(re.search('short$', 'Life is too short'))
<re.Match object; span=(12, 17), match='short'>
>>> print(re.search('short$', 'Life is too short, you need python'))
None
```

short$ 정규식은 검색할 문자열이 short로 끝난 경우에는 매치되지만, 이외의 경우에는 매치되지 않는다는 것을 알 수 있다.

◆ ^ 또는 $ 문자를 메타 문자가 아닌 문자 그 자체로 매치하고 싶은 경우에는 \^, \$로 작성하면 된다.

\A

\A는 문자열의 처음과 매치된다는 것을 의미한다. ^ 메타 문자와 동일한 의미이지만, re.MULTILINE 옵션을 사용할 경우에는 다르게 해석된다. re.MULTILINE 옵션을 사용할 경우 ^은 각 줄의 문자열의 처음과 매치되지만, \A는 줄과 상관없이 전체 문자열의 처음하고만 매치된다.

\Z

\Z는 문자열의 끝과 매치된다는 것을 의미한다. 이것 역시 \A와 동일하게 re.MULTILINE 옵션을 사용할 경우, $ 메타 문자와는 달리 전체 문자열의 끝과 매치된다.

\b

\b는 단어 구분자word boundary이다. 보통 단어는 화이트스페이스에 의해 구분된다.

다음 예를 살펴보자.

```
>>> p = re.compile(r'\bclass\b')
>>> print(p.search('no class at all'))
<re.Match object; span=(3, 8), match='class'>
```

\bclass\b 정규식은 앞뒤가 화이트스페이스로 구분된 class라는 단어와 매치된다는 것을 의미한다. 따라서 no class at all의 class라는 단어와 매치된다는 것을 확인할 수 있다.

```
>>> print(p.search('the declassified algorithm'))
None
```

앞 예의 the declassified algorithm 문자열 안에도 class 문자열이 포함되어 있기는 하지만, whitespace로 구분된 단어가 아니므로 매치되지 않는다.

```
>>> print(p.search('one subclass is'))
None
```

subclass 문자열 역시 class 앞에 sub 문자열이 더해져 있으므로 매치되지 않는다는 것을 알 수 있다.

\b 메타 문자를 사용할 때 주의해야 할 점이 있다. \b는 파이썬 리터럴 규칙에 따르면 백스페이스backspace를 의미하므로 백스페이스가 아닌 단어 구분자라는 것을 알려 주기 위해 r'\bclass\b'처럼 raw string이라는 것을 알려 주는 r을 반드시 붙여야 한다.

\B

\B 메타 문자는 \b 메타 문자와 반대의 경우이다. 즉, 화이트스페이스로 구분된 단어가 아닌 경우에만 매치된다.

```
>>> p = re.compile(r'\Bclass\B')
>>> print(p.search('no class at all'))
None
>>> print(p.search('the declassified algorithm'))
<re.Match object; span=(6, 11), match='class'>
>>> print(p.search('one subclass is'))
None
```

class 단어의 앞뒤에 화이트스페이스가 하나라도 있는 경우에는 매치가 되지 않는다는 것을
확인할 수 있다.

그루핑

ABC 문자열이 계속해서 반복되는지 조사하는 정규식을 작성하고 싶다고 가정해 보자. 어떻
게 해야 할까? 지금까지 공부한 내용으로는 이 정규식을 작성할 수 없다. 이때 필요한 것이 바
로 그루핑^{grouping}이다.

앞에서 말한 정규식은 다음처럼 그루핑을 사용하면 작성할 수 있다.

```
(ABC)+
```

그룹을 만들어 주는 메타 문자는 바로 ()이다.

```
>>> p = re.compile('(ABC)+')
>>> m = p.search('ABCABCABC OK?')
>>> print(m)
<re.Match object; span=(0, 9), match='ABCABCABC'>
>>> print(m.group())
ABCABCABC
```

다음 예를 살펴보자.

```
>>> p = re.compile(r"\w+\s+\d+[-]\d+[-]\d+")
>>> m = p.search("park 010-1234-1234")
```

\w+\s+\d+[-]\d+[-]\d+은 이름 + " " + 전화번호 형태의 문자열을 찾는 정규식이다. 그런데 이렇게 매치된 문자열 중에서 이름만 뽑아 내고 싶다면 어떻게 해야 할까?

◆ 보통 반복되는 문자열을 찾을 때 그룹을 사용하는데, 그룹을 사용하는 더 중요한 이유는 매치된 문자열 중에서 특정 부분의 문자열만 뽑아 내기 위해서이다.

앞 예에서 만약 "이름" 부분만 뽑아 내려 한다면 다음과 같이 할 수 있다.

```
>>> p = re.compile(r"(\w+)\s+\d+[-]\d+[-]\d+")
>>> m = p.search("park 010-1234-1234")
>>> print(m.group(1))
park
```

이름에 해당하는 \w+ 부분을 (\w+)과 같이 그룹으로 만들면 match 객체의 group(인덱스) 메서드를 사용하여 그루핑된 부분의 문자열만 뽑아 낼 수 있다. group 메서드의 인덱스는 다음과 같은 의미를 가진다.

group(인덱스)	설명
group(0)	매치된 전체 문자열
group(1)	첫 번째 그룹에 해당되는 문자열
group(2)	두 번째 그룹에 해당되는 문자열
group(n)	n번째 그룹에 해당되는 문자열

다음 예제를 계속해서 살펴보자.

```
>>> p = re.compile(r"(\w+)\s+(\d+[-]\d+[-]\d+)")
>>> m = p.search("park 010-1234-1234")
>>> print(m.group(2))
010-1234-1234
```

이번에는 전화번호 부분을 그룹 (\d+[-]\d+[-]\d+)로 만들었다. 이러면 group(2)처럼 사용해 전화번호만 뽑아 낼 수 있다.

만약 전화번호 중에서 국번만 뽑아 내고 싶으면 어떻게 해야 할까? 다음과 같이 국번 부분을 또 그루핑하면 된다.

```
>>> p = re.compile(r"(\w+)\s+((\d+)[-]\d+[-]\d+)")
>>> m = p.search("park 010-1234-1234")
>>> print(m.group(3))
010
```

앞 예에서 볼 수 있듯이 (\w+)\s+((\d+)[-]\d+[-]\d+)처럼 그룹을 중첩해 사용할 수도 있다. 그룹이 중첩된 경우는 바깥쪽부터 시작해 안쪽으로 들어갈수록 인덱스 값이 증가한다.

그루핑된 문자열 재참조하기

그룹의 또 하나 좋은 점은 한 번 그루핑한 문자열을 재참조^{backreferences}할 수 있다는 점이다. 다음 예를 살펴보자.

```
>>> p = re.compile(r'(\b\w+)\s+\1')
>>> p.search('Paris in the the spring').group()
'the the'
```

정규식 (\b\w+)\s+\1은 (그룹) + " " + 그룹과 동일한 단어와 매치된다는 것을 의미한다. 이렇게 정규식을 만들면 2개의 동일한 단어를 연속적으로 사용해야만 매치된다. 이를 가능하게 하는 것이 바로 재참조 메타 문자인 \1이다. \1은 정규식의 그룹 중 첫 번째 그룹을 가리킨다.   ◆ 두 번째 그룹을 참조하려면 \2를 사용하면 된다.

그루핑된 문자열에 이름 붙이기

정규식 안에 그룹이 무척 많아진다고 가정해 보자. 예를 들어 정규식 안에 그룹이 10개 이상만 되어도 매우 혼란스러울 것이다. 이에 더해 정규식이 수정되면서 그룹이 추가, 삭제되면 그 그룹을 인덱스로 참조한 프로그램도 모두 변경해 주어야 하는 위험도 갖게 된다.

만약 그룹을 인덱스가 아닌 이름^{named groups}으로 참조할 수 있다면 어떨까? 그렇다면 이런 문제에서 해방되지 않을까?

이러한 이유로 정규식은 그룹을 만들 때 그룹 이름을 지정할 수 있게 했다. 그 방법은 다음과 같다.

```
(?P<name>\w+)\s+((\d+)[-]\d+[-]\d+)
```

이 정규식은 앞에서 본 이름과 전화번호를 추출하는 정규식이다. 기존과 달라진 부분은 다음과 같다.

```
(\w+) → (?P<name>\w+)
```

대단히 복잡해진 것처럼 보이지만, (\w+)라는 그룹에 name이라는 이름을 붙인 것에 불과하다. 여기에서 사용한 (?...) 표현식은 정규 표현식의 확장 구문이다. 이 확장 구문을 사용하면 가독성이 상당히 떨어지는 대신 강력함을 가지게 된다.

그룹에 이름을 지어 주려면 다음과 같은 확장 구문을 사용해야 한다.

```
(?P<그룹명>...)
```

그룹에 이름을 지정하고 참조하는 다음 예를 살펴보자.

```
>>> p = re.compile(r"(?P<name>\w+)\s+((\d+)[-]\d+[-]\d+)")
>>> m = p.search("park 010-1234-1234")
>>> print(m.group("name"))
park
```

위 예에서 볼 수 있듯이 name이라는 그룹 이름으로 참조할 수 있다.

그룹 이름을 사용하면 정규식 안에서 재참조하는 것도 가능하다.

```
>>> p = re.compile(r'(?P<word>\b\w+)\s+(?P=word)')
>>> p.search('Paris in the the spring').group()
'the the'
```

예에서 볼 수 있듯이 재참조할 때는 (?P=그룹이름)이라는 확장 구문을 사용해야 한다.

전방 탐색

정규식에 막 입문한 사람들이 가장 어려워하는 것이 바로 '전방 탐색^{lookahead assertions} 확장 구문'이다. 정규식 안에 이 확장 구문을 사용하면 순식간에 암호문처럼 알아보기 어렵게 바뀌기 때문이다. 하지만 이 전방 탐색이 꼭 필요한 경우가 있으며 매우 유용한 경우도 많으므로 반드시 알아 두자.

다음 예를 살펴보자.

```
>>> p = re.compile(".+:")
>>> m = p.search("http://google.com")
>>> print(m.group())
http:
```

정규식 .+:과 일치하는 문자열로 http:를 리턴해 주었다. 만약 http:라는 검색 결과에서 :을 제외하고 출력하려면 어떻게 해야 할까? 이 예는 그나마 간단하지만, 훨씬 복잡한 정규식이어서 그루핑은 추가로 할 수 없다는 조건까지 더해진다면 어떻게 해야 할까?

이럴 때 사용할 수 있는 것이 바로 '전방 탐색'이다. 전방 탐색에는 긍정positive과 부정negative의 2가지 종류가 있고 다음과 같이 표현한다.

> - 긍정형 전방 탐색((?=...)): ...에 해당하는 정규식과 매치되어야 하며 조건이 통과되어도 문자열이 소비되지 않는다.
> - 부정형 전방 탐색((?!...)): ...에 해당하는 정규식과 매치되지 않아야 하며 조건이 통과되어도 문자열이 소비되지 않는다.

긍정형 전방 탐색

긍정형 전방 탐색을 사용하면 http:의 결과를 http로 바꿀 수 있다. 다음 예를 살펴보자.

```
>>> p = re.compile(".+(?=:)")
>>> m = p.search("http://google.com")
>>> print(m.group())
http
```

정규식 중 :에 해당하는 부분에 긍정형 전방 탐색 기법을 적용하여 (?=:)으로 변경하였다. 이러면 기존 정규식과 검색에서는 동일한 효과를 발휘하지만, :에 해당하는 문자열이 정규식 엔진에 의해 소비되지 않아(검색에는 포함되지만, 검색 결과에는 제외됨) 검색 결과에서는 :이 제거된 후 리턴해 주는 효과가 있다.

부정형 전방 탐색

이번에는 다음 정규식을 살펴보자.

```
.*[.].*$
```

위는 '파일_이름 + . + 확장자'를 나타내는 정규식이다. 이 정규식은 foo.bar, autoexec.bat, sendmail.cf 같은 형식의 파일과 매치될 것이다.

이 정규식에 '확장자가 bat인 파일은 제외해야 한다'라는 조건을 추가해 보자. 가장 먼저 생각할 수 있는 정규식은 다음과 같다.

```
.*[.][^b].*$
```

이 정규식은 확장자가 b라는 문자로 시작하면 안 된다는 의미이다. 하지만 이 정규식은 foo. bar라는 파일마저 걸러 낸다. 정규식을 다음과 같이 수정해 보자.

```
.*[.]([^b]..¦.[^a].¦..[^t])$
```

이 정규식은 | 메타 문자를 사용하여 확장자의 첫 번째 문자가 b가 아니거나, 두 번째 문자가 a가 아니거나, 세 번째 문자가 t가 아닌 경우를 의미한다. 이 정규식에 의하여 foo.bar는 제외되지 않고 autoexec.bat은 제외되어 만족스러운 결과를 리턴해 준다. 하지만 이 정규식은 아쉽게도 sendmail.cf처럼 확장자의 문자 개수가 2개인 케이스를 포함하지 못하는 오동작을 하기 시작한다.

따라서 다음과 같이 바꾸어야 한다.

```
.*[.]([^b].?.?¦.[^a]?.?¦..?[^t]?)$
```

확장자의 문자 개수가 2개여도 통과되는 정규식이 만들어졌다. 하지만 정규식은 점점 더 복잡해지고 이해하기 어려워진다.

그런데 여기에서 bat 파일말고 exe 파일도 제외하라는 조건이 추가로 생긴다면 어떻게 될까? 이 모든 조건을 만족하는 정규식을 구현하려면 패턴은 더욱 복잡해질 것이다.

이러한 상황의 구원 투수가 바로 부정형 전방 탐색이다. 앞의 예는 부정형 전방 탐색을 사용하면 다음과 같이 간단하게 처리된다.

```
.*[.](?!bat$).*$
```

확장자가 bat가 아닌 경우에만 통과된다는 의미이다. bat 문자열이 있는지 조사하는 과정에서 문자열이 소비되지 않으므로 bat가 아니라고 판단되면 그 이후 정규식 매치가 진행된다.

exe 역시 제외하라는 조건이 추가되더라도 다음과 같이 간단히 표현할 수 있다.

```
.*[.](?!bat$|exe$).*$
```

문자열 바꾸기

sub 메서드를 사용하면 정규식과 매치되는 부분을 다른 문자로 쉽게 바꿀 수 있다. 다음 예를 살펴보자.

```
>>> p = re.compile('(blue|white|red)')
>>> p.sub('colour', 'blue socks and red shoes')
'colour socks and colour shoes'
```

sub 메서드의 첫 번째 인수는 "바꿀 문자열replacement"이 되고, 두 번째 인수는 "대상 문자열"이 된다. 이 예에서 볼 수 있듯이 blue 또는 white 또는 red라는 문자열이 colour라는 문자열로 바뀌는 것을 확인할 수 있다.

그런데 딱 한 번만 바꾸고 싶은 경우도 있다. 이렇게 바꾸기 횟수를 제어하려면 다음과 같이 세 번째 인수에 count 값을 설정하면 된다.

```
>>> p.sub('colour', 'blue socks and red shoes', count=1)
'colour socks and red shoes'
```

처음 일치하는 blue만 colour라는 문자열로 한 번만 바꾸기가 실행되는 것을 알 수 있다.

점프 투
파이썬

sub 메서드와 유사한 subn 메서드

subn 역시 sub와 동일한 기능을 하지만, 반환 결과를 튜플로 리턴한다는 차이가 있다. 리턴된 튜플의 첫 번째 요소는 변경된 문자열, 두 번째 요소는 바꾸기가 발생한 횟수이다.

```
>>> p = re.compile('(blue|white|red)')
>>> p.subn('colour', 'blue socks and red shoes')
('colour socks and colour shoes', 2)
```

Sub 메서드 사용 시 참조 구문 사용하기

sub 메서드를 사용할 때 참조 구문을 사용할 수 있다. 다음 예를 살펴보자.

```
>>> p = re.compile(r"(?P<name>\w+)\s+(?P<phone>(\d+)[-]\d+[-]\d+)")
>>> print(p.sub("\g<phone> \g<name>", "park 010-1234-1234"))
010-1234-1234 park
```

이 예는 이름 + 전화번호의 문자열을 전화번호 + 이름으로 바꾼다. sub의 바꿀 문자열 부분에 \g<그룹_이름>을 사용하면 정규식의 그룹 이름을 참조할 수 있게 된다.

다음과 같이 그룹 이름 대신 참조 번호를 사용해도 마찬가지 결과를 리턴해 준다.

```
>>> p = re.compile(r"(?P<name>\w+)\s+(?P<phone>(\d+)[-]\d+[-]\d+)")
>>> print(p.sub("\g<2> \g<1>", "park 010-1234-1234"))
010-1234-1234 park
```

Sub 메서드의 매개변수로 함수 넣기

sub 메서드의 첫 번째 인수에 함수를 전달할 수도 있다. 다음 예를 살펴보자.

```
>>> def hexrepl(match):
...     value = int(match.group())
...     return hex(value)
...
>>> p = re.compile(r'\d+')
>>> p.sub(hexrepl, 'Call 65490 for printing, 49152 for user code.')
'Call 0xffd2 for printing, 0xc000 for user code.'
```

hexrepl은 match 객체를 입력으로 받아 16진수로 변환하여 리턴해 주는 함수이다. sub의 첫 번째 인수로 함수를 사용할 경우, 해당 함수의 첫 번째 매개변수에는 정규식과 매치된 match 객체가 입력된다. 그리고 매치되는 문자열은 함수의 리턴값으로 바뀌게 된다.

greedy와 non-greedy

정규식에서는 '탐욕스러운greedy'이라는 표현을 종종 쓴다. 이 말은 어떤 의미일까? 다음 예제를 살펴보자.

```
>>> s = '<html><head><title>Title</title>'
>>> len(s)
32
>>> print(re.match('<.*>', s).span())
(0, 32)
>>> print(re.match('<.*>', s).group())
<html><head><title>Title</title>
```

〈.*〉 정규식의 매치 결과로 〈html〉 문자열을 리턴해 주기를 기대했을 것이다. 하지만 * 메타 문자는 매우 탐욕스러워서 매치할 수 있는 최대한의 문자열인 〈html〉〈head〉〈title〉Title〈/title〉 문자열을 모두 소비해 버렸다. 어떻게 하면 이 탐욕스러움을 제한하고 〈html〉 문자열 까지만 소비하도록 막을 수 있을까?

다음과 같이 non-greedy 문자인 ?를 사용하면 *의 탐욕을 제한할 수 있다.

```
>>> print(re.match('<.*?>', s).group())
<html>
```

non-greedy 문자인 ?는 *?, +?, ??, {m,n}?와 같이 사용할 수 있다. 되도록 최소한으로 반복을 수행하도록 도와주는 역할을 한다.

Do it!
파이썬 코딩
면허 시험 20제

■ 코딩 면허 시험의 정답 및 풀이는 420~431쪽에 있습니다.

파이썬은 웹, GUI, 네트워크, 머신러닝 등 상당히 많은 일을 할 수 있는 언어이다. 여러분이 지금까지 배운 내용을 충분히 숙지했다면 이제 이들을 향해 첫발을 내디딜 준비를 마친 것이다. 하지만 그전에 여기에 준비한 문제들을 풀어 보면서 여러분이 얼마나 파이썬에 익숙해졌는지 점검해 보자. 이곳에 준비한 문제들은 조금 어려울 수 있다. 하지만 파이썬과 함께라면 이 문제들을 해결하는 과정 역시 또 하나의 즐거움이라는 것을 분명 느끼게 될 것이다.

그럼 아무쪼록 즐거운 시간이 되기를 바란다.

✔ 16~20개를 맞혔다면

틀린 문제와 관련 있는
페이지로 돌아가
복습해 보세요.

✔ 11~15개를 맞혔다면

틀린 문제와 관련 있는
절을 다시
복습해 보세요.

✔ 10개 이하를 맞혔다면

관련 있는 장의
예제를 다시 풀며
한 번 더 복습해 보세요.

Q1 문자열 바꾸기 ★☆☆

다음과 같은 문자열이 있다.

```
a:b:c:d
```

문자열의 split과 join 함수를 사용해 문자열을 다음과 같이 고치시오.

```
a#b#c#d
```

Q2 딕셔너리 값 추출하기 ★☆☆

다음은 딕셔너리 a에서 'C'라는 key에 해당하는 value를 출력하는 프로그램이다.

```
>>> a = {'A':90, 'B':80}
>>> a['C']
Traceback (most recent call last):
  File "<stdin>", line 1, in <module>
KeyError: 'C'
```

a 딕셔너리에는 'C'라는 key가 없으므로 위와 같은 오류가 발생한다. 'C'에 해당하는 key 값이 없을 경우, 오류 대신 70을 얻을 수 있도록 수정하시오.

Q3 리스트의 더하기와 extend 함수 ★★☆

다음과 같은 리스트 a가 있다.

```
>>> a = [1, 2, 3]
```

리스트 a에 [4, 5]를 +를 사용해 더한 결과는 다음과 같다.

```
>>> a = [1, 2, 3]
>>> a = a + [4, 5]
>>> a
[1, 2, 3, 4, 5]
```

리스트 a에 [4, 5]를 extend를 사용해 더한 결과는 다음과 같다.

```
>>> a = [1, 2, 3]
>>> a.extend([4, 5])
>>> a
[1, 2, 3, 4, 5]
```

+를 사용하여 더한 것과 extend한 것의 차이점이 있을까? 있다면 그 차이점을 설명하시오.

Q4 리스트 총합 구하기 ★★☆

다음은 A학급 학생의 점수를 나타내는 리스트이다. 다음 리스트에서 50점 이상 점수의 총합을 구하시오.

```
A = [20, 55, 67, 82, 45, 33, 90, 87, 100, 25]
```

Q5 피보나치 함수 ★★★

첫 번째 항의 값이 0이고 두 번째 항의 값이 1일 때 이후에 이어지는 항은 이전의 두 항을 더한 값으로 이루어지는 수열을 '피보나치 수열'이라고 한다.

```
0, 1, 1, 2, 3, 5, 8, 13, ...
```

입력을 정수 n으로 받았을 때 n항 이하까지의 피보나치 수열을 출력하는 함수를 작성하시오.

Q6 숫자의 총합 구하기 ★★☆

사용자에게 다음과 같은 숫자를 입력받아 입력받은 숫자의 총합을 구하는 프로그램을 작성하시오(단, 숫자는 ',' 로 구분하여 입력한다).

```
65,45,2,3,45,8
```

Q7 한 줄 구구단 ★★☆

사용자에게 2~9의 숫자 중 하나를 입력받아 해당 숫자의 구구단을 한 줄로 출력하는 프로그램을 작성하시오.

실행 결과
```
구구단을 출력할 숫자를 입력하세요(2~9): 2
2 4 6 8 10 12 14 16 18
```

Q8 파일을 읽어 역순으로 저장하기 ★☆☆

다음과 같은 내용의 파일 abc.txt가 있다.

```
AAA
BBB
CCC
DDD
EEE
```

이 파일의 내용을 다음과 같이 역순으로 바꾸어 저장하시오.

```
EEE
DDD
CCC
BBB
AAA
```

Q9 평균값 구하기 ★★★

다음과 같이 총 10줄로 이루어진 sample.txt가 있다. sample.txt의 숫자 값을 모두 읽어 총합과 평균값을 구한 후 평균값을 result.txt 에 쓰는 프로그램을 작성하시오.

```
70
60
55
75
95
90
80
80
85
100
```

Q10 계산기 만들기 ★★☆

다음과 같이 동작하는 클래스 Calculator를 작성하시오.

```
>>> cal1 = Calculator([1, 2, 3, 4, 5])
>>> cal1.sum()  ← 합계
15
>>> cal1.avg()  ← 평균
3.0
>>> cal2 = Calculator([6, 7, 8, 9, 10])
>>> cal2.sum()  ← 합계
40
>>> cal2.avg()  ← 평균
8.0
```

Q11 모듈을 사용하는 방법 ★★★

C:\doit 디렉터리에 mymod.py 파이썬 모듈이 있다고 가정해 보자. 명령 프롬프트 창에서 파이썬 셸을 열어 이 모듈을 import해서 사용할 수 있는 방법을 모두 기술하시오(즉, 다음과 같이 import mymod를 수행할 때 오류가 없어야 한다).

```
>>> import mymod
>>>           ← 오류 없음
```

Q12 오류와 예외 처리 ★☆☆

다음 코드의 실행 결과를 예측하고 그 이유에 대해 설명하시오.

```
result = 0

try:
    [1, 2, 3][3]
    "a" + 1
    4 / 0
except TypeError:
    result += 1
except ZeroDivisionError:
    result += 2
except IndexError:
    result += 3
finally:
    result += 4

print(result)
```

Q13 DashInsert 함수 ★★☆

DashInsert 함수는 숫자로 구성된 문자열을 입력받은 뒤 문자열 안에서 홀수가 연속되면 두 수 사이에 '-'를 추가하고, 짝수가 연속되면 '*'를 추가하는 기능을 가지고 있다. DashInsert 함수를 완성하시오.

> 입력 예시: 4546793
> 출력 예시: 454*67-9-3

Q14 문자열 압축하기 ★★☆

문자열을 입력받아 같은 문자가 연속적으로 반복되는 경우, 그 반복 횟수를 표시해 문자열을 압축하여 표시하시오.

> 입력 예시: aaabbcccccca
> 출력 예시: a3b2c6a1

Q15 Duplicate Numbers 함수 ★★☆

0~9의 문자로 된 숫자를 입력받았을 때 이 입력값이 0~9의 모든 숫자를 각각 한 번씩만 사용한 것인지 확인하는 함수를 작성하시오.

> 입력 예시: 0123456789 01234 01234567890 6789012345 012322456789
> 출력 예시: True False False True False

Q16 모스 부호 해독 ★★★

문자열 형식으로 입력받은 모스 부호 .(dot)과 -(dash)를 해독하여 영어 문장으로 출력하는 프로그램을 작성하시오.

> 글자와 글자 사이는 공백 1개, 단어와 단어 사이는 공백 2개로 구분한다.
> 예를 들어 다음 모스 부호는 'HE SLEEPS EARLY'로 해석해야 한다.

```
.... . ... .-.. . . .--. ... . .- .-. .-.. -.--
```

모스 부호 규칙 표

문자	부호	문자	부호
A	.-	N	-.
B	-...	O	---
C	-.-.	P	.--.
D	-..	Q	--.-
E	.	R	.-.
F	..-.	S	...
G	--.	T	-
H	....	U	..-
I	..	V	...-
J	.---	W	.--
K	-.-	X	-..-
L	.-..	Y	-.--
M	--	Z	--..

Q17 정규식 — 기초 메타 문자 ★☆☆

다음 중 정규식 a[.]{3,}b과 매치되는 문자열은 무엇일까?

① acccb

② a....b

③ aaab

④ a.cccb

Q18 정규식 — 문자열 검색 ★★☆

다음 코드의 결괏값은 무엇일까?

```
>>> import re
>>> p = re.compile("[a-z]+")
>>> m = p.search("5 python")
>>> m.start() + m.end()
```

Q19 정규식 — 그루핑 ★★★

다음과 같은 문자열에서 휴대폰 번호 뒷자리인 숫자 4개를 ####로 바꾸는 프로그램을 정규식을 사용하여 작성하시오.

```
"""
park 010-9999-9988
kim 010-9909-7789
lee 010-8789-7768
"""
```

Q20 정규식 — 전방 탐색 ★★★

다음은 이메일 주소를 나타내는 정규식이다. 이 정규식은 park@naver.com, kim@daum.net, lee@myhome.co.kr 등과 매치된다. 긍정형 전방 탐색 기법을 사용하여 .com, .net이 아닌 이메일 주소는 제외시키는 정규식을 작성하시오.

```
.*[@].*[.].*$
```

Do it!
챗GPT와 함께
파이썬 공부하기

Chat GPT

챗GPT를 활용하여 파이썬을 공부하는 방법에 대해서 알아보자. 챗 GPT(Chat Generative Pre-trained Transformer)는 OpenAI에서 개발한 딥러닝 언어 모델로, 사용자가 질문을 하면 대답을 해 주는 인공지능 챗봇이다. 챗 GPT는 https://chat.openai.com/chat 사이트에 접속하여 가입한 후 사용할 수 있다.

파이썬을 공부할 때 챗GPT를 훌륭한 도우미로 사용할 수 있다. 점프 투 파이썬을 공부하다가 궁금한 점이 생겼는데 책이 알려 주지 않는다면 챗GPT에 물어 그 궁금증을 해결할 수 있다. 또한 작성한 코드에 오류가 발생했는데 도저히 그 이유를 모르겠다면 역시 챗GPT에 물어서 해결할 수 있다.

활용법 1. 오류의 원인 파악하기

다음은 들여쓰기를 잘못하여 오류가 발생하는 예제이다.

```
money = True
if money:
    print("택시를")
print("타고")
    print("가라")
```

이렇듯 오류가 발생하는 코드를 작성했을때 그 원인을 파악하기 힘들다면 다음과 같이 챗GPT에 물어보자.

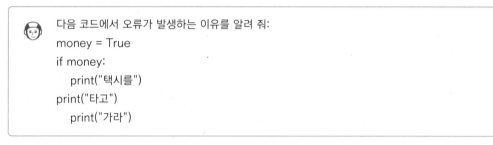

다음 코드에서 오류가 발생하는 이유를 알려 줘:
money = True
if money:
    print("택시를")
print("타고")
    print("가라")

질문과 코드를 같이 입력할 경우, 위와 같이 질문 마지막에 콜론(:)을 입력하고 [Shift]+[Enter]를 눌러 다음 줄로 바꾼 다음 코드를 붙여넣으면 된다.

그러면 챗GPT는 다음과 같이 답변한다.

다음 코드에서 오류가 발생하는 이유는 들여쓰기(indentation) 때문입니다. 파이썬에서는 들여쓰기를 통해 코드 블록을 구분하며, if 문의 내용과 관련된 코드는 동일한 들여쓰기 수준으로 작성해야 합니다. 코드에서 print("타고") 다음 줄의 print("가라")의 들여쓰기가 잘못되어 있습니다. 올바른 들여쓰기로 수정하면 오류가 발생하지 않습니다:

```
money = True
if money:
    print("택시를")
    print("타고")
    print("가라")
```

이렇게 수정하면 코드가 제대로 실행되어 "택시를", "타고", "가라"가 순서대로 출력됩니다.

챗GPT는 나날이 성장하고 있다. 이 글을 작성하는 시점의 챗GPT의 버전은 'ChatGPT Mar 14'이다. 따라서 더 높은 버전의 챗GPT를 사용한다면 더 좋은 답변을 얻을 수 있을 것이다.

활용법 2. 작성한 코드 점검하기

다음은 예상과 달리, 엉뚱한 결과를 출력하는 예제이다.

```python
input1 = input("첫 번째 숫자를 입력하세요:")
input2 = input("두 번째 숫자를 입력하세요:")

total = input1 + input2
print("두 수의 합은 %s 입니다" % total)
```

작성한 코드에 오류가 있는지 확인하기 위해 다음과 같이 챗GPT에 물어보자.

> 다음 파이썬 코드에 오류가 있는지 확인해 줘:
> input1 = input("첫 번째 숫자를 입력하세요:")
> input2 = input("두 번째 숫자를 입력하세요:")
>
> total = input1 + input2
> print("두 수의 합은 %s 입니다" % total)

그러면 챗GPT는 다음과 같이 답변한다.

> 이 코드에는 논리적 오류가 있습니다. input() 함수를 통해 입력받은 값은 문자열(string) 형태로 저장됩니다. 따라서 input1과 input2를 더할 때, 숫자의 덧셈이 아닌 문자열의 연결(concatenation)이 발생합니다. 이를 수정하려면 input1과 input2를 숫자로 변환한 후 덧셈을 수행해야 합니다. 정수형으로 변환하려면 int() 함수를 사용할 수 있습니다. 다음은 수정된 코드입니다:

```
input1 = input("첫 번째 숫자를 입력하세요:")
input2 = input("두 번째 숫자를 입력하세요:")

total = int(input1) + int(input2)
print("두 수의 합은 %s 입니다" % total)
```

이제 코드는 입력받은 두 숫자를 올바르게 더한 값을 출력합니다. 만약 실수형 숫자를 사용하려면 int() 대신 float() 함수를 사용하여 변환하면 됩니다.

이렇게 챗GPT에게 작성한 코드에 문제가 없는지 확인해 볼 수도 있다.

📌 활용법 3. 코드의 품질 개선하기

다음은 파일에 내용을 쓰고 다시 그 내용을 읽어 출력하는 파이썬 코드이다.

```
f1 = open("test.txt", 'w')
f1.write("Life is too short!")
f1.close()

f2 = open("test.txt", 'r')
print(f2.read())
f2.close()
```

이 코드보다 더 좋은 품질의 코드를 작성할 수 있을까? 궁금하다면 다음과 같이 챗GPT에 물어보자.

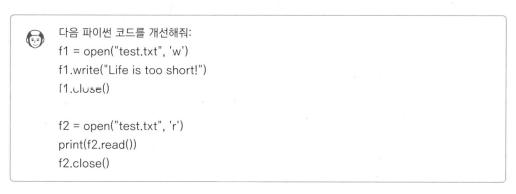

다음 파이썬 코드를 개선해줘:
f1 = open("test.txt", 'w')
f1.write("Life is too short!")
f1.close()

f2 = open("test.txt", 'r')
print(f2.read())
f2.close()

그러면 챗GPT는 다음과 같이 개선된 코드를 보여 주고 그 이유에 대해서도 친절하게 설명해 준다.

 파이썬에서는 with 문을 사용하여 파일을 열고 자동으로 닫히도록 할 수 있습니다. 이를 통해 코드를 개선하면 다음과 같습니다:

```python
with open("test.txt", 'w') as f1:
    f1.write("Life is too short!")

with open("test.txt", 'r') as f2:
    print(f2.read())
```

with 문을 사용하면 파일이 해당 블록을 벗어날 때 자동으로 닫히므로, 별도로 close() 메서드를 호출할 필요가 없습니다. 이렇게 코드를 개선하면 가독성이 향상되고, 실수로 파일을 닫지 않는 문제를 방지할 수 있습니다.

활용법 4. 이해하기 어려운 코드에 주석 달기

다음은 파이썬 코딩 면허 시험 20제 중 15번 문제의 풀이 코드이다.

```python
def chk_dup_numbers(s):
    result = []
    for num in s:
        if num not in result:
            result.append(num)
        else:
            return False
    return len(result) == 10
```

하지만 풀이를 보아도 잘 이해하기 어렵다. 이해하기 어려운 코드를 보다 잘 이해하기 위해 챗GPT에 주석을 만들어 달라고 요청해 보자.

 다음 파이썬 코드에 주석을 만들어줘:

```python
def chk_dup_numbers(s):
    result = []
    for num in s:
        if num not in result:
            result.append(num)
        else:
            return False
    return len(result) == 10
```

그러면 챗GPT는 다음과 같이 주석이 추가된 코드를 생성해 준다.

 다음은 주석이 추가된 파이썬 코드입니다:

```python
def chk_dup_numbers(s):
    # 결과를 저장할 빈 리스트 생성
    result = []

    # 입력받은 문자열 s의 각 문자에 대하여 반복
    for num in s:
        # 문자가 result 리스트에 없으면 추가
        if num not in result:
            result.append(num)
        # 문자가 이미 result 리스트에 있으면 중복이므로 False 반환
        else:
            return False

    # result 리스트의 길이가 10인지 확인하여 반환
    return len(result) == 10
```

주석을 통해 함수와 각 코드 블록의 목적을 명확하게 설명하였습니다. 이렇게 주석을 추가하면 코드를 이해하고 유지 보수하는 데 도움이 됩니다.

🔗 활용법 5. 코드의 해석 요청하기

다음과 같이 정규식으로 작성된 파이썬 코드를 이해하는 것은 어렵다.

```
import re

p = re.compile("a[.]{3,}b")
```

이해하기 어려운 코드가 있다면 다음과 같이 챗GPT에게 해석을 부탁해 보자.

 파이썬으로 작성된 다음의 정규식을 해석해줘:
import re

p = re.compile("a[.]{3,}b")

그러면 챗GPT는 다음과 같이 코드를 잘 해석하여 설명해 준다.

 이 정규식은 다음과 같은 패턴을 찾는 데 사용됩니다:
- 소문자 'a'
- '.' (마침표)가 3번 이상 반복되는 부분
- 소문자 'b'

따라서, 이 정규식은 'a'로 시작하고, 그 다음에 3개 이상의 마침표가 나오고, 그 다음에 'b'로 끝나는 문자열을 찾습니다.
예시:
- 'a...b' (매칭됨)
- 'a.....b' (매칭됨)
- 'ab' (매칭되지 않음)
- 'a..b' (매칭되지 않음)

활용법 6. 기능 구현 의뢰하기

만약 여러분이 파이썬으로 두 날짜의 차이를 구하는 기능을 구현해야 한다고 가정해 보자. 무작정 구현하기 보다는 이미 그러한 일을 도와주는 라이브러리가 있는지 알고 싶을 것이다. 챗GPT에게 이럴 때 사용하는 라이브러리가 있는지 물어보고 또 예제도 요청해 보자.

 누 날싸의 차이를 구할수 있는 파이썬 라이브러리를 알려 주고 예제도 보어 줘.

그러면 챗GPT는 다음과 같이 답변한다.

파이썬의 내장 라이브러리인 datetime을 사용하여 두 날짜의 차이를 구할 수 있습니다. datetime 라이브러리는 날짜와 시간을 처리하는 데 사용되며, date, time, datetime, timedelta 등의 클래스를 제공합니다.
두 날짜의 차이를 구하는 예제는 다음과 같습니다:

```
from datetime import date

# 두 날짜 생성
date1 = date(2023, 4, 13)
date2 = date(2021, 9, 1)

# 두 날짜의 차이 계산
date_difference = date1 - date2

# 차이 출력
print("두 날짜의 차이는", date_difference.days, "일 입니다.")
```

위 코드에서 date1과 date2는 각각 2023년 4월 13일과 2021년 9월 1일을 나타냅니다. 이 두 날짜의 차이를 계산한 후, .days 속성을 사용하여 날짜 차이를 일 단위로 출력합니다.

이상과 같이 챗GPT를 활용한 수 있는 방법에 대해서 몇 가지 알아보았다. 이외에도 챗GPT를 활용할 수 있는 방법은 무궁무진할 것이다. 챗GPT를 여러분의 충실한 파이썬 도우미로 만들어 친하게 지내 보자.

1분 코딩

129쪽

```
if 'card' not in pocket:
    print("걸어가라")
else:
    print("버스를 타고 가라")
```

139쪽

```
>>> a = 0
>>> while a < 10:
...     a = a + 1
...     if a % 3 == 0: continue
...     print(a)
```

145쪽

```
>>> a = 0
>>> for i in range(1, 101):
...     a += i
...
>>> print(a)
```

176쪽

```
f = open("C:/doit/복습.txt", 'w')
f.close()
```

219쪽

```
>>> import mod2
>>> a = mod2.Math()
>>> print(a.solv(5))
78.5398
```

02장 · 되새김 문제
116~119쪽

Q1 평균 점수 구하기

```
>>> a = 80
>>> b = 75
>>> c = 55
>>> (a + b + c) / 3
70.0
```

Q2 홀수, 짝수 판별하기

나머지 연산자를 사용하면 자연수의 홀수, 짝수를 쉽게 판별할 수 있다.

```
>>> 1 % 2
1
>>> 2 % 2
0
>>> 3 % 2
1
>>> 4 % 2
0
```

1, 2, 3, 4라는 자연수를 2로 나누었을 때의 나머지 값을 출력하는 예제이다. 결과를 보면 자연수가 홀수일 때는 1, 짝수일 때는 0을 돌려 주는 것을 확인할 수 있다.

Q3 주민등록번호 나누기

```
>>> pin = "881120-1068234"
>>> yyyymmdd = pin[:6]
>>> num = pin[7:]
>>> print(yyyymmdd)   ← 881120 출력
>>> print(num)   ← 1068234 출력
```

Q4 주민등록번호 인덱싱

```
>>> pin = "881120-1068234"
>>> print(pin[7])   ← 1 또는 3이면 남자, 2 또는 4이면 여자
```

성별을 나타내는 숫자는 -(하이픈)을 포함하여 여덟 번째 숫자이므로 여덟 번째 자리를 인덱싱한다.

Q5 문자열 바꾸기

```
>>> a = "a:b:c:d"
>>> b = a.replace(":", "#")
>>> print(b)   ← a#b#c#d 출력
```

Q6 리스트 역순 정렬하기

```
>>> a = [1, 3, 5, 4, 2]
>>> a.sort()
>>> a.reverse()
>>> print(a)   ← [5, 4, 3, 2, 1] 출력
```

리스트의 내장 함수인 sort를 사용해 리스트 값들을 먼저 정렬한 후 reverse 함수를 사용해 순서를 뒤집는다.

Q7 리스트를 문자열로 만들기

```
>>> a = ['Life', 'is', 'too', 'short']
>>> result = " ".join(a)
>>> print(result)
```

a 리스트의 각 단어들을 한 문장으로 조립할 때 단어들 사이마다 공백을 넣어야 한다. 1개의 공백 문자
(" ")를 사용해 join한다.

Q8 튜플 더하기

```
>>> a = (1, 2, 3)
>>> a = a + (4,)
>>> print(a)    ← (1, 2, 3, 4) 출력
```

a 튜플에 (4,)라는 튜플을 더하면 된다. 단, 이때 만들어지는 a + (4,)의 결과는 a 값이 변경되는 것이 아니
라(튜플은 그 값을 변경할 수 없다) 새로운 튜플이 생성되고 그 값이 a 변수에 대입되는 것임을 유념하자.
다음 코드를 실행해 보면 a의 고유 주소 값이 변경됨을 확인할 수 있다.

```
>>> a = (1, 2, 3)
>>> print(id(a))    ← a의 고유 주소 값 출력
>>> a = a + (4,)
>>> print(a)
>>> print(id(a))    ← (4,) 값이 더해진 후 a의 고유 주소 값 출력
```

Q9 딕셔너리의 키

세 번째 예를 실행하면 다음과 같은 오류가 발생한다.

```
>>> a[[1]] = 'python'
Traceback (most recent call last):
  File "<stdin>", line 1, in <module>
TypeError: unhashable type: 'list'
```

오류가 발생하는 이유는 딕셔너리의 키로 변하는[mutable] 값을 사용할 수 없기 때문이다. 여기서 키로 사용된 [1]은 리스트이므로 변하는 값이다. 다른 예에서 키로 사용된 문자열, 튜플, 숫자는 변하지 않는[immutable] 값이므로 딕셔너리의 키로 사용이 가능하다.

Q10 딕셔너리 값 추출하기

딕셔너리도 리스트와 마찬가지로 다음과 같이 pop 함수를 사용할 수 있다.

```
>>> a = {'A':90, 'B':80, 'C':70}
>>> result = a.pop('B')
>>> print(a)        ← {'A':90, 'C':70} 출력
>>> print(result)   ← 80 출력
```

'B' 키에 해당되는 값이 리턴되고 딕셔너리 a에서는 그 값이 제거되는 것을 확인할 수 있다.

Q11 리스트에서 중복 제거하기

```
>>> a = [1, 1, 1, 2, 2, 3, 3, 3, 4, 4, 5]
>>> aSet = set(a)    ← a 리스트를 집합 자료형으로 변환
>>> b = list(aSet)   ← 집합자료형을 리스트 자료형으로 다시 변환
>>> print(b)  ← [1, 2, 3, 4, 5] 출력
```

리스트 자료형이 집합 자료형으로 변환되면서 중복된 값들은 사라진다. 이와 같은 성질을 사용하면 리스트 내에 중복된 값을 쉽게 제거할 수 있다.

Q12 파이썬 변수

[1, 4, 3]이 출력된다. a와 b 변수는 모두 동일한 [1, 2, 3]이라는 리스트 객체를 가리키고 있기 때문이다.

Q1 조건문의 참과 거짓

결괏값으로 shirt가 출력된다.

① 첫 번째 조건: "wife"라는 단어는 a 문자열에 없으므로 거짓이다.

② 두 번째 조건: "python"이라는 단어는 a 문자열에 있지만 "you" 역시 a 문자열에 있으므로 거짓이다.

③ 세 번째 조건: "shirt"라는 단어가 a 분사널에 없으므로 참이다.

④ 네 번째 조건: "need"라는 단어가 a 문자열에 있으므로 참이다.

가장 먼저 참이 되는 것이 세 번째 조건이므로 "shirt"가 출력된다.

Q2 3의 배수의 합 구하기

3의 배수는 3으로 나누어떨어지는 수이다. 이 아이디어를 기반으로 한 파이썬 코드는 다음과 같다.

```
result = 0
i = 1
while i <= 1000:
    if i % 3 == 0:        # 3으로 나누어떨어지는 수는 3의 배수
        result += i
    i += 1

print(result)            # 166833 출력
```

Q3 별 표시하기

```
i = 0
while True:
    i += 1                # while 문을 수행할 때마다 1씩 증가
    if i > 5: break       # i 값이 5보다 크면 while 문을 벗어난다.
    print('*' * i)        # i 값이 개수마클 *를 출력하다.
```

while 문을 수행할 때마다 i 값을 증가시킨다. 별 모양을 5번 출력해야 하므로 i 값이 5보다 클 경우 while 문을 벗어나도록 한다. 별 모양을 i 값만큼 출력하기 위해서 문자열 곱하기 기능을 사용한다.

Q4 1부터 100까지 출력하기

```
>>> for i in range(1, 101):
...     print(i)
...
1
2
3
4
5
6
7
8
9
10
(...생략...)
```

Q5 평균 점수 구하기

```
A = [70, 60, 55, 75, 95, 90, 80, 80, 85, 100]
total = 0

for score in A:
    total += score          # A학급의 점수를 모두 더한다.

average = total / len(A)     # 평균을 구하기 위해 총 점수를 총 학생 수로 나눈다.
print(average)               # 평균 79.0이 출력된다.
```

먼저 for 문을 사용해 총 점수를 구한 후 총 점수를 총 학생 수로 나누어 평균 점수를 구한다.

Q6 리스트 컴프리헨션 사용하기

문제에서 주어진 소스 코드를 리스트 컴프리헨션으로 표현하면 다음과 같다.

```
>>> numbers = [1, 2, 3, 4, 5]
>>> result = [n*2 for n in numbers if n%2 == 1]
>>> print(result)   ← [2, 6, 10] 출력
```

Q1 홀수, 짝수 판별하기

```
>>> def is_odd(number):
...     if number % 2 == 1:   ← 2로 나누었을 때 나머지가 1이면 홀수이다.
...         return True
...     else:
...         return False
...
>>> is_odd(3)
True
>>> is_odd(4)
False
```

람다와 조건부 표현식을 사용하면 다음과 같이 간단하게 만들 수 있다.

```
>>> is_odd = lambda x: True if x%2 == 1 else False
>>> is_odd(3)
True
```

Q2 모든 입력의 평균값 구하기

```
>>> def avg_numbers(*args):   ← 입력 개수에 상관없이 사용하기 위해 *args를 사용
...     result = 0
...     for i in args:
...         result += i
...     return result / len(args)
...
>>> avg_numbers(1, 2)
1.5
>>> avg numbers(1, 2, 3, 4, 5)
3.0
```

Q3 프로그램 오류 수정하기 1

```
input1 = input("첫 번째 숫자를 입력하세요:")
input2 = input("두 번째 숫자를 입력하세요:")

total = int(input1) + int(input2)    ← 입력은 항상 문자열이므로 숫자로 바꿔야 한다.
print("두 수의 합은 %s입니다" % total)
```

출력 결과는 다음과 같다.

실행 결과

```
첫 번째 숫자를 입력하세요: 3
두 번째 숫자를 입력하세요: 6
두 수의 합은 9입니다
```

Q4 출력 결과가 다른 것은?

```
>>> print("you" "need" "python")
youneedpython
>>> print("you"+"need"+"python")
youneedpython
>>> print("you", "need", "python")    ← 쉼표(,)가 있는 경우 공백이 삽입되어 더해진다.
you need python
>>> print("".join(["you", "need", "python"]))
youneedpython
```

Q5 프로그램 오류 수정하기 2

문제의 예와 같이 파일을 닫지 않은 상태에서 다시 열면 파일에 저장한 데이터를 읽을 수 없다. 따라서 열린 파일 객체를 close로 닫아준 후 다시 열어서 파일의 내용을 읽어야 한다.

```
f1 = open("test.txt", 'w')
f1.write("Life is too short!")
f1.close()  ←── 열린 파일 객체를 닫는다.

f2 = open("test.txt", 'r')
print(f2.read())
f2.close()
```

또는 다음과 같이 close를 명시할 필요가 없는 with 문을 사용한다.

```
with open("test.txt", 'w') as f1:
    f1.write("Life is too short!")


with open("test.txt", 'r') as f2:
    print(f2.read())
```

Q6 사용자 입력 저장하기

기존 내용을 유지하고 새로운 내용을 덧붙이기 위해서 다음과 같이 'a' 모드를 사용해야 한다.

```
user_input = input("저장할 내용을 입력하세요:")
f = open('test.txt', 'a')      # 내용을 추가하기 위해서 'a'를 사용
f.write(user_input)
f.write("\n")                  # 입력된 내용을 줄 단위로 구분하기 위해 줄 바꿈 문자 삽입
f.close()
```

Q7 파일의 문자열 바꾸기

파일을 모두 읽은 후에 문자열의 replace 함수를 사용하여 java라는 문자열을 python으로 변경한 다음 저장한다.

```python
f = open('test.txt', 'r')
body = f.read()                          # test.txt의 내용을 body 변수에 저장
f.close()


body = body.replace('java', 'python')    # body 문자열에서 "java"를 "python"으로 변경


f = open('test.txt', 'w')                # 파일을 쓰기 모드로 열기
f.write(body)
f.close()
```

Q8 입력값을 모두 더해 출력하기

다음처럼 sys 모듈의 argv를 사용해 명령 행의 모든 입력값을 차례대로 더한다.

```python
import sys


numbers = sys.argv[1:]      # 파일 이름을 제외한 명령 행의 모든 입력


result = 0
for number in numbers:
    result += int(number)
print(result)
```

Q1 클래스 상속받고 메서드 추가하기 1

다음과 같이 Calculator 클래스를 상속하는 UpgradeCalculator 클래스를 만들고 minus 메서드를 추가한다.

```
class UpgradeCalculator(Calculator):
    def minus(self, val):
        self.value -= val
```

Q2 클래스 상속받고 메서드 추가하기 2

Calculator 클래스를 상속하고 add 메서드를 오버라이딩하여 다음과 같은 클래스를 만든다.

```
class MaxLimitCalculator(Calculator):
    def add(self, val):
        self.value += val
        if self.value > 100:
            self.value = 100
```

Q3 참과 거짓 예측하기

```
>>> all([1, 2, abs(-3)-3])
False
```

abs(-3)은 -3의 절댓값이므로 3이 되어 all([1, 2, 0])이 되고, 리스트의 요솟값 중 0이 있기 때문에 all 내장 함수의 결과는 False가 된다.

```
>>> chr(ord('a')) == 'a'
True
```

ord 함수는 문자에 해당하는 유니코드 정수를 리턴한다. ord('a')의 결과는 97이 되어 chr(97)로 치환된다. chr(97)의 결과는 다시 'a'가 되므로 'a' == 'a'가 되어 True를 돌려준다.

Q4 음수 제거하기

음수를 제거하기 위한 filter의 함수로 lambda 함수를 다음과 같이 만들어 실행한다.

```
>>> list(filter(lambda x: x>0, [1, -2, 3, -5, 8, -3]))
[1, 3, 8]
```

Q5 16진수를 10진수로 변경하기

int 내장 함수를 다음과 같이 실행한다.

```
>>> int('0xea', 16)
234
```

Q6 리스트 항목마다 3 곱하여 리턴하기

입력에 항상 3을 곱하여 리턴하는 lambda 함수를 다음과 같이 만들고 map과 조합하여 실행한다.

```
>>> list(map(lambda x:x*3, [1, 2, 3, 4]))
[3, 6, 9, 12]
```

Q7 최댓값과 최솟값의 합

리스트의 최댓값은 max, 최솟값은 min 내장 함수를 사용하여 다음과 같이 구한다.

```
>>> a = [-8, 2, 7, 5, -3, 5, 0, 1]
>>> max(a) + min(a)
-1
```

Q8 소수점 반올림하기

round 내장 함수를 사용하면 다음과 같이 반올림하여 소수점 4자리까지 표시할 수 있다.

```
>>> round(17/3, 4)
5.6667
```

Q9 디렉터리 이동하고 파일 목록 출력하기

다음처럼 os 모듈의 chdir을 사용하여 C:\doit 디렉터리로 이동한다.

```
>>> import os
>>> os.chdir("c:/doit")
```

그리고 다음처럼 os 모듈의 popen을 사용하여 시스템 명령어인 dir을 수행한다.

```
>>> result = os.popen("dir")
```

popen의 결과를 출력하기 위해 다음과 같이 수행한다.

```
>>> print(result.read())
(...생략...)
abc.txt
bidusource.html
(...생략...)
```

Q10 파일 확장자가 .py인 파일만 찾기

다음과 같이 glob 모듈을 사용한다.

```
>>> import glob
>>> glob.glob("c:/doit/*.py")
['c:/doit/doit01.py', 'c:/doit/test.py']
```

Q11 날짜 표시하기

time 모듈의 strftime을 사용하여 다음과 같이 작성한다.

```
>>> import time
>>> time.strftime("%Y/%m/%d %H:%M:%S")    # %Y:년, %m:월, %d:일, %H:시, %M:분, %S:초
'2018/04/05 10:56:27'
```

Q12 로또 번호 생성하기

random 모듈의 randint를 사용하여 다음과 같이 작성한다.

```
import random

result = []
while len(result) < 6:
    num = random.randint(1, 45)      # 1부터 45까지의 난수 발생
    if num not in result:
        result.append(num)

print(result)
```

Q13 누나는 영철이보다 며칠 더 먼저 태어났을까?

```
>>> import datetime
>>> sister = datetime.date(1995, 11, 20)
>>> me = datetime.date(1998, 10, 6)
>>> (me-sister).days
1051
```

누가가 영철이보다 1051일 먼저 태어났다.

Q14 기록순으로 정렬하기

```
import operator

data = [('윤서현', 15.25),
        ('김예지', 13.31),
        ('박예원', 15.34),
        ('송순자', 15.57),
        ('김시우', 15.48),
```

```
        ('배숙자', 17.9),
        ('전정웅', 13.39),
        ('김혜진', 16.63),
        ('최보람', 17.14),
        ('한지영', 14.83),
        ('이성호', 17.7),
        ('김옥순', 16.71),
        ('황민지', 17.65),
        ('김영철', 16.7),
        ('주병철', 15.67),
        ('박상현', 14.16),
        ('김영순', 14.81),
        ('오지아', 15.13),
        ('윤지은', 16.93),
        ('문재호', 16.39)]

data = sorted(data, key=operator.itemgetter(1))
for d in data:
    print(d)
```

operator.itemgetter 모듈을 사용하여 기록순으로 정렬했다. operator.itemgetter(1)은 ("이름", "기록") 으로 구성된 튜플 데이터의 두 번째 항목인 "기록"을 의미한다. 이 코드를 실행하면 기록순으로 정렬된 데이터를 확인할 수 있다.

Q15 청소 당번 2명 뽑기

```
import itertools

students = ['나지혜', '성성민', '윤지현', '김정숙']
result = itertools.combinations(students, 2)
print(list(result))
```

itertools.combinations 모듈을 사용해 4명 중 2명을 뽑을 수 있는 경우의 수를 출력한다.

Q16 문자열 나열하기

```
import itertools

a = "abcd"
result = itertools.permutations(a, 4)
for r in result:
    print(''.join(r))
```

itertools.permutations 모듈을 사용하여 문자열 "abcd"의 문자 각각을 순열로 만들면 된다. 이때 리턴되는 순열의 항목(r)은 ('a', 'b', 'c', 'd')와 같은 튜플이므로 ''.join(r) 처럼 묶어서 출력했다.

Q17 5명에게 할 일 부여하기

```
import random
import itertools

people = ['김승현', '김진호', '강춘자', '이예준', '김현주']
duty = ['청소', '빨래', '설거지']

random.sample(people, len(people))     # 무작위로 섞는다.
result = itertools.zip_longest(people, duty, fillvalue='휴식')
for r in result:
    print(r)
```

5명을 무작위로 섞기 위해 random.sample 함수를 사용했다. 그리고 사람들과 할 일을 차례로 묶고 나머지 2명에게는 "휴식"을 부여하기 위해 itertools.zip_longest 함수를 사용했다.

Q18 벽에 타일 붙이기

```python
import math

width = 200
height = 80

square_size = math.gcd(200, 80)
print("타일 한 선의 길이: {}".format(square_size))

width_count = width/square_size
height_count = height/square_size

print("필요한 타일의 개수: {}".format(int(width_count * height_count)))
```

실행 결과

```
타일 한 선의 길이: 40
필요한 타일의 개수: 10
```

200과 80의 최대 공약수를 구하면 벽에 붙일 수 있는 가장 큰 정사각형 타일의 길이를 구할 수 있다. 최대 공약수로 구한 타일 한 선의 길이는 40이다. 타일 한 선의 길이를 알면 가로로 붙여야 할 타일 개수와 세로로 붙여야 할 타일의 개수를 알 수 있으므로 2개의 값을 곱하여 최종적으로 필요한 타일의 개수를 구할 수 있다. 즉, 필요한 타일의 개수는 총 10개이다.

Q1 문자열 바꾸기

```
>>> a = "a:b:c:d"
>>> b = a.split(":")
>>> b
['a', 'b', 'c', 'd']
>>> c = "#".join(b)
>>> c
'a#b#c#d'
```

Q2 딕셔너리 값 추출하기

딕셔너리의 get 함수를 사용하면 해당 key가 없을 경우에는 두 번째 매개변수로 전달된 default 값을 대신 리턴한다.

```
>>> a = {'A':90, 'B':80}
>>> a.get('C', 70)
70
```

여기서는 'C'에 해당되는 key가 없으므로 디폴트 값으로 전달된 70을 리턴한다.

Q3 리스트의 더하기와 extend 함수

리스트 a에 +를 사용하는 경우에 대해서 먼저 살펴보자.

```
>>> a = [1, 2, 3]
>>> id(a)
4302429640
```

id 함수는 입력으로 받은 리스트 a의 주소 값을 리턴한다. 현재 a라는 리스트는 4302429640이라는 주소에 저장되어 있다.

```
>>> a = a + [4, 5]
>>> a
[1, 2, 3, 4, 5]
```

리스트 a에 +를 사용하여 [4, 5]라는 리스트를 더해 보았다. 그리고 다시 다음과 같이 리스트 a의 주소 값을 확인해 보자.

```
>>> id(a)
4302472072
```

이전에 리스트 a가 저장되어 있던 주소와 다른 값을 리턴하는 것을 확인할 수 있다. 주소 값이 다르므로 +를 사용하면 리스트 a의 값이 변하는 것이 아니라 두 리스트가 더해진 새로운 리스트가 반환된다는 것을 확인할 수 있다.

이번에는 extend 함수를 사용해 보자.

```
>>> a = [1, 2, 3]
>>> id(a)
4302429640
```

리스트 a를 생성하고 그 주소 값을 출력해 보았다.

```
>>> a.extend([4, 5])
>>> a
[1, 2, 3, 4, 5]
```

그리고 리스트 a에 extend를 사용하여 [4, 5]라는 리스트를 더해 주었다. 그리고 다시 다음과 같이 리스트 a의 주소 값을 확인해 보도록 하자.

```
>>> id(a)
4302429640
```

+를 사용하여 더한 경우와는 달리, 주소 값이 변하지 않고 그대로 유지되는 것을 확인할 수 있다.

Q4 리스트 총합 구하기

```
A = [20, 55, 67, 82, 45, 33, 90, 87, 100, 25]

result = 0
while A:                   # A 리스트에 값이 있는 동안
    mark = A.pop()         # A리스트의 가장 마지막 항목을 하나씩 뽑아냄
    if mark >= 50:         # 50점 이상의 점수만 더함
        result += mark

print(result)              # 481 출력
```

Q5 피보나치 함수

피보나치 수열은 다음과 같은 순서로 결괏값을 반환한다.

① fib(0) → 0 반환

② fib(1) → 1 반환

③ fib(2) → fib(0) + fib(1) → 0 + 1 → 1 반환

④ fib(3) → fib(1) + fib(2) → 1 + 1 → 2 반환

⑤ fib(4) → fib(2) + fib(3) → 1 + 2 → 3 반환

⑥ (…생략…)

n이 0일 때는 0을 반환, 1일 때는 1을 반환한다. n이 2 이상일 경우에는 이전의 두 값을 더하여 반환한다. 재귀 호출을 사용하면 피보나치 함수를 다음과 같이 간단하게 작성할 수 있다.

```
def fib(n):
    if n == 0 : return 0      # n이 0일 때는 0을 반환
    if n == 1 : return 1      # n이 1일 때는 1을 반환
    return fib(n-2) + fib(n-1) # n이 2 이상일 때는 그 이전의 두 값을 더하여 반환

for i in range(10):
    print(fib(i))
```

0부터 9까지의 피보나치 수열의 결괏값을 출력하여 그 값을 확인해 보았다.

숫자의 총합 구하기

```
user_input = input("숫자를 입력하세요: ")
numbers = user_input.split(",")
total = 0
for n in numbers:
    total += int(n)      # 입력은 문자열이므로 숫자로 변환해야 한다.
print(total)
```

```
숫자를 입력하세요: 65,45,2,3,45,8
168
```

Q7 한 줄 구구단

```
user_input = input("구구단을 출력할 숫자를 입력하세요(2~9):")
dan = int(user_input)               # 입력 문자열을 숫자로 변환
for i in range(1, 10):
    print(i * dan, end=' ')      # 1줄로 출력하기 위해 줄 바꿈 문자 대신 공백 문자를 마지막
에 출력
```

Q8 파일을 읽어 역순으로 저장하기

파일 객체의 readlines를 사용하여 모든 라인을 읽은 후에 reverse를 사용하여 역순으로 정렬한 다음 다시 파일에 저장한다.

```
f = open('abc.txt', 'r')
lines = f.readlines()      # 모든 라인을 읽음.
f.close()

lines.reverse()            # 읽은 라인을 역순으로 정렬
```

```
f = open('abc.txt', 'w')
for line in lines:
    line = line.strip()          # 포함되어 있는 줄 바꿈 문자 제거
    f.write(line)
    f.write('\n')                # 줄 바꿈 문자 삽입
f.close()
```

Q9 평균값 구하기

```
f = open("sample.txt")
lines = f.readlines()          # sample.txt를 줄 단위로 모두 읽는다.
f.close()


total = 0
for line in lines:
    score = int(line)          # 줄에 적힌 점수를 숫자형으로 변환한다.
    total += score
average = total / len(lines)

f = open("result.txt", "w")
f.write(str(average))
f.close()
```

sample.txt의 점수를 모두 읽기 위해 파일을 열고 readlines를 사용하여 각 줄의 점수 값을 모두 읽어 들여 총 점수를 구한다. 총 점수를 sample.txt 안 내용의 행 개수로 나누어 평균값을 구한 후 그 결과를 result.txt에 쓴다. 숫자 값은 result.txt 에 바로 쓸 수 없으므로 str 함수를 사용해 문자열로 변경한 후 파일에 쓴다.

Q10 계산기 만들기

```
class Calculator:
    def __init__(self, numberList):
        self.numberList = numberList

    def sum(self):
        result = 0
        for num in self.numberList:
            result += num
        return result

    def avg(self):
        total = self.sum()
        return total / len(self.numberList)

cal1 = Calculator([1, 2, 3, 4, 5])
print(cal1.sum())
print(cal1.avg())


cal2 = Calculator([6, 7, 8, 9, 10])
print(cal2.sum())
print(cal2.avg())
```

Q11 모듈을 사용하는 방법

파이썬 셸에서 mymod.py 모듈을 인식하기 위해서는 다음과 같은 3가지 방법을 사용할 수 있다.

① sys 모듈 사용하기

다음과 같이 sys.path에 C:\doit이라는 디렉터리를 추가하면 C:\doit 디렉터리에 있는 mymod 모듈을 사용할 수 있다

```
>>> import sys
>>> sys.path.append("c:/doit")
>>> import mymod
```

② PYTHONPATH 환경 변수 사용하기

다음처럼 PYTHONPATH 환경 변수에 C:\doit 디렉터리를 지정하면 C:\doit 디렉터리에 있는 mymod 모듈을 사용할 수 있다.

```
C:\Users\home>set PYTHONPATH=c:\doit
C:\Users\home>python
>>> import mymod
```

③ 현재 디렉터리 사용하기

파이썬 셸을 mymod.py가 있는 위치로 이동하여 실행해도 mymod 모듈을 사용할 수 있다. sys.path에는 현재 디렉터리를 의미하는 '.'이 항상 포함되어 있기 때문이다.

```
C:\Users\home>cd c:\doit
C:\doit>python
>>> import mymod
```

Q12 오류와 예외 처리

7이 출력된다.

① result의 초깃값은 0이다.

② try 문 안의 [1, 2, 3][3]이라는 문장 수행 시 IndexError가 발생하여 except IndexError: 구문으로 이동하게 되어 result에 3이 더해져 3이 된다.

③ 최종적으로 finally 문이 실행되어 result에 4가 더해져 7이 된다.

④ print(result)가 수행되어 result의 최종 값인 7이 출력된다.

Q13 DashInsert 함수

다음 프로그램의 주석을 참고하자.

```
data = "4546793"
numbers = list(map(int, data))          # 숫자 문자열을 숫자 리스트로 변경
result = []
```

```
for i, num in enumerate(numbers):
    result.append(str(num))
    if i < len(numbers)-1:                          # 다음 수가 있다면
        is_odd = num % 2 == 1                        # 현재 수가 홀수
        is_next_odd = numbers[i+1] % 2 == 1          # 다음 수가 홀수
        if is_odd and is_next_odd:                   # 연속 홀수
            result.append("-")
        elif not is_odd and not is_next_odd:         # 연속 짝수
            result.append("*")

print("".join(result))
```

Q14 문자열 압축하기

먼저 입력 문자열의 문자를 확인해 동일한 문자가 들어올 경우에는 해당 문자의 숫자 값을 증가시킨다. 만약 다른 문자가 들어올 경우에는 해당 문자의 숫자 값을 1로 초기화하는 방법을 사용하여 작성한 코드이다. 상세한 설명은 다음 프로그램의 주석을 참고하자.

```
def compress_string(s):
    _c = ""              # s 문자열 중 현재 진행 중인 문자를 임시 저장하기 위한 변수
    cnt = 0              # 해당 문자가 몇 번 반복했는지 알 수 있는 카운트 변수
    result = ""          # 이 함수의 최종 리턴 문자열(예: a3b2c5a1)
    for c in s:          # 입력받은 문자열 s에서 문자 하나씩 c에 대입
        if c!=_c:        # 현재 진행 중인 문자와 c가 같지 않은 경우, 즉 새로운 문자의 시작
            _c = c       # 현재 진행 중인 문자와 같지 않으므로 현재 진행 문자는 c로 대입
            if cnt: result += str(cnt)     # 새로운 문자이므로 결과 문자열에 이전 문자의 카
                                           #   운트(있을 경우에만)에 해당하는 값을 더해야 함.
            result += c  # 새로운 문자이므로 결과 문자열에 새로운 문자를 더함.
            cnt = 1      # 새로운 문자이므로 카운트는 1로 초기화
        else:            # 현재 진행 중인 문자와 c가 같으므로 카운트 증가
            cnt += 1
    if cnt: result += str(cnt)     # for loop를 벗어날 때 이전 문자의 카운트는 마지막으로 한
                                   #   번 더해야 함
    return result        # 최종 문자열 리턴

print(compress_string("aaabbcccccca"))  # a3b2c6a1 출력
```

Q15 Duplicate Numbers 함수

```
def chk_dup_numbers(s):
    result = []
    for num in s:
        if num not in result:
            result.append(num)
        else:
            return False
    return len(result) == 10


print(chk_dup_numbers("0123456789"))      # True 리턴
print(chk_dup_numbers("01234"))           # False 리턴
print(chk_dup_numbers("01234567890"))     # False 리턴
print(chk_dup_numbers("6789012345"))      # True 리턴
print(chk_dup_numbers("012322456789"))    # False 리턴
```

리스트 자료형을 사용하여 중복된 값이 있는지 먼저 조사한다. 중복된 값이 있을 경우는 False를 리턴한다. 최종적으로 중복된 값이 없을 경우 0~9까지의 숫자가 모두 사용되었는지 판단하기 위해 입력 문자열의 숫자 값을 저장한 리스트 자료형의 총 개수가 10인지를 조사하여 10일 경우에는 True, 아닐 경우에는 False를 리턴한다.

Q16 모스 부호 해독

```python
dic = {
    '.-':'A','-...':'B','-.-.':'C','-..':'D','.':'E','..-.':'F',
    '--.':'G','....':'H','..':'I','.---':'J','-.-':'K','.-..':'L',
    '--':'M','-.':'N','---':'O','.--.':'P','--.-':'Q','.-.':'R',
    '...':'S','-':'T','..-':'U','...-':'V','.--':'W','-..-':'X',
    '-.--':'Y','--..':'Z'
}

def morse(src):
    result = []
    for word in src.split("  "):
        for char in word.split(" "):
            result.append(dic[char])
        result.append(" ")
    return "".join(result)

print(morse('....  .  ... .-.. . . .--. ...  . .- .-. .-.. -.--'))
```

모스 부호 규칙 표를 딕셔너리로 작성한 후 입력에 해당되는 모스 부호 문자열을 먼저 단어(공백 문자 2 개)로 구분한다. 그 후 단어를 문자(공백 문자 1개)로 구분하여 해당 모스 부호 값을 딕셔너리에서 찾아서 그 결괏값을 구한다.

Q17 정규식 — 기초 메타 문자

보기 중 이 조건에 해당되는 것은 B이다.

다음은 이 문제의 정규식 매치 결과를 확인해 보는 파이썬 코드이다.

```python
import re

p = re.compile("a[.]{3,}b")

print(p.match("acccb"))    # None
print(p.match("a....b"))   # 매치 객체 출력
print(p.match("aaab"))     # None
print(p.match("a.cccb"))   # None
```

Q18 정규식 — 문자열 검색

정규식 [a-z]+는 소문자로 이루어진 단어를 뜻하므로 '5 python' 문자열에서 'python'과 매치될 것이다. 따라서 python 문자열의 인덱스 범위는 m.start()에서 m.end()까지이므로 10이 출력된다.

```
import re

p = re.compile('[a-z]+')
m = p.search("5 python")
print(m.start() + m.end())     # 10 출력
```

5 python 문자열에서 n이 일곱 번째 문자여서 m.end()의 값이 7이 나올것 같지만 다음과 같은 슬라이싱 규칙을 떠올려보면 왜 8이 나오는지 쉽게 이해될 것이다.

```
>>> a = "5 python"
>>> a[2:8]
'python'
>>> a[2:7]
'pytho'
```

Q19 정규식 — 그루핑

전화번호 패턴은 다음과 같이 작성할 수 있다.

```
pat = re.compile("\d{3}[-]\d{4}[-]\d{4}")
```

이 전화번호 패턴 중 뒤의 숫자 4개를 변경할 것이므로 필요한 앞부분을 다음과 같이 그루핑한다.

```
pat = re.compile("(\d{3}[-]\d{4})[-]\d{4}")
```

컴파일된 객체 pat에 sub 함수를 사용하여 다음과 같이 문자열을 변경한다.

```python
import re

s = """
park 010-9999-9988
kim 010-9909-7789
lee 010-8789-7768
"""

pat = re.compile("(\d{3}[-]\d{4})[-]\d{4}")
result = pat.sub("\g<1>-####", s)

print(result)
```

Q20 정규식 — 전방 탐색

.com과 .net에 해당되는 이메일 주소만을 매치하기 위해서 이메일 주소의 도메인 부분에 다음과 같이 긍정형 전방탐색 패턴을 적용한다.

```python
pat = re.compile(".*[@].*[.](?=com$¦net$).*$")
```

다음은 이 패턴을 적용한 파이썬 코드이다.

```python
import re

pat = re.compile(".*[@].*[.](?=com$¦net$).*$")

print(pat.match("pahkey@gmail.com"))
print(pat.match("kim@daum.net"))
print(pat.match("lee@myhome.co.kr"))
```

기초 프로그래밍 코스

Basic Programming Course

파이썬, C 언어, 자바로 시작하는 프로그래밍!
기초 단계를 독파한 후 응용 단계로 넘어가세요!

기초
단계

박응용 | 432쪽

김성엽 | 576쪽

김동형 | 856쪽

시바타 보요, 강민 역 | 408쪽

시바타 보요, 강민 역 | 452쪽

시바타 보요, 강민 역 | 424쪽

응용
단계

김창현 | 384쪽

박응용 | 408쪽

김종관 | 564쪽

나는 어떤
코스가
적합할까?

A 파이썬 개발자가 되고 싶은 사람

- Do it! 점프 투 파이썬
- Do it! 점프 투 파이썬 — 라이브러리 예제 편
- Do it! 파이썬 생활 프로그래밍 with 챗GPT
- Do it! 점프 투 장고
- Do it! 장고+부트스트랩 파이썬 웹 개발의 정석
- Do it! 챗GPT+파이썬으로 AI 직원 만들기

B 자바 개발자가 되고 싶은 사람

- Do it! 점프 투 자바
- Do it! 자바 완전 정복
- Do it! 자바 프로그래밍 입문
- Do it! 점프 투 스프링 부트 3